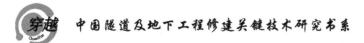

穿越 中国隧道及地下工程修建关键技术研究书系

地震作用下立体交叉隧道动力响应特性与控制措施研究

李玉峰　彭立敏　宋中华　刘德　刘聪　著

Study on the Dynamic Response Characteristics
and Control Measurements of
Crossing Tunnels under Earthquake Action

人民交通出版社股份有限公司

北　京

内 容 提 要

本书针对地震作用下立体交叉隧道动力响应特性与控制措施进行了系统研究。全书共9章，分别介绍了地下结构地震动力分析基本理论、振动台试验方法、立体交叉隧道地震动响应影响因素与分区，以及抗减震措施与关键施工技术等主要内容。

本书可供从事隧道及地下工程设计、施工和科研的专业技术人员学习参考。

图书在版编目(CIP)数据

地震作用下立体交叉隧道动力响应特性与控制措施研究 / 李玉峰等著. — 北京：人民交通出版社股份有限公司, 2020.6
 ISBN 978-7-114-16524-5

Ⅰ.①地… Ⅱ.①李… Ⅲ.①山岭隧道—隧道工程—防震设计—研究 Ⅳ.①U459.4

中国版本图书馆CIP数据核字(2020)第076979号

Dizhen Zuoyong xia Liti Jiaocha Suidao Dongli Xiangying Texing yu Kongzhi Cuoshi Yanjiu

书　　名：	地震作用下立体交叉隧道动力响应特性与控制措施研究
著 作 者：	李玉峰　彭立敏　宋中华　刘　德　刘　聪
责任编辑：	王　霞　张　晓
责任校对：	孙国靖　宋佳时
责任印制：	张　凯
出版发行：	人民交通出版社股份有限公司
地　　址：	(100011)北京市朝阳区安定门外外馆斜街3号
网　　址：	http://www.ccpcl.com.cn
销售电话：	(010)59757973
总 经 销：	人民交通出版社股份有限公司发行部
经　　销：	各地新华书店
印　　刷：	北京虎彩文化传播有限公司
开　　本：	787×1092　1/16
印　　张：	14.75
字　　数：	355 千
版　　次：	2020年6月　第1版
印　　次：	2020年6月　第1次印刷
书　　号：	ISBN 978-7-114-16524-5
定　　价：	85.00元

(有印刷、装订质量问题的图书由本公司负责调换)

作者简介

李玉峰，教授级高级工程师，一级建造师，现任中国建筑第五工程局有限公司基础设施事业部副总经理。从事铁路、公路、轨道交通、水利等行业的隧道与地下工程的施工与管理工作二十余年，曾先后主持特长隧道、高海拔隧道、高风险隧道的施工与管理工作，主持和参与多项科技研发工作，获省部级科技成果一等奖一项、二等奖两项，发表论文二十余篇，编撰省部级工法六项，授权国家专利十余项，出版学术专著两部。

彭立敏，教授，博士生导师，现任中国土木工程学会隧道与地下工程分会副理事长，湖南省公路学会桥隧分会副理事长。从事隧道与地下工程领域教学与科研工作三十余年。近几年主持国家973项目、国家自然科学基金重点和面上项目四项，省部级课题十多项及横向课题三十余项，获国家科技进步奖一项、省部级科技成果奖多项，授权国家专利、软件著作权二十余项，出版专著和教材十余部，发表科研论文一百五十余篇，其中五十余篇被SCI、EI、ISTP收录，任多个全国性学术期刊编委。

宋中华，高级工程师，一级建造师，注册安全工程师，现任长沙轨道交通六号线发展有限公司副总经理。长期从事公路、铁路、水利、轨道交通等行业的隧道与地下工程施工与管理工作，曾先后主持特长隧道、高寒高海拔隧道、过江、涉铁等高风险隧道的施工与管理工作，对盾构、TBM、复杂地质条件、高寒高海拔等各种隧道施工管理有较丰富的经验，主持和参与多项关键技术、工法等技术攻关研究，获多项科技成果，发表论文十余篇。

刘　德，高级工程师，现任中建隧道建设有限公司盾构分公司总经理。从事公路、轨道交通等工程施工与管理工作二十余年，主持和参与高风险地下工程施工方面的科技研发课题十余项，获省部级科技进步一等奖一项、二等奖一项、三等奖一项，编撰省部级工法五项，发表论文十余篇，授权国家发明专利两项、实用新型专利两项。

刘　聪，博士研究生，主要从事铁路隧道动力特性及疲劳性能研究，参与完成各类科研项目六项，多篇学术论文被 SCI、EI、CSCD 收录，授权国家专利七项。

前言

随着我国基础设施建设的不断推进,受地表空间、景观保护等因素的制约,不可避免地出现大量的立体交叉隧道等岩土近接工程。与传统的单体隧道相比,立体交叉隧道往往存在施工扰动次数多、结构受力更为复杂、周边岩体遭受损伤更为严重等特征,一旦遭遇偶发性地震荷载,特别是在高烈度地震区,其动力响应特性将更加难以预测。因此,针对立体交叉隧道结构体系,开展地震作用下的动力响应特性及其控制措施研究具有重要的现实意义。

本书以沈丹客专锦江山隧道与金丹联络线盘道岭隧道立体交叉段为依托,采用大型振动台试验、数值模拟等方法,针对地震作用下立体交叉隧道动力响应特性与控制措施开展了深入研究。设计了基于重力失真模型的立体交叉隧道振动台模型试验系统,并针对动力试验边界效应问题,提出了基于加速度峰值差率、样本土体沉降均匀程度及响应谱特性综合指标的边界效应评价方法。提出了用于交叉隧道结构动力响应的影响分区标准,建立了基于二次衬砌应力、应变、位移等地震响应指标的立体交叉隧道地震影响分区方法。通过振动台模型试验与数值仿真相结合,探明了地震荷载下立体交叉隧道的动力响应特性及两近距交叉隧道之间的相互作用机理。结合二次衬砌混凝土结构的破坏特性,研究提出了基于地震动力影响分区的立体交叉隧道抗减震针对性措施。本书的相关研究成果,可为我国类似工程的设计、施工提供参考。

本书的出版得到了中国建筑股份有限公司"铁路隧道立体交叉施工技术研究与应用"项目(CSCEC-2011-Z-06)的资助。同时,本书在编写过程中,得到诸多领导和朋友的鼓励与支持,参考了国内外同行的有关论文、著作,特别是引用了著作者之一彭立敏教授指导的研究生霍飞同学的学位论文相关研究成果,参考了宋中华同志地下工程地震响应和结构抗减震方面的研究成果,并由其主持编写了第4章和第9章,同时也对提供工程模型、参与试验研究的黄国富、谭芝文、曾小明同志,在此一并表示最诚挚的谢意。

鉴于作者的水平及认识的局限性,书中难免存在不足和疏漏之处,敬请读者批评指正。

作　者

2019 年 12 月

目录

第1章 绪论 ··· 1
  1.1 研究背景及意义 ·· 1
  1.2 国内外研究现状 ·· 4
    1.2.1 隧道与地下工程震害特性 ·· 4
    1.2.2 隧道及地下工程地震动力响应理论模型与分析方法 ············· 5
    1.2.3 交叉隧道等地下工程地震动力响应模型试验研究 ················ 5
    1.2.4 交叉隧道等岩土近接工程地震动力响应数值模拟研究 ·········· 7
    1.2.5 立体交叉隧道影响分区研究 ·· 8
    1.2.6 隧道与地下工程抗震设计和减震措施研究 ························· 9
    1.2.7 研究现状综述 ··· 11
  1.3 本书的主要研究内容及技术路线 ·· 11

第2章 地下结构地震动力分析基本理论 ·································· 14
  2.1 地震动力计算分析方法 ·· 14
    2.1.1 解析法 ··· 14
    2.1.2 半解析法 ·· 15
    2.1.3 数值法 ··· 15
  2.2 连续介质中地震波动理论 ··· 16
  2.3 动力计算本构模型及力学阻尼 ··· 17
    2.3.1 动力计算本构模型 ·· 17
    2.3.2 力学阻尼 ·· 18
  2.4 地震动力边界 ·· 20
  2.5 地震波模拟及处理 ·· 23
    2.5.1 基线校正 ·· 23

2.5.2　时频分析···25
　　2.5.3　滤波··26
　　2.5.4　地震波输入··27
第3章　锦江山隧道立体交叉段地震动力响应特性分析··28
　3.1　工程概况···28
　3.2　锦江山隧道立体交叉段三维数值模型···30
　　3.2.1　模型尺寸···30
　　3.2.2　单元类型及材料本构···30
　　3.2.3　边界类型与边界施加···32
　　3.2.4　材料参数···32
　　3.2.5　阻尼参数···33
　　3.2.6　接触关系···34
　　3.2.7　地震波加载··35
　3.3　结果分析···35
　　3.3.1　岩体动力响应···36
　　3.3.2　上跨隧道地震动力响应··39
　　3.3.3　下穿隧道地震动力响应··44
第4章　地下工程地震响应试验研究方法··49
　4.1　振动台试验设备的类型及发展历程··49
　　4.1.1　按模拟地震波方向分类··49
　　4.1.2　按驱动模式分类··50
　　4.1.3　按重力场模拟分类···50
　4.2　相似关系···51
　　4.2.1　相似理论及相似模型···51
　　4.2.2　相似材料···53
　4.3　地震波及振动台加载方案···53
　4.4　试验模型箱及其边界效应处理··54
　　4.4.1　模型箱··54
　　4.4.2　边界效应···56
　4.5　监测系统···57
第5章　立体交叉隧道动力响应特征振动台试验··59
　5.1　交叉隧道振动台试验设计···59
　　5.1.1　试验平台···59
　　5.1.2　相似比及相似关系···60

  5.1.3 相似材料与配比试验 ··· 60
  5.1.4 试验模型制作 ··· 62
  5.1.5 结构拼装与围岩填筑 ··· 64
  5.1.6 模型箱整体吊装及固定 ······································ 65
  5.1.7 边界处理方案试验 ·· 65
  5.1.8 边界效应试验结果分析 ······································ 69
 5.2 试验工况与测试方案 ··· 75
  5.2.1 试验工况设计 ··· 75
  5.2.2 试验测试方案 ··· 76
 5.3 上跨隧道结构地震动力响应特性 ··································· 79
  5.3.1 上跨隧道环向地震动力响应规律 ··························· 79
  5.3.2 上跨隧道纵向地震动力响应规律 ··························· 89
 5.4 下穿隧道结构地震动力响应特性分析 ····························· 93
  5.4.1 下穿隧道环向地震动力响应规律 ··························· 93
  5.4.2 下穿隧道纵向地震动力响应规律 ·························· 100
 5.5 交叉隧道围岩地震动响应特性分析 ······························ 104
  5.5.1 围岩响应频率 ·· 104
  5.5.2 上跨隧道轴向围岩动压力响应规律 ······················· 106
  5.5.3 下穿隧道纵向围岩动压力响应规律 ······················· 109
 5.6 交叉中心处围岩动压力响应规律 ·································· 112

第6章 立体交叉隧道地震动力响应影响因素分析 ··············· 114
 6.1 立体交叉隧道地震动力响应影响因素调查统计 ················ 114
 6.2 立体交叉隧道地震动力响应影响因素正交试验设计 ··········· 115
  6.2.1 正交试验基本理论 ·· 115
  6.2.2 立体交叉隧道正交试验设计 ······························· 115
  6.2.3 立体交叉隧道影响因素显著水平极差分析 ·············· 116
 6.3 基于正交试验的立体交叉隧道地震动力响应数值计算模型 ··· 116
  6.3.1 计算参数 ··· 116
  6.3.2 计算模型与工况 ··· 116
 6.4 单体隧道地震响应规律 ··· 118
  6.4.1 应力响应 ··· 118
  6.4.2 应变响应 ··· 121
  6.4.3 加速度响应 ·· 124
  6.4.4 位移响应 ··· 125

6.5 上跨隧道地震响应影响因素正交试验结果分析 ·········· 127
   6.5.1 应力响应 ·········· 127
   6.5.2 应变响应 ·········· 131
   6.5.3 加速度响应 ·········· 136
   6.5.4 位移响应 ·········· 138
6.6 下穿隧道地震响应影响因素正交试验结果分析 ·········· 140
   6.6.1 应力响应 ·········· 141
   6.6.2 应变响应 ·········· 144
   6.6.3 加速度响应 ·········· 146
   6.6.4 位移响应 ·········· 148

第 7 章 立体交叉隧道地震动力响应影响分区研究 ·········· 151
7.1 立体交叉隧道地震响应影响分区准则及标准 ·········· 151
7.2 立体交叉隧道地震应力响应影响分区 ·········· 153
   7.2.1 单体隧道最大地震应力拟合函数 ·········· 153
   7.2.2 立体交叉上跨隧道最大地震应力拟合函数 ·········· 155
   7.2.3 立体交叉隧道地震应力响应影响分区 ·········· 156
7.3 立体交叉隧道地震应变响应影响分区 ·········· 158
   7.3.1 单体隧道最大地震应变拟合函数 ·········· 158
   7.3.2 立体交叉上跨隧道最大地震应变拟合函数 ·········· 160
   7.3.3 立体交叉隧道地震应变响应影响分区 ·········· 163
7.4 立体交叉隧道地震位移响应影响分区 ·········· 165
   7.4.1 单体隧道最大地震位移拟合函数 ·········· 165
   7.4.2 立体交叉上跨隧道最大地震位移拟合函数 ·········· 167
   7.4.3 立体交叉隧道地震位移响应影响分区 ·········· 169
7.5 立体交叉隧道地震响应影响分区计算流程 ·········· 170
7.6 立体交叉隧道地震动响应影响分区实例分析 ·········· 172

第 8 章 基于影响分区的立体交叉隧道抗减震措施研究 ·········· 176
8.1 常用抗减震措施及其力学原理 ·········· 176
   8.1.1 隧道抗减震一般措施 ·········· 176
   8.1.2 立体交叉隧道的针对性抗减震措施 ·········· 178
8.2 注浆加固围岩的抗减震效果分析 ·········· 178
   8.2.1 加固厚度 ·········· 178
   8.2.2 不同围岩下注浆的抗震效果 ·········· 182
8.3 增大二次衬砌厚度抗减震效果分析 ·········· 186

  8.4　设置新型减震层抗减震效果分析 ……………………………………… 190
  8.5　基于影响分区的立体交叉隧道抗减震措施 …………………………… 196
    8.5.1　不同影响分区条件下的立体交叉隧道安全性检算 ……………… 196
    8.5.2　基于影响分区的立体交叉隧道抗减震措施建议 ………………… 199

第9章　立体交叉隧道抗减震措施关键施工技术 …………………………… 201
  9.1　抗震措施 …………………………………………………………………… 201
    9.1.1　结构加强 …………………………………………………………… 201
    9.1.2　围岩加固 …………………………………………………………… 202
  9.2　减震措施 …………………………………………………………………… 203
    9.2.1　改变隧道性能 ……………………………………………………… 203
    9.2.2　减震装置 …………………………………………………………… 204
    9.2.3　特殊减震构造 ……………………………………………………… 206
  9.3　立体交叉隧道地震响应监测技术 ………………………………………… 208
    9.3.1　监测意义 …………………………………………………………… 208
    9.3.2　监测内容 …………………………………………………………… 209
    9.3.3　监测部位和测点布置 ……………………………………………… 211
    9.3.4　数据处理与分析 …………………………………………………… 211
    9.3.5　信息反馈及预警 …………………………………………………… 212

参考文献 ……………………………………………………………………………… 214

第1章 绪论

1.1 研究背景及意义

地下立体交叉工程因其能有效利用地下空间,满足城市集约、高效用地需求,以及尽可能地保护地表景观与资源等优势,正随着基础设施的建设不断涌现,如图1-1所示,其中,较为典型的是立体交叉隧道工程。例如,渝利铁路火凤山隧道上跨渝怀铁路人和场隧道,其交叉部位最小净距仅5.47m[1-2];在景德镇市,九景衢铁路与皖赣铁路产生的立体交叉隧道,最小距离只有4.5m[2-3];温福铁路琯头岭隧道采用下穿方式与温福高速公路琯头岭隧道形成立体交叉,两隧道之间的净距约为2.91m[3-4];东北东部铁路通道在新建过程中产生了多座立体交叉隧道,仅前阳至庄河段就有7座,交叉隧道的净距最小仅有2.7m,其中沈丹客专锦江山隧道分别与同金铁路草莓沟2号隧道与金丹铁路盘道岭隧道立体交叉,如图1-2所示[4-6]。由此可见,在我国新一轮"八纵八横"高速铁路网及大规模城市轨道交通网、公路网的总体布局下,必将涌现出更多立体交叉隧道工程[7-8]。

a) 火凤山隧道引入重庆综合交通枢纽

b) 新建皖赣铁路与九景衢铁路交叉

图 1-1

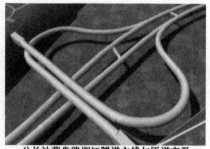

c) 昆明东西都市快线下穿城区综合交通体系　　d) 长沙营盘路湘江隧道主线与匝道交叉

图 1-1　典型岩土近接施工工程[4]

图 1-2　丹东枢纽配套工程交叉隧道群线位分布[4]

与传统隧道工程相比，立体交叉隧道往往存在施工扰动次数多、结构受力更为复杂、周边岩体遭受损伤更为严重等特征，加之后续运营荷载，使得其整个结构和围岩体系更为敏感，成为隧道的薄弱区段之一。因此，近半个世纪以来，各国学者均对其开展了有针对性的研究，如立体交叉隧道的施工力学[9-14]、技术措施[15-26]、动力响应[27-46]等，其中，动力响应问题是当前的研究热点，特别是地震作用下，立体交叉隧道的动力响应特性和控制措施问题[47-50]。

以往，相对于地面结构，人们普遍认为地下结构为耐震结构，对地下结构的震害特征及其在地震作用下的破坏机理和破坏形式等方面的研究较少。直到 1995 年日本阪神地震后，人们才清晰地意识到地震作用下地下结构也会发生损坏[51]，隧道的地震动响应和防震措施的研究也随之展开[52-58]。事实上，从历次地震资料中也可以发现，地震作用下隧道震害也是多有发生的。如，1923 年日本关东 7.8 级大地震共有 82 座隧道遭到损坏[59-61]；1971 年美国圣弗南多 6.6 级地震对附近 5 座隧道造成了巨大破坏[62-64]；1995 年日本阪神地震极大地改变了人们对于地下结构抗震性能的认知，地震导致 100 多座隧道遭受不同程度的震害，其中约有 10% 的隧道经过大修才恢复使用，包括多处地铁车站及地铁盾构区间隧道[59-61]；1999 年我国台湾集集发生 7.6 级的逆断层地震，距发震断层 25km 范围内有 44 座隧道遭受了不同程度的破坏，其中中等程度以上的破坏达 45%[65-68]。2008 年四川汶川 8.0 级地震中，震区内大量的隧道结构遭到损毁破坏，多座隧道出现了洞门掩埋、衬砌开裂、掉块等震害现象，如图 1-3 所示，部分隧道出现衬砌垮塌、洞口掩埋，震区与外界联通的生命通道在此中断，抗震救灾行动无法展开[58,69]。

图 1-3 地震灾害中隧道结构受损情况[69]

由此可见,由于人们长期以来在认识上的不足,致使隧道等地下工程的抗震设计效果并不理想,抗强震理念和处治措施离预期相差较远。而对于交叉隧道,由于结构的特殊性,地震波在交叉隧道结构间传播时,将产生入射、反射、绕射等多种更为复杂的地震激振,形成更为明显的叠加效应[3],如图 1-4 所示,一旦遭遇偶发性地震荷载,特别是在高烈度地震区,其动力响应特性将更加复杂和不可预测。因此,针对立体交叉隧道结构体系,开展地震作用下动力响应特性及其控制措施的研究具有重要的现实意义。

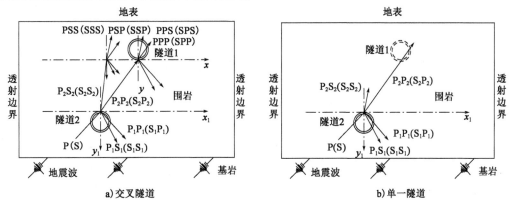

图 1-4 地震波在隧道中的传播过程和相互作用[3]

P-地震波纵波;S-地震波横波

1.2 国内外研究现状

1.2.1 隧道与地下工程震害特性

地震后,结构的损坏或破坏形式等特性是研究地震作用下结构动力响应以及提出合理处治对策的基础依据。为此,广大科技工作者做了大量的实地调查和基础资料的收集与统计工作,为相关研究做出了卓越的贡献。

2008年发生的汶川地震是近半个世纪以来我国发生的震级最强、破坏性最大的典型案例。震后,诸多学者对震区内的隧道与地下工程的受损情况进行了详细的调查和统计。资料显示,在以汶川地震为中心划分的烈度区域内,Ⅵ度区共有公路隧道16座,均未有震害;Ⅶ度区共有公路隧道10座,地震中仅个别隧道出现由次生地质灾害导致的洞门破坏、洞口堵塞,洞内衬砌未因地震作用产生破坏;Ⅷ度区共有公路隧道10座,仅个别软岩隧道洞身衬砌出现了轻微开裂,其他隧道均无震害;Ⅸ度区有4座公路隧道,洞门及边仰坡的震害较严重,主要是受次生地质灾害影响,只有个别隧道衬砌出现了网状开裂,混凝土剥落、掉块;Ⅹ度区共有6座隧道,包括2座硬岩隧道及4座软岩隧道,6座隧道的洞门及边仰坡受次生地质灾害影响较为严重,硬岩隧道洞身衬砌震害甚微,而软岩隧道洞身衬砌出现多处垮塌;Ⅺ度区中有5座硬岩隧道,其洞身衬砌基本无震害,而5座软岩隧道洞身衬砌破坏非常严重[69]。

地震中,各种地下管线的破坏同样不容忽视,1985年墨西哥地震中,各种不同材质的管道均有破坏记录,影响最为严重的是两条煤气管道破裂,煤气泄漏导致了爆炸及火灾事故;1995年日本阪神地震中,距震中最近的神户市其地下供水管网及污水管网破坏十分严重[70]。

SHARMA等[71]针对地下洞室震害数据进行了较为全面的统计分析,揭示了地下洞室震害的一些普遍规律,指出地震参数(震级、震中距)、洞室埋深、围岩条件以及结构形式等因素是地下结构震害的主要影响因素,在其统计的震害案例中,绝大多数地下洞室的震害出现于7级以上地震中,所有震害中有75%以上的震中距在50km以内。

DOWDING和ROZEN[72]通过统计资料分析了衬砌厚度对隧道抗震性能的影响,在统计的71座受地震作用而破坏的隧道中,衬砌厚度较大,破坏的概率反而较大。据对71座铁路隧道和水工隧道的地震破坏资料统计结果表明,衬砌厚为20cm、30cm、40cm时,其破坏概率分别为16%、38%、82%。

SHEN等[73]在总结汶川地震中隧道病害的基础上,认为隧道位于松散围岩以及断层破碎带或软硬岩层交界处最容易出现震害,并采用数值模拟得到了洞门在地震作用下的变形特征。

综合上述现场调查结果分析可知:

(1)隧道与地下工程震害往往发生在Ⅶ度及Ⅶ度以上地震烈度区,且随烈度增大,震害越明显。在同一座隧道中,围岩越差,隧道衬砌的震灾越重;硬岩地段的隧道衬砌虽然其支护参数较弱,但洞身衬砌在地震中较少产生破坏,破坏通常只发生于洞口部位,往往是由洞口边仰坡山石崩塌而造成洞门结构破坏或洞门堵塞,软岩地段的隧道则不仅洞口段会产生震害,洞内衬砌的破坏也十分严重。

(2)隧道洞口段、结构断面形状和刚度发生明显变化的部位是地震震害的高发位置[74]。

如,在墨西哥地震中,发现地铁盾构隧道与竖井连接处位置存在环向螺栓被剪断的现象,这是由于断面结构的急剧变化所导致的。这一现象也说明地下结构断面突变处,如隧道避车洞、竖井、隧道支洞以及立体交叉处等都是隧道抗震的薄弱环节。

(3)地震惯性力和围岩失稳是隧道震害产生的主要原因。地震惯性力是地震中结构随围岩变形所引起结构产生的内力。围岩失稳时,围岩产生过大的变形、差异位移或是地基液化将使隧道的地震惯性力急剧增大,进而造成隧道结构破坏。

(4)地下结构震害形态的影响主要受地震强度、地质条件以及结构自身特性三个方面因素控制,其中地震强度包括震级、震中距、地震波入射方向等因素;围岩条件包括岩性、隧道埋深、地层突变(断层、软硬);结构自身特性主要有断面形式、断面尺寸、结构刚度、结构的柔性(抗减震措施)以及设计施工缺陷等方面的因素。

1.2.2 隧道及地下工程地震动力响应理论模型与分析方法

针对隧道及地下工程的地震动力响应问题,各国学者在参照地面结构的地震动力响应理论成果的基础上,也开展了较为丰富的研究工作。

Shukla[75]在假定围岩—结构耦合关系为伪静态问题的前提下,研究建立了地震激励中隧道及竖井结构内力的封闭解计算方法。该公式采用无维度计算参数,可以直接运用于抗震设计计算。

Hashash 等[76]阐述了地下结构地震动响应的确定性及概率性分析方法,通过研究指出:在小震及坚硬围岩中,可以首先确定地震激励下自由场地的变形情况,然后设计地下结构契合地层变形;在伪静态分析方法中地层变形被假定为静力荷载,围岩—结构耦合关系不涉及动力及波动传播;在动态分析方法中,可采用有限元法或者有限差分法考虑围岩—结构动力耦合关系。

Asakura 等[77]针对隧道洞口在地震激励下的破坏模式及机理展开了研究,并基于分析结果提出了有效的加固方案。

严松宏[78]基于地下结构抗震原理及脉冲响应动力分析原理,提出了地下结构地震动力响应脉冲函数法,推导出了地震响应的数学表达式。同时,还进一步基于日本学者所建立的相关地震响应数学模型,得到了地下结构地震动响应数字特征的数学表达式。

刘如山等[79]对地下结构抗震设计中拟静力计算方法的误差来源进行了分析,并基于一维应力响应法改进了拟静力法的加速度加载方法,提出了有限元反应应力法。

刘晶波等[80-81]针对现有地下结构抗震设计方法存在的问题,基于地上结构相关计算理论,提出了适用于地铁等地下结构的静力弹塑性分析设计方法,并根据地震荷载双向特点,建立了地下结构循环荷载下的 Pushover 分析法。

赵宝友等[82]根据损伤力学原理推导出了混凝土在动力荷载下的损伤本构模型,该模型可适用于地震激励下地下洞室非线性动力分析。

陈国兴等[83]基于围岩与结构耦合分析中的集中质量模型,纳入土体剪切刚度和阻尼因素,提出了地震激励下耦合作用的简化分析方法。

1.2.3 交叉隧道等地下工程地震动力响应模型试验研究

由于问题本身的复杂性,当前对于交叉隧道地震动力响应的理论模型与分析方法研究极少,且短时间内难以取得突破性进展和取得较为完善的研究成果。因此,模型试验研究成为一种有效手段。当前,关于交叉隧道等地下工程的模型试验方法主要有振动台试验、人工震源试验和离心机振动台试验,且以振动台试验居多。

GOTO 等[84]为研究两平行隧道在地震作用下的影响,通过振动台试验对此进行模拟,并提出了对平行隧道具有针对性的抗震加固措施。

HASHASH 等[85]采用多工况、多断面、多种材料的振动台试验对地下结构地震响应展开研究,总结了地下结构抗减震的结构形式。

CILINGIR 等[86]针对现有隧道结构地震动响应特性研究方法中假设条件过多的现状,开展了圆形及矩形隧道振动台模型试验,输入不同幅值及频率特性的地震激励,以加速度及隧道周围围岩压力为分析指标,研究发现了地震激励峰值加速度的大小决定了隧道结构地震动响应程度。

HE 等[87-88]针对隧道穿越地形或地质突变开展了振动台试验研究,提出了针对性的抗震措施,降低地质条件差异对地震响应的不利影响。

CHEN 等[89]开展了一系列非均匀地震激励下的隧道结构振动台模型试验,并重点介绍了试验用双向层状剪切箱的设计制作、围岩与隧道结构相对滑移测量装置的设计、隧道节点相对变形和转动、地震激励加载方案等。研究认为,隧道结构在非均匀地震激励下的动力响应要大于均匀地震激励输入工况,在隧道设计中应该考虑地震激励的空间分配。

SUN 等[90]针对平行隧道的洞门段开展振动台试验,研究了地震激励下隧道衬砌动力响应规律及围岩—衬砌耦合关系。发现地震激励低频部分被放大,高频部分被削减;围岩的水平向剪切失效是由围岩与隧道的相互作用引起的,并且围岩裂缝发展方向一致;两条隧道的裂缝主要出现在洞门位置,且两条隧道相邻部分裂缝较多。

张景等[91]针对隧道轴向软硬地层突变对地震作用下隧道结构的影响问题,通过振动台开展了纵向加载模拟试验。试验结果表明,软硬交界处土层的地震动响应小于两侧土层,隧道结构的加速度略小于两侧土层。

季倩倩[92]针对软土区地铁盾构隧道的地震响应展开了相关研究,通过振动台试验得到了软土隧道的地震响应规律。

耿萍等[93]开展了铁路隧道穿越高烈度震区断层破碎带的振动台模型试验,介绍了相关试验装置、加载方案、测试方案等试验细节,并对试验数据进行了详细地整理和分析。结果表明,试验数据与实际震害现象一致,并指出减震层不会明显改变结构地震动响应规律,但会有效减小结构内力,从而发挥减震效果。

申玉生等[94-95]依托雅泸高速公路高烈度地震区某隧道工程,开展了振动台模型试验。通过试验得到了其地震动响应规律,发现洞口段纵向和斜向裂缝分布较多并向内延伸,洞身段仰拱位置裂缝发育明显并伴有不同程度的错动,震害最为严重;边仰坡存在地震动非线性放大效应,且地震动响应受隧道结构影响较小,边坡动力失稳是隧道洞口段安全的重大威胁。

李育枢等[96-97]通过振动台试验对"国道 318 线"某隧道进行了模拟,研究表明,洞口段边坡加速度响应随高程增大具有一定放大效应,隧道洞身加速度响应大于围岩,且洞口段 0~50m 范围为重点减震部位;设置横向减震层及锚杆加固围岩均能起到较好的减震效果,且前者效果更为明显。

孙铁成等[98-99]开展了隧道洞口及洞身段振动台模型试验,研究了隧道结构地震动响应特性,并以加速度、应变及变形为指标对设置减震层、减震缝的减震效果进行评估。研究认为:减震缝允许隧道发生一定错位变形,可减小断层错动造成的内力;减震层可减小隧道结构受迫振动幅度,同样可减小地震动应变响应,且效果优于前者。

邹炎等[100]通过振动台模型试验研究了隧道穿越不同土层时的地震动响应规律,表明软硬土层产生相对位移是造成隧道结构变形的主要因素,砂土和黏土的差异会造成分界面两边隧道结构的地震动响应差异,使其出现扭剪、弯曲及转动现象,分界面处隧道的破坏最为严重。

1.2.4 交叉隧道等岩土近接工程地震动力响应数值模拟研究

相对于理论模型与分析方法的研究,试验研究可较好地再现相对复杂的工程实际,但其成本高昂、试验周期长,往往只能在一些重大工程中才能适用。因此,在实际研究过程中,数值模拟计算成为更为普遍的研究手段。

MOORE等[101]基于变换坐标系和三维数值模拟的方法,探讨了动载作用下主、辅隧道间的动力响应及相互影响。

李育枢[102]采用FLAC^{3D}有限差分软件对不同埋深、地震强度、激振方向、围岩和衬砌刚度条件下的隧道结构地震动响应进行了模拟。结果表明,软岩隧道的地震响应显著高于硬岩隧道,衬砌刚度的增大对隧道地震动响应的影响也随之增大;地震波入射方向发生轻微改变会导致衬砌结构的变形和应力发生较大变化。

针对北京地铁某区间立体交叉隧道地震动力响应问题,李积栋等[103-104]采用FLAC^{3D}有限差分软件建立三维立体模型进行了有针对性的研究,并得到了其在强震作用下的动力响应特性,结果显示最大位移位于上下层隧道交叉部位顶板处,最大加速度发生在非交叉部位上层隧道底板及下层隧道顶板处。整体上,上跨隧道的地震动响应大于下穿隧道。

王国波等[105]通过建立4孔平行重叠及垂直交叉隧道三维有限元模型,分析了地震激励形式、隧道空间位置等因素对交叉隧道地震动响应的影响,并以结构变形及应力为指标评价其抗震性能。模拟结果表明,隧道间距对交叉隧道的抗震性能影响较小,垂直交叉隧道的抗震性能优于平行或重叠。

胡建平等[106-107]采用ADINA有限元软件建立三维数值模型,对深圳地铁2号线下穿深港西部通道大型立体交叉隧道的地震动响应问题开展了研究,模型中盾构管片视为线弹性本构,并采用神户地震波(Kobe波)进行加载。结果表明,当地震波加速度值最大时,隧道结构达到位移峰值。此外,在研究浅埋交叉隧道的地震动响应时,发现垂直于隧道轴线的地震波对速度的影响最大,地震作用下,交叉隧道的位移、加速度最大值出现在上跨隧道拱顶位置,最大主应力则出现在隧道拱部与边墙的连接处。

张波等[108]建立隧道与地铁车站近距离交叉三维有限元模型并进行了相应的计算分析,结果显示埋深越大,车站地震动响应越小;下穿隧道削减了地铁车站的位移及应力响应,且距离越近削减效果越明显。

晏成明等[109]利用ADINA有限元软件建立了立体交叉隧道模型,模型中衬砌结构采用线弹性本构,地震波采用El-centro波。研究分析了衬砌厚度对地震动响应特性的影响规律,认为衬砌厚度增加,结构位移及应力响应减小,加速度响应增大。

姜忻良等[110]在三维动力有限元的基础上,运用无限元与之耦合,使交叉隧道的动力模型计算速度得到很大的改善。

针对工作竖井与盾构隧道、明挖隧道相连的空间交叉结构地震动响应问题,蔡海兵等[111]基于黏性边界及材料的瑞利阻尼特性,采用FLAC^{3D}软件建立数值模型,得到地震作用下交叉部位的位移和应力响应特性,并指出盾构隧道与工作竖井连接处等断面结构突变部位在地震作用下较为不利。

孔戈等[112]采用有限元方法对隧道与联络通道连接部位进行了模拟分析,发现其连接(断面突变)处的地震响应远大于一般断面。

晏启祥等[113]基于有限差分法对盾构隧道与联络通道交叉部位进行了地震响应分析,并根据研究指出了盾构隧道及联络通道的抗震最不利位置。

黄胜[114]采用ABAQUS软件对西藏嘎隆拉隧道地震动力响应进行了分析,结果表明,采用橡胶和泡沫混凝土隔震层能有效减小地震作用下衬砌结构的应力,提高高烈度区隧道的生存能力。

陈磊等[115]采用三维数值模拟研究南京地铁交叉隧道在地震荷载作用下的动力响应。

李德武[116]采用Ⅸ度El-centro地震波对隧道三维模型进行加载,结果显示加速度及位移最大值出现在隧道拱顶处。

孙铁成[117]归纳总结了地下结构的地震响应特点及减震措施,并指出《铁路工程抗震设计规范》(GB 50111—2016)采用地震系数法进行设计不符合地下结构的实际受力机理,建议尽快修订有关隧道抗震部分的条文。

1.2.5 立体交叉隧道影响分区研究

立体交叉隧道的地震响应影响因素同样可归结于地震强度、地质条件、结构自身特性等三方面,与单体隧道相比,其结构复杂,立体交叉形式及参数对地震响应会造成一定程度的影响,现有的研究大多是针对具体工程条件进行,各个因素对交叉隧道的振动特性具体的影响敏感度和不同因素之间的耦合关系难以量化评定,对交叉隧道设计的指导性相对不足。因此,选取合理的振动影响控制标准,针对影响交叉隧道结构振动的诸因素进行对比,研究各个因素在不同水平下交叉隧道结构振动的影响敏感度和影响分区,建立不同因素下立体交叉隧道的振动影响分区方法和分区标准,对当前立体交叉隧道结构的运营安全进行评估,并对今后类似工程的耐久性设计提供必要的参考。

关于近接隧道影响分区,早在20世纪日本研究者就开展了诸多研究,分别于1998—2000年间,先后颁布了其公路系统、电力系统、铁路系统的近接施工指南[118-121]。日本学者在交叉隧道近接施工的研究中,提出了近接施工影响分区以及近接度的概念,用以反映两相邻隧道之间的相互影响,交叉隧道影响分区主要受两隧道相对空间位置关系、隧道间的净距、围岩条件等三方面因素的影响,进一步,基于上述因素的影响规律分析和近接隧道的空间位置关系,将左右并行隧道与上下立体交叉隧道静力施工影响分区划分为:限制范围、要注意范围、无条件范围三个区域。

21世纪以来,随着我国基础设施建设的发展,国内学者也开展了相关领域的研究工作,逐步将近接度和影响分区的概念引入到我国近接施工领域。

我国《公路隧道设计规范》(JTG D70—2004)中针对小间距隧道的设计施工进行了阐述,提出了专门的流程方法[122]。

同济大学朱合华等[123-124]在参考和借鉴日本研究资料以及国内最新研究成果的基础上,也在其著作中列入了盾构隧道近接的内容。

仇文革[119]系统地研究了地下工程近接施工力学原理与对策,对绝大多数岩土近接工程的分区方法和划分进行了较为全面的解释。

笔者所在课题组,近年来对此也开展了较多的研究工作,分别提出了基于列车振动、爆破施工振动以及静态施工条件下的立体交叉隧道施工影响分区和方法,并获得了国家发明专利[125-127]。特别是针对列车荷载作用下,立体交叉隧道影响分区标准方面开展较为深入的研究工作[128],认为对于存在不影响隧道功能的损伤时,其隧道衬砌结构拉压应力容许值分别为 0.5MPa 和 2.0MPa。对于单次列车振动的拉压应力,一般通过折减系数混凝土强度折减系数考虑疲劳效应,对于 C25~C35 混凝土,文献研究建议取值折减系数绝大多数在 0.52~0.665 范围内(0.52[129]、0.55[130]、0.597[131]、0.541[132]、0.52[133]、0.665[134]、0.654[135]、0.66[136]、0.65[137]、0.66[138]、0.65[139]、0.51[140]、0.665[141]、0.62[142]、0.633[143]、0.53[144]、0.639[145]、0.52[146]、0.55[147])。将以上数据进行 t 检验,95% 置信区间下,t 值为 44.764,上下限分别为 0.5678 和 0.6236,显著性水平 $p = 0.001$。对文献中混凝土强度折减系数取 99% 的置信区间,t 界值为 2.861,得出混凝土疲劳强度折减系数的置信区间为 [0.425, 0.765]。以拉应力容许值 0.5MPa 为基准,以置信区间 [0.425, 0.765] 为分区判定依据,即拉应力的分区界限值为 [0.212, 0.382]MPa,无影响区拉应力增加值小于 0.212MPa,弱影响区拉应力增加值在 [0.212, 0.382]MPa 范围,强影响区拉应力增加值大于 0.382MPa,进而可确定高速列车荷载作用下交叉隧道动力响应影响分区标准。

1.2.6 隧道与地下工程抗震设计和减震措施研究

隧道及地下工程的抗震设计一般包括设计理念与具体措施两方面。以往人们普遍认为地下工程的抗震性能优于地上结构,同等地震情况下,地下结构所遭受的破坏远小于地上结构,也正因为如此,地下结构抗震隔震等方面的研究起步也比较晚。当前隧道等地下工程的抗震设计是在参考地上建筑抗震设计的基础上发展而来的。

20 世纪 50 年代以前,国内外地下工程的抗震设计均以静力理论来计算作用于结构上的地震荷载。60 年代初期,苏联学者在抗震设计中采用拟静力法进行计算,得到了均匀介质下地下结构地震作用力的精确解和近似解[148]。

70 年代,日本学者在总结地下结构震害特征的基础上,综合运用模型试验、现场测试等方法,提出了新型的地震实用计算方法,如响应位移法、应变传递法等。随后 SONG 等又相继提出了阻尼影响抽取法[149]、标度边界有限元法[150]来模拟动力地基无限域的影响。

参考地面建筑抗震设计规范,国内建立了有关地下结构的抗震规范,铁路隧道抗震设计及抗震措施按照现行《铁路工程抗震设计规范》(GB 50111)[151]以及《公路工程抗震设计规范》(JTJ 044)[152]执行,隧道的抗震强度和稳定性计算方法为考虑附加地震力的静力法,按照《铁路工程抗震设计规范》(GB 50111)的要求,只需对洞口浅埋段或偏压隧道在水平地震作用下进行强度和稳定性验算,强震区的抗震措施主要是加强衬砌、增大刚度。

归纳起来,目前地下结构抗震计算主要地震系数法、反应位移法和动力分析法等三种方法。

地震系数法即拟静力法,其优点在于计算原理简单、参数容易获取,是现行绝大多数规范所采用的抗震计算方法,相关铁路隧道及公路隧道规范均规定:"当地震烈度≥Ⅶ度时,且隧道围岩级别≥Ⅲ时,应对隧道洞口、浅埋段、偏压段、明洞段以及穿越不良地质段进行抗震验算。"

在地震荷载作用下,地下工程呈现出与地面工程不一样的特征,其自身受惯性力影响较小,振动衰减速度快,衬砌在地震作用下产生的应力增量主要由地层的相对位移引起,基于上述考虑,研究发展出了反应位移法。如,冈本舜三[153]通过观察沉管隧道在地震作用下的响应特征发现,隧道的地震响应由地层的地震响应决定而并非由其自身的惯性力决定。何川[87]通过振动台试验,印证了冈本舜三的推测,指出衬砌结构的地震响应在很大程度上取决于地层响应。该方法首先由计算得到地层在地震作用下的位移,然后将位移数据作用于地下结构进行抗震计算。反应位移法的关键是求出地震作用下地层的位移,通常有两种方法,其一是通过半无限体均质地层的地震响应解析公式求解,另一种基于地表地震响应位移统计数据,按照一定的插值规则进行计算。

结构地震动力分析方法是一种直接求解动力方程得出地震响应的方法,分为时程分析法和频域分析法。频域分析的局限性较大,仅适用于线性阶段的地震分析,无法适用于强震作用下结构产生的弹塑性问题分析。时程分析法通过求解结构的动力微分方程组,可得到地震作用时段结构的动力响应,并适用于非线性结构,大多数采用数值计算进行求解,数值计算法主要有线性加速度法、中心差分法、Wilson-θ法和Newmark-β法等[154]。

上述三种抗震计算方法被大量应用于地下工程的抗震验算中,为提高地下工程抗震性能提供了有力的支撑,取得了良好的应用效果。

日本学者铃木猛康[155]针对盾构隧道减震措施展开了相关研究,发现在管片与围岩之间设置减震层,可有效减小围岩施加于管片的位移,改善盾构管片的抗震性能,减震材料通常应采用大泊松比的超弹性材料。

邵根大[156]对强震作用下铁路隧道衬砌耐震性进行了研究,结合有限元数值计算,阐明了衬砌上地震力的作用机制和特点,评价了锚杆的抗震效果。

原铁道第二勘察设计院及兰州交通大学等单位针对南昆铁路高烈度地区隧道结构展开了抗震设计研究,提出了针对性的抗震措施,如设置抗震缝、吸震措施,并通过室内模型试验进行了可靠性验证[156]。

日本学者采用振动台试验对减震层的有效性进行了研究,发现减震层的存在可使隧道的地震峰值应力降低约30%。此外,运上茂树通过数值仿真计算得出类似结论,设置减震层可有效降低隧道横向、纵向地震响应[156]。

中南大学的刘海林[157]针对立体交叉隧道在列车荷载作用下所产生的不利影响,运用数值仿真方法进行了研究,并提出了针对立体交叉隧道的减震措施。

在减震措施方面,学者们主要建议通过设置减震层、沉降缝以及增加或减小隧道刚度以适应土体在地震作用下的差异变形,根据隧道在地震作用下的力学机理可知,相邻土层之间的位移差是导致隧道变形、衬砌破坏的最主要原因,因此除设置沉降缝外,可以在相邻土层交界处设置刚度渐变段,以减小隧道在地震作用下的应力集中。

1.2.7 研究现状综述

(1)由于隧道及地下工程系统的复杂性,考虑地震作用的理论模型与分析方法研究成果相对较少,其实践应用和成熟度远远不如地面结构,而且既有的相关理论方法仍然存在一定的不足。如当前的经典理论均以半无限体和无限体作为前提条件来研究的,且主要为单一洞室,同时还忽略了因地下工程施工开挖、支护所造成的二次、三次应力(位移)场的影响。事实上,对于地下工程而言,其力学行为特征与地面结构存在显著的区别,在地震作用下,其动力响应特性不仅依赖于结构本身的力学属性,同时还受到周边围岩介质的力学性状影响,因此,既有的相关理论和模型在一定程度上难以反映真实情况。特别是对相对更为复杂的交叉隧道等近接地下工程,其应力应变场、结构体系更为复杂,诸多特性尚难以进行有效的数学描述和物理抽象,至今尚没有见到成熟的研究成果报道。

(2)在地下结构地震动响应的试验研究方面,已有较多的研究案例和成果,但这些研究成果主要还是集中在单一洞室方面,对于交叉隧道的试验研究很少。而相对于单一隧道,交叉隧道结构形式更为复杂,地震波在其间传播,因媒介的物性差异,会形成多次反射、折射等更为复杂的物理力学现象,因此,可以预测交叉隧道条件下,其地震动响应特性也必将更为复杂和不可预测,既有的基于单一洞室的试验成果仍无法直接应用。

(3)数值模拟方法因其费用低、结果直观并可拓展和延伸理论研究的范围等优势,受到学者们的青睐,成为当前复杂问题研究的主要手段,但其基本参数和本构关系依赖于试验或现场测试,试验所得参数的变异性易带到数值法中,使得模拟结果与真实解有时存在较大的差异。同时,当前研究往往将隧道结构视为线弹性体,没有考虑结构的塑性发展;且把围岩当作整体均质土层或水平层状分层,而考虑岩体在轴向上的渐变和分层对隧道地震动响应影响方面的研究较为少见。

(4)关于立体交叉隧道等岩土近接施工的影响分区研究,大多是基于施工静力学的角度开展的,尚没有考虑地震荷载作用。

(5)与地震响应影响因素相对应,隧道及地下结构的抗减震措施方面主要可通过三种途径来实现:①改善围岩性能,包括对软弱围岩设置系统锚杆、进行注浆加固;②改善结构自身抗震性能,包括增大结构尺寸、采用合理断面形式、采用利于抗震的立体交叉参数等;③改善围岩与隧道之间的相互作用,如设置减震层,使地层的变形难于传递到隧道等地下结构上,从而使隧道结构的地震响应减小。同时,这些措施基本上都是基于单一洞室条件研究得到的,其是否适用于作用机理更为复杂、动力响应更为显著的交叉隧道条件,尚缺乏有效的论证。因此,针对交叉隧道的具体特征,开展专门的抗减震措施研究显得十分必要。

1.3 本书的主要研究内容及技术路线

通过前述分析可见,当前类似于立体交叉隧道等岩土近接工程日益增多,而对其在地震作用下的动力响应特性及其抗减震措施等问题的研究较少,因此,有必要开展系统的研究工作。本书以国家自然科学基金(高铁联合基金)项目(U1134208)、中国建筑集团有限公司科技计划项目(CSCEC-2011-Z-06)等课题为依托,针对地震作用下立体交叉隧道的动力响应特性及抗减震措施等问题,采用大型振动台模型试验、数值仿真等方法开展相关研究(具体技术路线如图1-5所示),以揭示地震作用下立体交叉隧道的动力响应规律、分布特征,并提出相适用的抗减震措施,为大规模立体交叉隧道等岩土近接工程的安全、科学建设提供技术支撑和保障。

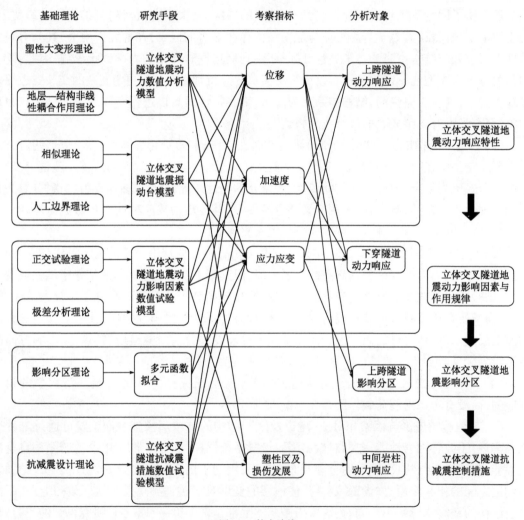

图1-5 技术路线

(1)立体交叉隧道动力响应特性数值模拟

以沈丹客专锦江山隧道上跨金丹联络线盘道岭隧道段为依托工程,通过建立交叉段三维数值模型,分别从位移、加速度、应力、塑性区及损伤等参数指标,研究分析典型地震激励荷载作用下上跨隧道、下穿隧道及其两者之间岩土体的动力响应规律,探明地震荷载作用下,立体交叉隧道的动力响应特性,为后续研究工作的开展提供必要的基础参考。

(2)立体交叉隧道地震振动台模型试验研究

根据试验条件和前期研究成果,分别从相似关系、模型制作、试验工况、测试方案以及边界条件处理等方面,研究构建大型立体交叉隧道地震振动台试验研究方法和具体方案,并开展相应的地震振动台模型试验。进一步对试验结果进行全面系统的分析,分别从加速度、位移、应变等指标研究交叉隧道的地震动力响应特性,揭示地震荷载作用下,立体交叉隧道的动力响应机制。

(3)立体交叉隧道地震动力响应影响因素及作用规律研究

根据文献调研和资料调查,确定影响立体交叉隧道地震动力响应的影响因素,基于正交试验原理,拟定数值试验方案,建立能够考虑衬砌结构塑性大变形以及地层—结构非线性耦合特征的三维数值模型并开展多工况模拟计算,分析不同因素对立体交叉隧道地震动力响应特性的影响,归纳总结其作用规律。在此基础上,结合极差分析,研究得到影响立体交叉隧道地震动力响应特性的关键因子集,建立基于该关键因子集的立体交叉隧道地震动力响应影响分区方法。

(4)立体交叉隧道抗减震措施研究

针对立体交叉隧道的地震动力响应特性,结合既有隧道等地下工程抗减震措施,设置典型工况和建立数值试验模型,通过对试验结果的多方面分析,提出基于地震动响应影响分区的立体交叉抗减震控制技术。

第2章 地下结构地震动力分析基本理论

地下结构抗震理论是随着地面建筑理论的发展逐步建立起来的,自20世纪50年代以来,日本学者从地震观测资料入手,通过模型试验,建立数学模型,根据地震波的多重反射理论,在地下结构的抗震研究获得了重大进展。

1900年,日本大森房吉提出了计算地震荷载的静力理论,假定地震时结构各部分都有一个与地震加速度大小相同的加速度,作用于结构上的水平地震力等于自重乘以某一地震系数来计算结构的变形和内力(地震系数法)。该方法计算简单方便,且经受过一般地震的考验,被许多国家的抗震设计规范所采用,该计算方法是目前国内外地下结构抗震设计的基础。

研究地震运动对地下结构的影响所采用的理论主要有两类,即振动理论与波动理论。振动理论以求解结构运动方程为基础,把介质的作用等效为弹簧和阻尼,再将它作用于结构,然后如同分析地面结构模型一样进行分析;波动理论以求解波动方程为基础,把地下结构视为无限线弹性(或弹塑性)介质中空洞的加固区,将整个系统视为对象进行分析,不单独研究荷载,以求解波动场和应力场。两种理论具体的计算方法有数值计算法、解析法和简化计算法。

2.1 地震动力计算分析方法

地下结构地震动力分析的分析方法主要分为三大类:解析法、半解析法和数值模拟法,如图2-1所示。

2.1.1 解析法

解析法的假设条件较多,通常基于弹性地基梁等静力理论推导解析解。

(1)地震系数法。地震系数法将地震加速度产生的惯性力施加于结构上作为地震荷载,当用于地下结构的抗震分析时,还要考虑动土压力及上覆土体惯性力的影响。这种方法中的地下结构一般不表现出明显的自振特性不相符的现象,一定深度处加速度取值的合理性也存在问题。

(2)围岩应变传递法。围岩应变传递法根据地震作用下岩土介质与地下结构应变波形几乎完全相似的现象,以及地震波动场分析基本思想,建立地下结构地震应变和无地下结构影响的岩土介质地震应变之间的关系式,即应变传递系数,由静力有限元确定。

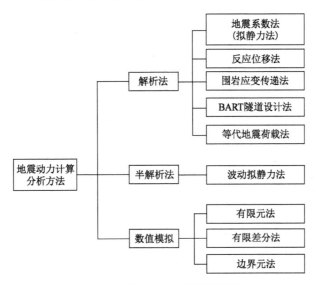

图2-1 地下结构地震动力计算分析方法

(3)反应位移法。反应位移法考虑到地下结构惯性力较小、振动受制于岩土介质约束的特点,认为地下结构在地震时的响应取决于周围地层运动,因而将忽略隧道对地层影响所得到的原地层相对位移强制施加于结构上,从而得到结构的地震响应,这种方法考虑了地下结构振动受地层约束的事实,但忽略了结构和地层的动力相互影响。

(4)旧金山湾区捷运系统(Bay Area Rapid Transit,BART)隧道设计法。BART隧道设计法是应用于美国旧金山湾区快速交通系统的设计方法,此方法假定土体在地震中不会丧失整体性,地下结构只产生振动效应。该方法在设计上要求结构有足够的延性去承受土体地震变形造成的结构变形,并能承担相应的静载。该方法符合地下结构并非惯性力导致破坏的特点,但忽略了土和结构的动力相互作用。

(5)等代地震荷载法。该法将地震荷载对地下结构的作用简化为水平向的静力等代地震荷载,由静力模型求出结构内力,并与设计地震荷载下通过动力有限元所得的结构最大合应力效应进行比较,取二者十分接近时的值为该概率水准下的等代地震荷载。该法能较好地反映土与结构的相互作用,但修正地震系数的取值有待深入研究。

(6)其他解析法。主要包括Shukla法、ST.John法、地基抗力系数法等。

2.1.2 半解析法

半解析法基于一定的假设条件推导出部分解析形式,并通过一定的计算机算法结合求解,是一种综合利用解析法和数值法的耦合分析方法。

2.1.3 数值法

为了反映结构和岩土介质的整体三维动力特征,尤其是复杂结构形式、地质构造、边界条件、地震输入、本构模型下的地震反应,提高计算合理性和精度,出现了地下结构抗震计算数值方法,并随着高性能计算机技术和并行区域分解算法的发展而不断成熟完善。数值法是基于有限元、有限差分、边界元、离散元等计算方法的求解法。有限元法、有限差分法可较好地解决非线性、非均质问题,但受人工边界设置的影响较大。边界元法仅需对边界进行离散,自满足远场辐射条件可以降低积分维数,但由于系数矩阵占内存较大,解题规模受限。离散元考虑了断层、裂隙等结构面对岩石切割造成的非连续性,但对网格数量要求高。一批针对双层隧道、偏压隧道、交叉隧道、岩溶隧道、水工隧道、悬浮隧道、小近距隧道等结构的研究成果逐渐出现,研究方法主要采用适合复杂结构动力分析的数值法,尤其是平面动力有限元或者三维动力有限元整体分析方法。

一些学者提出了新的有限元算法和模型。递推衍射法为计算地基的动力刚度矩阵提供了有限元思路。该方法仅需要计算有界单元域的刚度矩阵和质量矩阵,就可以通过递推衍射方程得到无限域的动力刚度矩阵,是一种可以不用解析方式来体现无界辐射条件的有限元设想。超级计算机技术的出现让并行区域分解算法在计算大型三维有限元模型中发挥了重要作用。通过超级计算机并行区域分解算法,利用 LS-DYNA 有限元程序计算地震效应。并行算法能降低对计算机的性能要求,有效缩短计算时间。为结合有限元、有限差分、离散元和边界元的各自特点,出现了一些耦合方法。研究人员将六节点超参无穷元与四节点等参有限元耦合,用于双孔矩形地下隧道地震反应分析,得出了在相同精度下耦合模型比有限元模型能缩短计算区域范围的结论,耦合法可综合考虑各种单一数值法在处理边界条件、复杂介质等模型中的优势。

2.2 连续介质中地震波动理论

波动法将地下结构与其周围地层介质作为一个整体进行分析,假定地下结构的存在对波动场的影响可以忽略不计,按波动方程求解地下结构与其周围介质中的波动场和应力场。相互作用法以结构为主体求解其地震运动,将地下结构周围地层介质的作用等效为弹簧和阻尼,以相互作用力的形式作用于结构,建立地下结构的地震运动方程,按运动方程求解地下结构的地震响应,该方法的基本假定是结构的存在不对周围介质中的波动场产生扰动。

设介质质点的空间位置、变形、运动速度、应力张量分别用向量 x_i、u_i、v_i、σ_{ij} 表示,则应变率张量、旋转张量可表示为

$$\varepsilon_{ij} = \frac{1}{2}(v_{i,j} + v_{j,i}) \tag{2-1}$$

$$\omega_{ij} = \frac{1}{2}(v_{i,j} - v_{j,i}) \tag{2-2}$$

运动方程可表示为

$$\sigma_{ij,j} + \rho b_i = \rho\left(\frac{\mathrm{d}v_i}{\mathrm{d}t}\right) \tag{2-3}$$

结构方程为

$$f(\sigma_{ij}, \varepsilon_{ij,k}) = \frac{\mathrm{d}\sigma_{ij}}{\mathrm{d}t} - \omega_{ik}\sigma_{kj} + \omega_{kj}\sigma_{ik} \tag{2-4}$$

式中:ρ——材料密度;

b——单元物质体力;

k——考虑加载过程的参数。

式(2-1)~式(2-4)联立即得应力速度张量、应变速度张量及速度矢量。具体计算时,首先由节点速度求出新的应变速度,然后运用结构方程由应变速度和应力计算出本时步的应力,运用运动方程由应力和不平衡力计算出新的质点速度和位移。在各时步内进行循环计算,当计算达到平衡状态时,不平衡力趋近于0;如果有塑性流动产生,不平衡力趋近某一数值。在大应变情况下,节点位置更新后网格发生变形,采取如下修正:

$$x_i(t+\Delta t) = x_i(t) + \Delta t \times v_i(t+\Delta t) \quad (2\text{-}5)$$

2.3 动力计算本构模型及力学阻尼

2.3.1 动力计算本构模型

土体受地震等动力荷载作用后的表现可以抽象出3个基本力学元件,即弹性元件、黏性元件和塑性元件,并且可用这3个元件的各种组合来近似模拟土体的力学性能和动力特征。

(1)黏弹性模型

在小应变时可以把土体作为线弹性材料进行考虑,用弹性常数表示土的动力变形特性。应用最广泛的弹性常数是剪切模量G、弹性模量E和泊松比v。对于各向同性的弹性体,这些参数之间可以建立对应的函数关系。

线性变形材料在周期应力作用下,总应力可以分解为弹性和阻尼两部分。弹性部分的应力与应变成正比,而阻尼部分的应力与应变沿一椭圆变化。当周期应力的幅值增大或减小时,滞回圈保持相似的形状扩大或缩小。

土在振动荷载作用下的变形幅值具有衰减特性,可用黏弹性体表示。当线性黏弹性体上有圆频率为正弦变化的应力时,可得到应力σ与应变ε之间的关系如下:

$$\sigma = E\varepsilon \pm E'\sqrt{\varepsilon_a^2 - \varepsilon^2} \quad (2\text{-}6)$$

式中:ε_a——应变幅值。

式(2-6)可表示为

$$\sigma = \sigma_1 + \sigma_2 \quad (2\text{-}7)$$

而

$$\sigma_1 = E\varepsilon \quad (2\text{-}8)$$

$$\left(\frac{\sigma_2}{E'\varepsilon_a}\right)^2 + \left(\frac{\varepsilon}{\varepsilon_a}\right)^2 = 1 \quad (2\text{-}9)$$

式中:E——弹性模量;

E'——损失模量,表示随变形发生的能量损失。

式(2-9)所表示的应力与应变关系如图2-2a)所示。将图2-2a)中的上两式的纵轴相加,即可得到图2-2b)所示的滞回圈。滞回圈包围的面积ΔW表示加载1周损失的能量,可通过积分求得,即

$$\Delta W = E'\pi\varepsilon_a^2 \qquad (2\text{-}10)$$

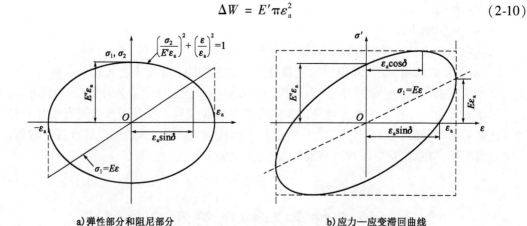

a) 弹性部分和阻尼部分　　　　b) 应力—应变滞回曲线

图 2-2　线性黏弹性体应力—应变关系和滞回曲线

加载 1 周的应变能为

$$W = \frac{1}{2}E\varepsilon_a^2 \qquad (2\text{-}11)$$

损失能量与应变能之比为

$$\frac{\Delta W}{W} = \frac{2E'\pi\varepsilon_a^2}{E\varepsilon_a^2} = 2\pi\frac{E'}{E} \qquad (2\text{-}12)$$

黏弹性体的阻尼比可表示为

$$D = \frac{E'}{2E} = \frac{\Delta W}{4\pi W} \qquad (2\text{-}13)$$

式中：E'/E——能量损失系数。

用不同的黏弹性模型表示土体的变形性状，可由式(2-13)得到不同的阻尼比表达式。

（2）弹塑性模型

弹塑性模型研究的关键是根据塑性变形发展过程中屈服面变化的硬化规律，定量地建立塑性硬化模量场，以此计算塑性应变。所以模型必须考虑硬化规律、屈服面形状、模量场计算以及试验参数的确定等问题。

2.3.2　力学阻尼

岩土介质在动力作用下，通常显示出明显的阻尼效应，阻尼作用使土体中的动能消散而损耗。由于产生阻尼的机理很复杂，一般认为阻尼的产生主要源于两个方面：一方面是由于土体中水和空气的运动以及滑动面之间的摩擦产生，呈现出黏性阻尼的性质；另一方面是由于土体中非完全弹性引起晶体面之间的内摩擦产生。

在隧道结构地震分析中，一般采用瑞利阻尼或滞后阻尼，瑞利阻尼中阻尼矩阵 C 和质量矩阵 M 相关，它可以近似地反映岩土体具有的频率无关性。滞后阻尼使用模量衰减系数来描述土体的非线性，它可以满足 Masing 二倍法，较好地构造土体在动力作用下的滞回圈，但在使用时有较多限制。

(1) 瑞利(Rayleigh)阻尼

瑞利阻尼最初应用于结构和弹性体的动力计算,以减弱系统的自然振动模式的振幅。在计算时,假设动力方程中的阻尼矩阵 C 与刚度矩阵 K 和质量矩阵 M 相关,即

$$C = \alpha K + \beta M \tag{2-14}$$

式中:α——与质量成比例的阻尼系数;
β——与刚度成比例的阻尼常数。

瑞利阻尼中的质量分量相当于连接每个节点和地面的阻尼器,而刚度分量则相当于连接单元之间的阻尼器。虽然两个阻尼器本身是与频率有关的,但是通过选取合适的系数,可以在有限的频率范围内近似获得频率无关的响应。图 2-3 为归一化的临界阻尼比和频率的关系曲线,其中包含仅设置刚度分量、仅设置质量分量以及两者叠加的结果。可以看出,采用叠加方法得到的阻尼比在较大的频率范围内保持定值,因此瑞利阻尼可以近似地反映岩土体具有的频率无关性。

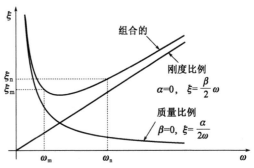

图 2-3 Rayleigh 阻尼的阻尼比和频率的关系曲线

根据图 2-3 所示叠加结果的阻尼比曲线的最小值可以确定瑞利阻尼的两个参数,分别是最小临界阻尼比 ξ_{min} 和最小中心频率 ω_{min},可以按照下式计算:

$$\xi_{min} = (\alpha \times \beta)^{0.5} \tag{2-15}$$

$$\omega_{min} = (\alpha/\beta)^{0.5} \tag{2-16}$$

对于岩土材料,临界阻尼比的范围一般是 2%~5%,而结构系统的临界阻尼比为 2%~10%。在使用弹塑性模型进行动力计算时,相当多的能量消散于材料发生的塑性流动阶段,因此在进行大应变的动力分析时,只需要设置一个很小的阻尼比(如 0.5%)就能满足要求,在达到塑性变形后,随着应力—应变滞回圈的扩大,能量的消散也逐渐明显。

瑞利阻尼是与频率相关的,但是在一定的频率范围内,瑞利阻尼基本与频率无关。这个频率范围的最大频率通常是最小频率的 3 倍。对于任何动力问题,可以对速度时程进行谱分析得到速度谱与频率之间的关系。可以逐渐调整 f_{min},使得频率范围在 $f_{min} \sim 3f_{min}$ 且包含动力能量的主要部分,此时的 f_{min} 就是瑞利阻尼的中心频率。实际分析中,如通过多种材料的土石坝动力分析,得到材料关键位置的功率谱,根据功率谱的分布来确定该区域的瑞利阻尼中心频率的大小。通过这种方法确定的中心频率 f_{min},既不是输入频率也不是系统的自振频率,而是两者作用的叠加。

经验方法是直接选取岩土体的阻尼比参数,经验值是 2%~5%。通过弹性阶段的动力计算,了解各关键位置的动应变幅值,并根据实验室得到的阻尼—应变幅值曲线来选择阻尼比的大小。

(2) 滞后阻尼

土动力学中的岩土体滞后特性可用滞后阻尼来进行表征,使用模量衰减系数 M_s 来描述

土体的非线性特性。假设土体为理想黏弹性体，可以从模量衰减曲线上得到归一化的剪应力$\bar{\tau}$：

$$M_t = \frac{d\bar{\tau}}{d\gamma} = M_s + \frac{dM_s}{d\gamma} \quad (2\text{-}17)$$

式中：γ——剪应变；

M_s——归一化的割线模量；

M_t——归一化的切线模量。

则增量剪切模量 G 可以表示为

$$G = G_0 M_t \quad (2\text{-}18)$$

式中：G_0——小应变下的剪切模量。

滞后阻尼是与材料无关的阻尼形式，在动力计算中，滞后阻尼可以满足 Masing 二倍法（即通过初试骨干曲线坐标扩大两倍获得），从而构造土体在动力作用下的滞回圈。另外，滞后阻尼的优点是可以直接采用动力试验中的模量衰减曲线，相对于瑞利阻尼，滞后阻尼不影响动力计算的时间步。瑞利阻尼计算得到的加速度响应规律比较符合实际，因此最易被大家接受。

2.4 地震动力边界

地下结构抗震数值模拟的研究对象是半无限土体中的有限区域，受计算条件限制，模型的范围不能取的过大，因此在模型周围建立人工边界来模拟连续介质的辐射阻尼，保证由结构产生的散射波从有限计算区穿过人工边界而不发生反射。这是决定地下结构数值计算精度的重要前提，也是地下结构不同于地面结构计算的基本特点。目前常用的人工边界主要有边界元、黏性边界、黏弹性边界和自由场边界。

(1) 边界元

边界元通常把场的控制微分方程和定解条件变换成边界上的积分方程，然后运用有限元思想对边界进行离散，从而把边界积分方程转换为代数方程进行求解。其计算精度和效率较高，但通用性较差，前后处理较为困难，处理动力学问题需要在域内划分单元，主要适用于规则区域的线性均质问题。

边界元的优点：①降低问题求解的空间维数，该方法将给定场域的边值问题通过包围该场域边界面上的边界积分方程来表示；②方程组阶数降低，输入数据量减少，不仅简化了问题的前处理过程，而且大幅度降低了待求解离散方程的阶数；③计算精度高；④易于处理开域问题。

(2) 黏性边界

黏性动力边界最早是由 Lysmer 等基于一维平面波动理论提出来的。模型底部采用黏性边界，能够模拟地震能量传至基础地面时，一部分被反射后向下方逸散；侧面采用黏性边界，能够模拟地震能量向两侧方向无限远处的逸散。

黏性边界能够很好地满足地下结构的动力模拟分析需要，计算速度较快且不容易失稳，在动力计算中应用较多。黏性人工边界方程可写为

$$t_n = a\rho C_p v_n \qquad (2\text{-}19)$$

$$t_s = b\rho C_s v_s \qquad (2\text{-}20)$$

式中：t_n、t_s——黏性边界法向和切向的黏性应力；

v_n、v_s——模型边界上法向和切向的速度分量；

ρ——材料密度；

C_p、C_s——P波和S波波速；

a、b——待定常数，可根据边界波的反射和折射理论确定。

施加合理的黏性边界后，就可以消除在人工边界上产生的反射波，从而精确地模拟波由近场向远场的传播。

以P波入射为例验证黏性边界对能量的吸收，设泊松比为0.25，边界处单位面积反射波能量为E_r，入射波能量为E_i，则在简谐振动下，有

$$\frac{E_r}{E_i} = A^2 + S\frac{\sin\theta_b}{\sin\theta}B^2 \qquad (2\text{-}21)$$

式中：θ、θ_b——P波入射角和反射波分量S波的反射角；

A、B——入射波和反射波的振幅，如图2-4，图2-5所示。

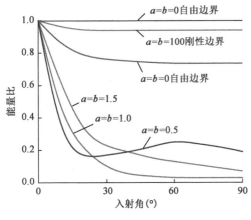
图2-4 反射波与入射波能量比

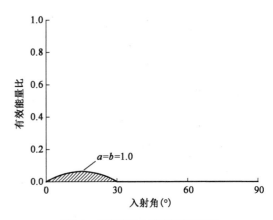
图2-5 反射波与入射波有效能量比

从图2-4可以看出，相当于完全吸收能量的黏性边界大致对应式(2-19)和式(2-20)中$a=b=1$的情况，且入射角越小，吸收能量的效果越好。设$u_0(x,y,t)$是已知的入射波场向量，在入射波作用下，黏性边界E点处的位移为$u_0(x_E,y_E,t)$，则黏性边界准确实现波动输入的条件如下：

位移：$u(x_E,y_E,t) = u_0(x_E,y_E,t)$

应力：$\sigma(x_E,y_E,t) = \sigma_0(x_E,y_E,t)$

黏性边界上所需施加的动力激励为

$$f_{Ex}(t) = 2\rho C_s \cos\theta \dot{u}_E \qquad (2\text{-}22)$$

$$f_{Ey}(t) = 2\rho C_P \sin\theta \dot{u}_E \tag{2-23}$$

式中：C_P、C_s——P 波和 S 波波速；

ρ——介质的密度；

u——介质拉梅常数；

$\dot{u}_E$——E 点的速度。

当 $\theta = 0$，所需施加的动力激励为

$$f_{Ex}(t) = 2\rho C_s \dot{u}_E = 2\rho\sqrt{\frac{u}{\rho}}\dot{u}_E = 2\sqrt{\rho u}\dot{u}_E \tag{2-24}$$

$$f_{Ey}(t) = 0$$

对于二维和三维情况，需要在边界点的双向（二维）或三向（三维）施加物理元件构成人工边界，此时首先求出人工边界上由入射波场产生的应力，然后求出每个方向上所需要施加的应力，即可完成波动的输入。

(3) 黏弹性边界

黏弹性边界是利用无限域介质本构方程和来自于计算区内部的单侧外行波表达建立的一种应力边界条件。黏弹性边界的研究最早始于 Lysmer 和 Kuhlemeyer（1969），运用线弹性介质中的平面波表达建立黏性边界，未考虑波在介质中的衰减，进而在边界表达中未包括介质的刚性恢复作用，外力荷载条件下结构将发生整体漂移，之后的研究工作是运用均匀线弹性介质中的柱面波或球面波作为单侧外行波建立黏弹性边界，由于柱面或球面波假定考虑了波在介质中的几何扩散衰减，进而考虑了介质的刚性恢复作用，所以边界不会引起结构的整体漂移，提高了模拟精度。

人工边界上的运动由已知入射波和由结构基础产生的散射波组成，散射波由人工边界吸收，入射波则要采用一定的方法输入计算区中。由于采用将输入问题转化为波源问题的方法处理波动输入，满足力的叠加原理，在人工边界上的入射波场和散射波场互不影响，所以可以将入射波场和散射波场分开处理。黏弹性边界是一种应力边界条件，该应力是边界节点位移和速度的函数，一般形式可写成：

$$\sigma_{li}(t) = -K_{li}u_{li}(t) - C_{li}\dot{u}_{li}(t) \tag{2-25}$$

式中：l——人工边界节点号；

i——分量方向，$i = x, y, z$；

t——时间；

σ_{li}、u_{li}、$\dot{u}_{li}$——节点 l 在方向 i 的应力、位移和速度；

C_{li}——节点 l 在方向 i 的黏弹性边界参数，是无限域介质的材料常数和边界尺寸的函数。

由式（2-25）可知，边界节点某方向某时刻的应力仅与该节点方向该时刻的反应有关，黏弹性边界条件是时空解耦的。参数 K_{li}、C_{li} 的不同表达形式对应于形式各异的黏弹性人工边界。当 $K_{li} = 0$ 时，边界退化为黏性边界。

边界节点 l 受有限域有限节点影响的运动方程在考虑模拟无限域影响的黏弹性边界表达

式时,节点运动方程可以表示为

$$m_l \ddot{u}_{li} + \sum_n \sum_j C_{linj} \dot{u}_{nj} + \sum_n \sum_j K_{linj} u_{nj} = f_{li} + A_l \sigma_{li} \tag{2-26}$$

式中:σ_{li}——黏弹性边界应力;

A_l——节点 l 黏弹性边界应力的作用范围,$A_l = \sum_{e=1}^{N} A_{le}$;

N——与节点 l 相关的单元数;

A_{le}——单元 e 上黏弹性边界的作用范围,对于二维问题,A_{le} 为单元边界线长度的 1/2,对于三维问题,A_{le} 为单元边界线长度的 1/4。

黏弹性边界相当于在边界节点每个方向施加一个一端固定的单向弹簧和阻尼,以黏性阻尼的吸能作用和弹簧的刚性恢复作用模拟无限域对广义结构的影响。

2.5 地震波模拟及处理

通常条件下,地震动荷载输入可以分为 4 种方式:①加速度时程;②速度时程;③应力(压力)时程;④集中力时程。可以在模型边界或内部节点施加动荷载来模拟受到外部或内部动力作用下的反应。在地下结构地震动力时程分析中,所采用的地震波主要有三种:拟建场地的实际地震记录、有代表性的过去强震记录和人工合成地震波。这三种类型的波各有其特点和适用性:优先采用拟建场地上实际的强震记录;采用过去有代表性的强震记录,如 El-centro 波、Taft 波、Kobe 波、天津波等,但由于这些地震波记录的场地条件与拟建的场地条件总是或多或少地存在差异,这些强震记录并不能真实地反映拟建场地的地震动特性;根据拟建场地的某些特征参数来人工合成适合这类场地的地震波,常用的方法主要有比例法和数值法。根据地面运动参数的不同,地震波还可以分为加速度地震波、速度地震波、位移地震波,最常用的是加速度地震波。地震波的处理和输入主要包括基线校正、时频分析、滤波和地震波的输入 4 个方面。

2.5.1 基线校正

通常,原始的地震波加速度时程由于仪器灵敏度和系统方面的问题,往往容易引入噪声误差信号,突出表现在使加速度时程水平均值线(零线)偏离零水平线,相当于在地震加速度输入中,时刻有一个恒定的非零加速度值,导致结构的相对位移响应可能随时间轴发生漂移。为此在地震波输入之前应进行基线校正,其目的是保证所生成的地震波加速度信号在其结束处的位移和速度为零。研究表明,基于快速离散傅里叶变换过滤直流分量的方法,能有效地纠正加速度记录的零线。但同时也发现,由零线校正的加速度经积分获得的地震动位移时程的零线漂移现象仍很严重。其原因主要是零线校正后的残留长周期误差信号虽然对加速度记录影响极小,但仍能导致积分位移产生较大的零线漂移,因而无法通过直接积分获得可靠的位移时程。相应地,有学者提出在传统零线校正加速度记录的基础上,积分获得速度时程;然后在积分位移时程之前,对速度时程再做一次传统法的零线校正,使速度时程均值归零;最后对积分位移再用 Butterworth 滤波器做一次高通滤波(截止频率根据信号和噪声傅里叶谱的比较确定），可获得较符合实际的位移时程，尽可能消除位移的零线漂移。

在时域内进行基线校正的算法很多，其中常采用最小二乘法，其可保证加速度、速度和位移之间的积分关系，不改变校正后地震波的频谱特性。其原理为：从域角度看，可以用输入加速度的傅里叶谱滤掉相应长周期对应的谱线，再做离散傅里叶变换得到修正加速度的方法。但涉及长周期噪声谱线的鉴别及傅里叶滤波方式等方面的困难，计算也较为烦琐，需要对噪声的产生机理有较多理解。同时，目前在反复变换中保持地震波原有的时—频联合非平稳特性方面还有许多问题需要解决。

从经传统零线校正处理的加速度时程出发，对于频繁遇到的积分位移零漂移现象，直观方法是采用多项式去拟合位移的均值线，位移点应在该均值线两侧分布，然后所有积分位移点减去相应时刻的均值点即获得消除零线漂移的修正积分位移时程，称为漂移消除。

均值线在各个时刻的对应值反映了位移时程曲线的漂移程度，而用低阶多项式去模拟均值线，并从积分位移中扣除的算法，一定程度上相当于对积分位移用 Butterworth 滤波器做高通滤波的简便法。在对比大量的积分位移时程的拟合均值线后，按照位移点在均值线两侧分布均匀和多项式阶数尽可能低的准则，认为四次多项式模拟程度较好。拟合位移线函数为

$$\tilde{u}_g(t) = a_1 t^4 + a_2 t^3 + a_3 t^2 + a_4 t \tag{2-27}$$

式中：$\tilde{u}_g(t)$——拟合的位移均值线；

$a_1 \sim a_4$——待定系数。

考虑加速度、速度及位移间的积分关系可得到对应的速度、加速度时程，分别为

$$\tilde{v}_g(t) = 4a_1 t^3 + 3a_2 t^2 + 2a_3 t + a_4 \tag{2-28}$$

$$\tilde{a}_g(t) = 12a_1 t^2 + 6a_2 t + 2a_3 \tag{2-29}$$

式中：$\tilde{v}_g(t)$、$\tilde{a}_g(t)$——拟合位移均值线所对应的速度、加速度时程；

$a_1 \sim a_4$——待定参数。

考虑到速度时程为零初值曲线，参数 a_4 为零。如果在输入加速度的过程中消除响应的均值线 $\tilde{a}_g(t)$，不仅可以从根源上消除位移和速度均值线上的非零漂移值，方便工程应用，而且避免了仅对积分位移做高通滤波处理对加速度、速度和位移之间积分关系的破坏。对于加速度均值线方程式的拟合，可采用最小二乘法，由离散的加速度数据点求得。修正后的地震动位移输入为

$$\overline{u}_g(t) = u_g(t) - \tilde{u}_g(t) \tag{2-30}$$

由于漂移均值 $\tilde{u}_g(t)$ 的影响，对于大尺度结构，需要考虑地震动各点输入幅差和相差或只考虑相差的行波输入，则两输入点之间的输入差为

$$\overline{u}_g(t) - \overline{u}_g(t+\tau) = u_g(t) - u_g(t+\tau) - [\tilde{u}_g(t) - \tilde{u}_g(t+\tau)] \tag{2-31}$$

式中：τ——地震波在两点间的传播时间。当 $u_g(t)$ 中包含的漂移很大时，随着结构尺寸的增大，$\Delta \tilde{u}$ 值也很大，而两点间的相对位移差决定的地震作用力也越大。

校正前后的地震波时程曲线如图 2-6 ~ 图 2-8 所示。

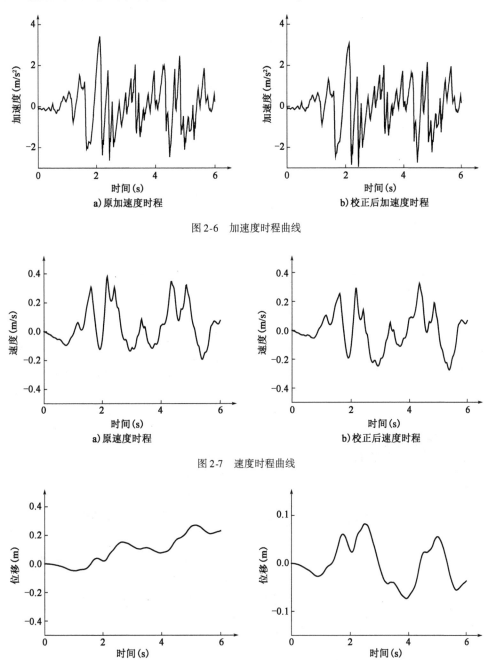

图 2-6　加速度时程曲线

图 2-7　速度时程曲线

图 2-8　位移时程曲线

2.5.2　时频分析

地震动的三要素为振幅、频谱和持时，一般的地震波只能从时间轴上来观察地震动的特性,而不能直接从频率轴上看出其特征分布,要想确定地震波的频率特征,就必须要了解地震波的频域分布或者时域—频域中的联合分布,这就需要对地震波进行频谱分析。地震波的频谱特性就是指地震波形中频率的分布特征,如果对地震波进行傅里叶转换,可以从时域数据变换到频域数据,从频域数据变换到时域数据,则可以通过傅里叶逆变换得到。

周期函数都可以通过分解为傅里叶级数的方法来分析它是由哪些谐波分量所组成的。强震加速度是非周期函数,因此可将它表示为傅里叶积分的形式。设加速度时程为 $H(t)$,其傅里叶积分形式可以写成

$$F(f) = \frac{1}{2\pi} \int_{-\infty}^{+\infty} H(t) e^{-j2\pi ft} dt \tag{2-32}$$

其中,$F(f)$ 可以写成实数和虚数两项的表达形式,令 $RF(f)$ 表示实数部分,$IF(f)$ 表示虚数部分,则:

$$A(f) = |F(f)| = \sqrt{[RF(f)]^2 + [IF(f)]^2} \tag{2-33}$$

通常称 $A(f)$ 为傅里叶振幅谱,也被称为傅里叶幅值谱或傅里叶谱。功率谱是功率谱密度函数的简称,它定义为地震动时程 $H(t)$ 傅里叶幅值谱的平方平均值,即

$$S_x(f) = \lim_{T \to \infty} \frac{2\pi}{T} |A(f)|^2 \tag{2-34}$$

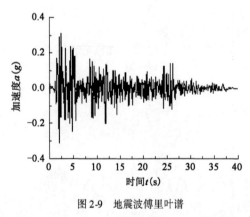

图 2-9 地震波傅里叶谱

地震波的频谱特性与地震波传播距离即场地性质有关,距震源近,则振幅大,高频成分多,距震源远,则振幅小,低频成分多。如对 El-centro 波进行傅里叶谱以及功率谱分析,根据傅里叶谱去除地震波高频成分,进行 0.5~30Hz 带通滤波,处理后的加速度时程谱及傅里叶谱如图 2-9 所示。

从傅里叶谱中可以看出,地震波最大频率为 25Hz,地震波的卓越频率在 2.5Hz 左右。

地震持续时间是地震响应分析中应考虑的重要因素,地震持续时间对结构破坏影响显著,比如主震时某些结构仍然屹立不倒,而在余震中瞬间倒塌,正是由于多次反复振动使结构产生低周疲劳破坏。地震持续时间应将地震作用最强烈部分应包含在内,一般可取结构自振周期的 5~10 倍。

2.5.3 滤波

在地下结构的动力分析中,输入波的频率成分以及波速等特征对计算结果的影响较大。根据 Lysmer 等的研究成果,要在计算模型中准确捕捉波动效应,沿波传播方向模型的单元尺寸必须小于输入波最高频率成分对应波长的 1/10,即单元长度 $\Delta \leq \lambda/10$。

为满足网格尺寸与波长之间的关系,有时需要把模型网格划分的很细,耗费大量计算时间。为了提高计算效率,需要适当增大网格尺寸,同时还要满足计算精度要求,这就需要通过

增大地震波的最小波长,也就是减小地震波的频率来实现。具体来说,就是对地震波设置一个最高截止频率,将地震波中的高频部分滤掉,图2-10为El-centro波经过0~30Hz带通滤波后的傅里叶谱。

2.5.4 地震波输入

在使用有限元软件分析地下结构的地震动力相互作用时,地震波输入是通过在人工边界上施加等效节点力来实现的,而等效节点力的大小与入射地震波波速成正比。

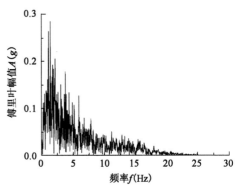

图2-10 滤波后地震波傅里叶谱

第3章 锦江山隧道立体交叉段地震动力响应特性分析

统计资料显示[51-53,69],地震作用下高烈度地区隧道也会产生较严重的损坏。而立体交叉隧道结构受力均较单一洞室更为复杂,地震波在交叉隧道结构间传播,会产生反射、绕射等现象,进而形成叠加效应,可以预见,相对于单一洞室,立体交叉隧道的地震动力响应将更加显著。同时,交叉段往往又是交通体系中的重要节点,一旦出现破坏,相互交叉的数条交通线路都将被迫中断运行,后果极其严重。本章以沈丹客专锦江山隧道与金丹联络线盘道岭隧道交叉段为背景,通过建立数值模型,研究立体交叉隧道的地震动力响应特性,为后续研究提供基础。

3.1 工程概况

沈丹客专锦江山隧道为双线铁路隧道,位于丹东市境内,全长4 605m,起讫里程为DK247+375~DK251+980,埋深在1.5~128m范围。

该隧道两次穿越既有铁路隧道并与之形成立体交叉,其中之一是与同金铁路草莓沟2号隧道形成立交,形成的另一处立体交叉隧道是在穿越金丹铁路盘道岭处,后者更具有典型性,以此工程为依托进行地震动力响应特性研究。

锦江山隧道(双线隧道)在DK250+446.8处上跨既有盘道岭隧道(单线隧道),两隧道的平面夹角为40°,如图1-2所示,与盘道岭隧道结构间净覆土约17.7m,上下两隧道的断面结构形式如图3-1所示。交叉段围岩主要为混合岩,围岩级别为Ⅲ级,隧道埋深为18m。

盘道岭隧道净宽7m,隧道的起讫里程为JDLDK0+355~JDLDK5+225,全长4 870m,围岩级别为Ⅲ级。

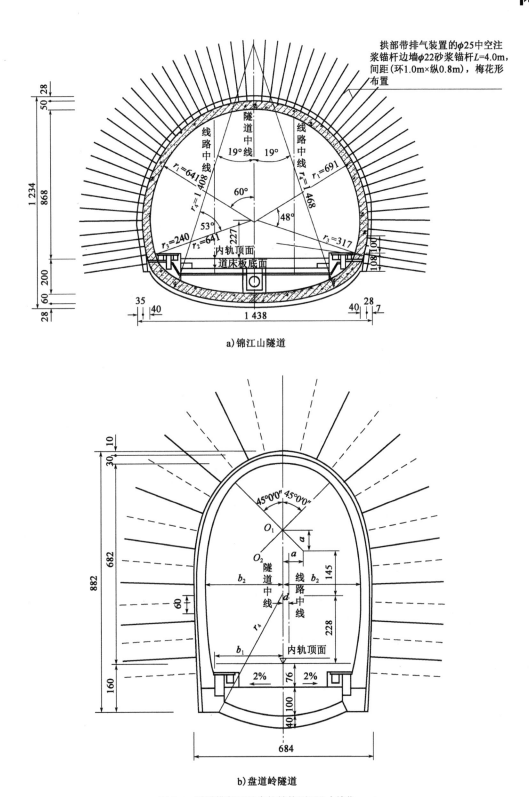

a) 锦江山隧道

b) 盘道岭隧道

图 3-1　隧道横断面及支护结构图（尺寸单位：cm）

3.2 锦江山隧道立体交叉段三维数值模型

有限单元法是求解复杂岩土力学问题的一种比较有效地数值分析方法,有限元法的实质是把无限个自由度的连续结构,离散成有限个自由度的单元体系,然后根据边界条件、材料特性等得到一组微分方程求解节点位移,得到各单元节点位移的数值解,进而求得应力、内力等。本文使用大型通用有限元软件 ABAQUS 进行建模分析,具体理论可参考相关书籍资料,不再赘述。

3.2.1 模型尺寸

为便于分析,设定如图 3-2 所示的坐标系统,即水平轴 Z 方向与新建锦江山隧道平行;X 轴方向为水平,且与新建隧道垂直,Y 轴为竖向(重力方向)。隧道开挖影响范围一般在 $3D$(D 为隧道最大开挖跨度)以内,由此确定模型整体尺寸为:X 向 100m,Z 向 200m,Y 向 100m,上跨隧道拱顶距地表 15m,下穿隧道距上跨隧道 17.7m,确定的几何模型如图 3-2 所示。

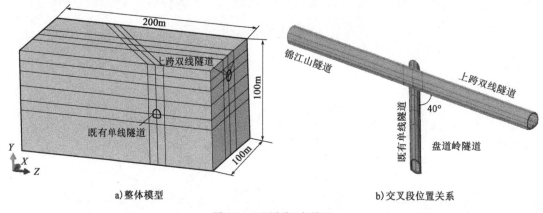

a)整体模型 b)交叉段位置关系

图 3-2 立交隧道几何模型

3.2.2 单元类型及材料本构

模型中,围岩、隧道支护结构均采用 C3D8R 八结点线性六面体单元,每个节点具有 X、Y、Z 三个位移方向的 3 个自由度,可模拟单元发生塑性、潜变、膨胀、应力强化,大变形和大应变等特征。整体模型及立交隧道支护结构的单元网格划分如图 3-3 所示。

围岩单元采用摩尔—库仑本构和屈服准则,如图 3-4 所示,复杂应力状态下,应力应变满足:

$$f(\sigma_x, \sigma_y, \sigma_z, \tau_{xy}, \tau_{yz}, \tau_{zx}) = C \tag{3-1}$$

式中:$f(\sigma)$——周边围岩应力状态所决定的函数;

C——材料常数。

混凝土是一种典型的非线性材料,为模拟结构在地震作用下的塑性变形以及损伤情况,得到立体交叉隧道结构的薄弱部位,文中采用混凝土塑性损伤本构模型来模拟隧道衬砌结构,其本构关系如式(3-2)和图 3-5 所示。

$$\begin{cases} \overline{\sigma} = D_0^{el} : (\varepsilon - \varepsilon^{pl}) \in \{\overline{\sigma} \mid F(\overline{\sigma}, \tilde{\varepsilon}^{pl}) \leq 0\} \\ \dot{\tilde{\varepsilon}}^{pl} = h(\overline{\sigma}, \tilde{\varepsilon}^{pl}) \cdot \dot{\varepsilon}^{pl} \\ \dot{\varepsilon}^{pl} = \dot{\lambda} \dfrac{\partial G(\overline{\sigma})}{\partial \overline{\sigma}} \end{cases} \quad (3\text{-}2)$$

其中，$\dot{\lambda}$ 和 F 应满足 Kuhn-Tucker 条件，$\dot{\lambda} F \leq 0; \dot{\lambda} \geq 0; F \leq 0$。

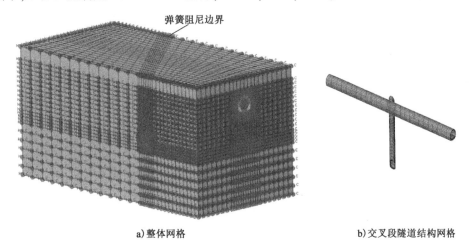

a) 整体网格　　　　　　　　　　b) 交叉段隧道结构网格

图 3-3　模型网格划分

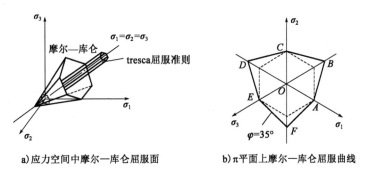

a) 应力空间中摩尔—库仑屈服面　　　b) π 平面上摩尔—库仑屈服曲线

图 3-4　应力空间中摩尔—库仑屈服准则

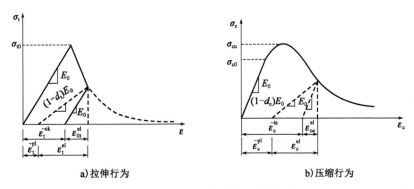

a) 拉伸行为　　　　　　　　　　b) 压缩行为

图 3-5　混凝土塑性损伤模型本构关系

3.2.3 边界类型与边界施加

静力分析时,分别约束模型两侧面 X、Z 向以及模型底面的 Y 向的法向位移;当进行地震波动力分析时,采用黏弹性边界代替两侧面固定约束,Y 向约束不变,如图 3-3 所示。

建模过程中,通常在模型边界设置黏弹性人工边界,以模拟半无限土体在地震作用下的自由场振动,黏弹性边界有设置于边界节点处的一组并联弹簧—阻尼组成,利用弹簧—阻尼体系来吸收逸散波动能量,与黏性边界相比,能够克服低频漂移,具有良好的稳定性及更高的计算精度。人工边界上法向与切向的弹簧刚度和阻尼系数按照式(3-3)计算:

$$\begin{cases} K_{BN} = \alpha_N \dfrac{G}{R}, C_{BN} = \rho c_P \\ K_{BT} = \alpha_T \dfrac{G}{R}, C_{BT} = \rho c_S \end{cases} \tag{3-3}$$

式中:K_{BN}——法向弹簧刚度;
$\quad K_{BT}$——切向弹簧刚度;
$\quad C_{BN}$——法向阻尼系数;
$\quad C_{BT}$——切向阻尼系数;
$\quad R$——波源至人工边界的距离;
$\quad c_P$——介质中地震波的 P 波传播速度;
$\quad c_S$——介质中地震波的 S 波传播速度;
$\quad G$——介质剪切模量;
$\quad \rho$——土体密度;
$\quad \alpha_N$、α_T——法向、切向黏弹性人工边界修正系数,参照表 3-1 取值。

修 正 系 数 取 值　　　　　　表 3-1

模　型	参　数	值　域	推　荐
二维模型	α_N	0.35~0.65	0.5
	α_T	0.8~1.2	1.0
三维模型	α_N	0.5~1.0	0.67
	α_T	1.0~2.0	1.33

3.2.4 材料参数

地震波作用下,混凝土结构所产生的应变速率远超静态应变速率,其动力特性也与静力特性存在较大差异。因此,在进行地下结构地震响应研究时应将这种差异考虑进来,否则将会引起较大的误差。当前学者们已普遍意识到混凝土结构的这一特性,在相关研究和运用中得到了体现,如,美国垦务局的 Rapheal[158] 将混凝土结构的动态抗拉强度提升为静态强度的 150%,并且认为这一数据仍趋保守。国内《水工建筑物抗震设计规范》(GB 51247—2018)[159] 中规定,在考虑混凝土结构的动力特性时,可将其动弹模提升为静弹模标准值的 130%。

土体材料视为各向同性、连续的弹塑性材料。由此参见相关规范[160-162]，可确定本计算中的力学物理参数见表3-2。

材 料 参 数　　　　　　　　表3-2

材　　料	重度 γ (kN/m³)	弹性模量 E (GPa)	泊松比 μ	抗拉强度 f_t (MPa)	抗压强度 f_c (MPa)
初期支护(C25)	25	28.0	0.25	1.27	11.9
二次衬砌(C35)	26	31.5	0.2	2.20	23.4
仰拱填充层(C20)	25	25.5	0.2	1.10	9.6
围　　岩	重度 γ (kN/m³)	弹性模量 E (MPa)	泊松比 μ	黏聚力 c (kPa)	内摩擦角 φ (°)
Ⅲ级围岩	2400	5000	0.21	300	45
Ⅳ级围岩	2200	2000	0.23	140	42

3.2.5 阻尼参数

采用Rayleigh阻尼来反映模型内部结构体系的阻尼机制，假定结构体系的阻尼与结构的刚度、质量成比例，可以表示为

$$[C] = \alpha[M] + \beta[K] \tag{3-4}$$

式中：α——与结构质量相关常数；

β——与结构刚度相关常数。

从上述Rayleigh阻尼中可以得到频率ω_n与阻尼比ξ_n的函数表达式如式(3-5)，其相互关系如图2-3所示。

$$\xi_n = \frac{\alpha}{2\omega_n} + \frac{\beta \omega_n}{2} \tag{3-5}$$

式中：α、β——常数；

ω_n、ξ_n——变量。

因此只需要获取两个特定的w_n与ξ_n，联立其方程组即可得到常数α、β，同时假定

$$\xi_m = \xi_n = \xi \tag{3-6}$$

即可得到Rayleigh阻尼的比例常数α、β为

$$\begin{cases} \alpha = \dfrac{2\xi\omega_m\omega_n}{\omega_m + \omega_n} \\ \beta = \dfrac{2\xi}{\omega_m + \omega_n} \end{cases} \tag{3-7}$$

式中：ω_m、ω_n——取第一、二阶振型对应的固有角频率；

ξ——材料阻尼比。

模拟计算中特征值分析可以得到第一、二阶振型的固有频率，材料阻尼比ξ取0.05，由式(3-7)可以计算得出模型的比例常数α、β。通过提取模型的固有频率，得到模型的第一阶特征频率$\omega_1 = 0.364\,59\text{Hz}$，$\omega_2 = 0.438\,74\text{Hz}$，代入式(3-7)可得模型阻尼$\alpha = 0.125\,1$，$\beta = 0.019\,8$。

3.2.6 接触关系

物体之间的接触无处不在,隧道在开挖过程中,也会产生各种接触,如围岩对支护结构会产生相互作用,两者产生挤压、摩擦,支护结构约束围岩的变形,使围岩与结构达到最终平衡。不同的接触关系会产生不同的力学效果,接触关系的准确与否对数值计算的精度将会造成一定的影响。初期支护与围岩以及土体两两之间可以传递压力,而不能传递拉力,且其可以产生相对位移,因此它们之间的接触可以用罚函数摩擦接触进行模拟。隧道系统锚杆打入围岩,与围岩共同变形,采用内置嵌入围岩,即相当于混凝土与钢筋的约束关系,两者的应变一致(应力不同),不发生相对位移,共同承受土压力。

支护结构与围岩的接触关系,存在切向与法向两个方向的作用。在自重作用下,支护结构可产生下沉,与围岩在切向上产生有限相对滑移,在切向临界切应力为

$$\tau_{\text{crit}} = \mu p \tag{3-8}$$

式中:τ_{crit}——临界切应力;
μ——滑移临界摩擦系数;
p——接触面的法向压强。

滑移临界摩擦系数可采用下式进行计算:

$$\mu = \mu_k + (\mu_s - \mu_k) e^{-d_c \gamma_{eq}} \tag{3-9}$$

式中:μ_k——动摩擦系数;
μ_s——静摩擦系数;
d_c——折减系数;
γ_{eq}——滑动应变率。

若切向应力大于临界切应力,则接触面两侧节点将产生相对滑移,否则两者仍为整体,共同受力变形。各方向的滑移应变率由下式确定:

$$\frac{\tau_i}{\tau_{eq}} = \frac{\gamma_i}{\gamma_{eq}} \tag{3-10}$$

式中:τ_i——i 方向的切应力;
γ_i——i 方向的剪切滑移应变率;
γ_{eq}——总剪切滑移应变率。

采用罚函数模型模拟两者之间的法向作用:

$$\begin{cases} p = 0 & (h < 0) \\ p > 0 & (h = 0) \\ p = f(k_{in}, h) & (h > 0) \end{cases} \tag{3-11}$$

式中:p——接触法向应力;
h——嵌入量;
k_{in}——接触面嵌入惩罚刚度;

f——惩罚函数。

实际工程中,支护结构与土体之间接触面法向上不会出现相互穿透的情况,但数值计算中不可避免会产生接触面之间的穿透,接触面穿透量可以通过接触面法向刚度及最大允许过盈量来控制。

3.2.7 地震波加载

为反映真实地震对立体交叉隧道的影响,必须正确选择地震加速度时程曲线,即地震加速度曲线的峰值、频谱特性和持续时间满足要求。加速度峰值高时,则建筑物遭受的破坏程度大,因此地震动响应特性分析以地震加速度峰值作为强度标准,根据《建筑抗震设计规范》(GB 50011—2010)[162]给出各种烈度下加速度峰值取值,如表3-3所示。

表3-3 时程分析时地震加速度最大值(单位:m/s²)

地 震 影 响	Ⅵ度	Ⅶ度	Ⅷ度	Ⅸ度
多遇地震	0.18	0.35(0.55)	0.7(1.1)	1.4
罕遇地震	1.25	2.2(3.1)	4.0(5.1)	6.2

地震波的频谱特性与地震波传播距离即场地性质有关,距震源近,则振幅大,高频成分多,距震源远,则振幅小,低频成分多。地震持续时间是地震响应分析中应考虑的重要因素,地震持续时间对结构破坏影响显著,比如主震时某些结构仍然屹立不倒,而在余震中瞬间倒塌,正是由于多次反复振动使结构产生低周疲劳破坏。地震持续时间应将地震作用最强烈部分应包含在内,一般可取结构自振周期的5~10倍。

锦江山隧道位于丹东市,地震烈度为Ⅷ度,本文选用El-centro波进行加载,对其原始波形进行数据处理,根据傅里叶谱去除地震波高频成分,进行0.5~30Hz带通滤波,处理后的加速度时程谱及傅里叶谱如图3-6所示。

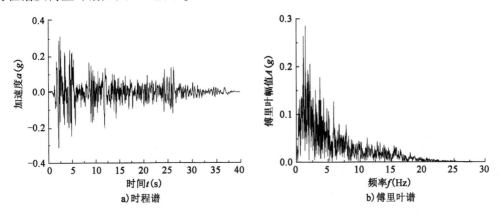

图 3-6 El-centro 波加速度特征谱

3.3 结 果 分 析

既有研究成果表明,水平入射地震波对地下结构的破坏效应十分显著,因此本节重点针对

Ⅷ度水平地震作用下岩体及结构的地震动响应特性展开研究。为便于后续分析,以隧道交叉中心为原点,在 X 轴方向上取近震端、交叉中心及远震端三处地表点作为特征点进行观测,分别用 PS-1、PS-X2、PS-X3 表示;在 Y 轴方向上从上至下依次选取地表、上跨隧道拱顶、下穿隧道拱顶以及模型底部等特征点进行观测,分别用 PS-1、PS-Y2、PS-Y3、PS-Y4、PS-Y5、PS-Y6、PS-Y7 表示,特征点位置如图 3-7 所示。

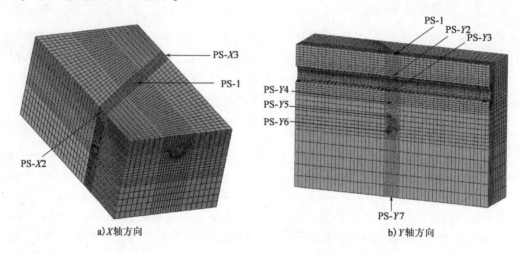

a) X 轴方向　　　　　　　　　　　　　b) Y 轴方向

图 3-7　土体地震动响应观测特征点

3.3.1　岩体动力响应

选取立体交叉隧道模型中交叉断面岩体为研究对象,具体的特征点如图 3-8 所示,震后岩体的位移及加速度云图如图 3-8、图 3-9 所示,加速度及位移方向均为地震波入射方向(即 X 方向),岩体的塑性压、拉应变云图如图 3-10、图 3-11 所示,水平方向、竖直方向特征点位移时程曲线如图 3-12 所示,特征点的加速度时程曲线如图 3-13 所示,塑性拉应变及塑性压应变时程曲线如图 3-14 所示。

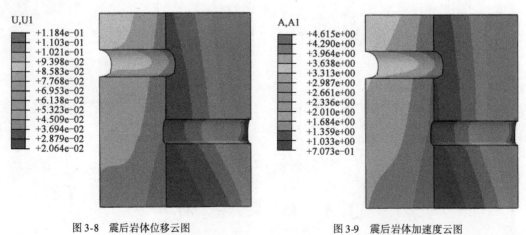

图 3-8　震后岩体位移云图　　　　　　　图 3-9　震后岩体加速度云图
U,U1-位移　　　　　　　　　　　　　A,A1-加速度

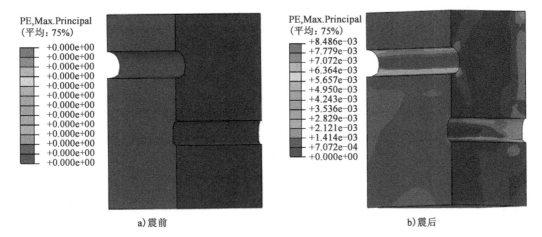

图 3-10　地震前后等效塑性拉应变云图（1/4 模型）
PE, Max. Principal-塑性拉应变

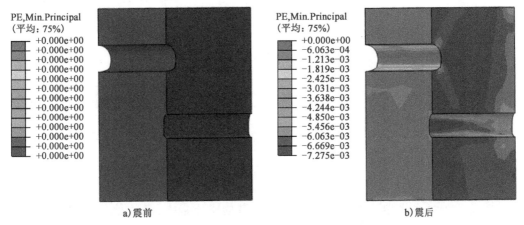

图 3-11　地震前后等效塑性应变云图（1/4 模型）
PE, Min. Principal-塑性压应变

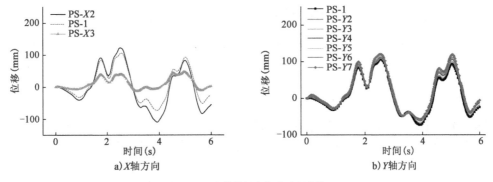

图 3-12　岩体特征点位移时程曲线

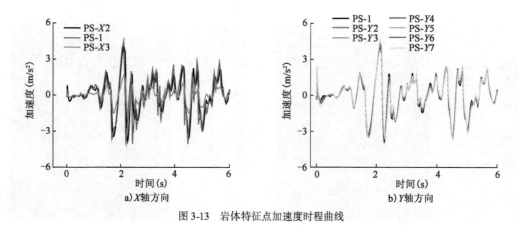

图3-13 岩体特征点加速度时程曲线

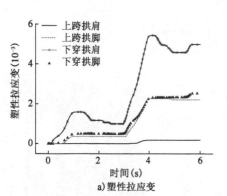
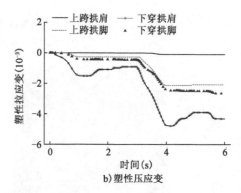

图3-14 岩体特征点塑性应变时程曲线

从中分析可知：

(1) 位移

① 地震后模型水平位移及加速度均在交叉断面中心最大，最大值分别为11.84cm和4.62m/s^2，可见交叉隧道处地震作用产生了增大效应。

② 在X方向距震源距离不同，其地震位移响应会存在一定的相位差，且位移随距震源的距离增大而减小，远震端位移峰值小于近震端，且其达到峰值的时间稍晚于近震点。

③ 在Y方向的特征点与边界震源距离相同，则其位移时程曲线特征也相似，在同一时间达到位移峰值，由于未考虑地震波随深度的衰减，因此岩体特征点地震位移最大值接近，响应规律一致。

(2) 加速度

① 在水平方向上，各特征点加速度响应规律一致，交叉断面中心处的加速度响应值最大(4.62m/s^2)，其次是近震端(4.19m/s^2)，远震端最小(1.92m/s^2)。

② 在交叉断面中心垂线方向上，由于入射地震波未考虑随深度折减，因此所得地震加速度相近。

(3) 塑性应变

① 由震前震后塑性应变云图可知，塑性应变主要由地震作用引起，岩体在地震荷载作用

下,两立体交叉隧道的塑性拉、压应变均在拱肩及墙脚位置处较大,下穿隧道轴线与入射地震波方向平行,在岩体边界处产生了较为明显的边界效应。

②由塑性应变时程曲线可知,地震荷载作用下,两立体交叉隧道周边岩体的塑性应变均呈阶跃式增长,上跨隧道周边岩体最大塑性拉应变为 2.27×10^{-3},最大塑性压应变为 2.13×10^{-3},下穿隧道的最大塑性拉、压应变分别为 5.44×10^{-3}、4.79×10^{-3}。

3.3.2 上跨隧道地震动力响应

针对立体交叉隧道的特点,选择交叉断面处立体交叉隧道的特征点进行展开地震响应分析,交叉断面处特征点的空间分布如图 3-15 所示,4 个特征点依次为初期支护拱顶,拱肩、拱脚、仰拱底部等位置,如图 3-16 所示。

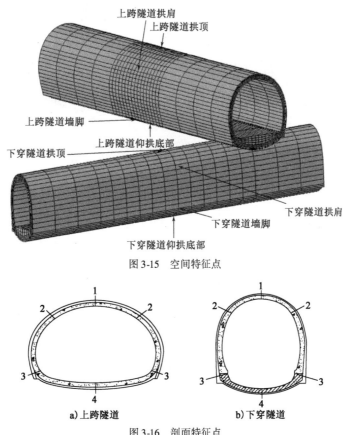

图 3-15 空间特征点

图 3-16 剖面特征点
1-拱顶;2-拱肩;3-墙脚;4-仰拱底部

(1)应力

立体交叉上跨隧道应力云图如图 3-17 所示,在交叉断面处,初期支护、二次衬砌、仰拱填充等结构相应特征部位的地震应力时程曲线如图 3-18 ~ 图 3-20 所示。

由云图及时程曲线可知:

①立体交叉上跨隧道第 1 主应力在仰拱填充顶部中心、初期支护拱肩、二次衬砌拱顶等位置较大;第 3 主应力在二次衬砌墙脚处最大。

②立体交叉上跨隧道初期支护、二次衬砌、仰拱填充等结构中第3主应力的响应规律相似,应力响应峰值均为"双W"形,但3个结构的第3主应力最大值差异较大,按第3主应力最大值排序依次为:二次衬砌>仰拱填充>初期支护,二次衬砌第3主应力最大值为25.64MPa;3个结构的第1主应力响应规律存在一定差异,但其最大值十分接近。

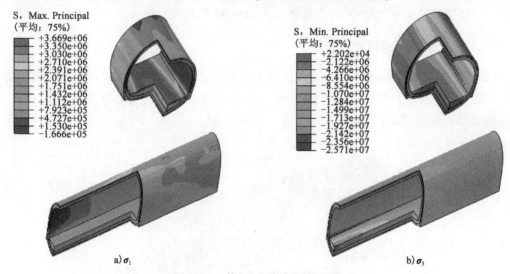

图 3-17 立体交叉上跨隧道应力云图
S,Max.Principal-第1主应力;S,Min.Principal-第3主应力

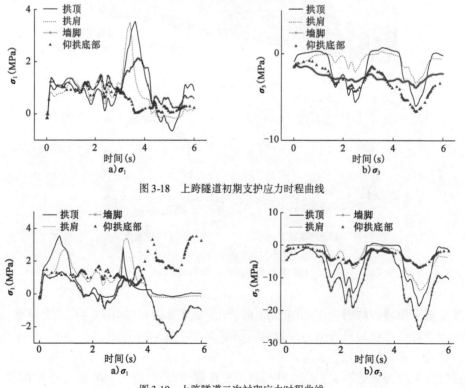

图 3-18 上跨隧道初期支护应力时程曲线

图 3-19 上跨隧道二次衬砌应力时程曲线

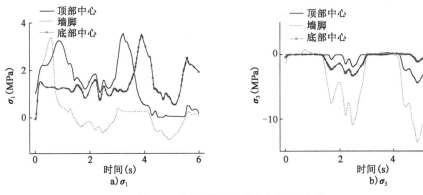

图 3-20 上跨隧道仰拱填充应力时程曲线

(2) 应变

立体交叉上跨隧道应变分布云图如图 3-21 所示,在交叉断面处,初期支护、二次衬砌、仰拱填充等结构相应特征部位的地震应变时程曲线如图 3-22 ~ 图 3-24 所示。由云图及时程曲线可知:

①立体交叉上跨隧道中,塑性拉应变、塑性压应变均在仰拱填充墙脚、二次衬砌拱顶处较大,初期支护中塑性拉应变较小。

②塑性拉应变、塑性压应变均随地震加载时间增加呈阶跃式增长,结构在主震中未塌,而在余震中坍塌与地震应变响应随加载时间累积增长的这一特性有关。

③立体交叉上跨隧道初期支护、二次衬砌、仰拱填充等结构按塑性应变(拉应变 + 压应变)大小进行排序:仰拱填充 > 二次衬砌 > 初期支护,仰拱填充中的最大地震塑性拉、压应变分别 2.19×10^{-3}、0.51×10^{-3}。

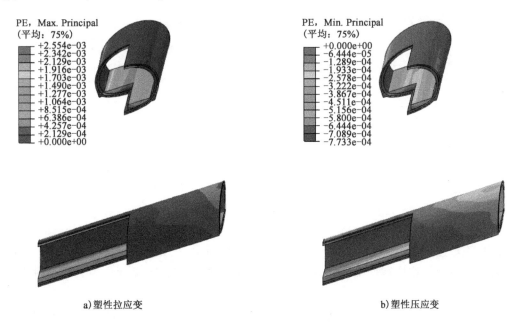

图 3-21 立体交叉上跨隧道应变分布云图

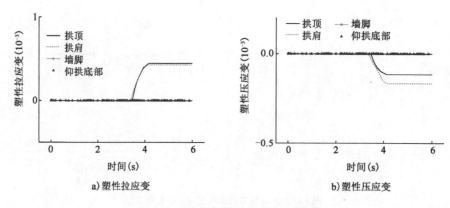

图 3-22　上跨隧道初期支护应变时程曲线

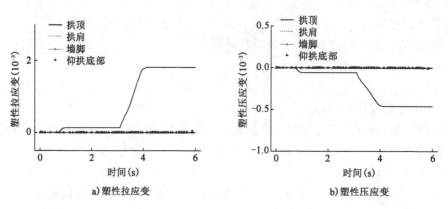

图 3-23　上跨隧道二次衬砌应变时程曲线

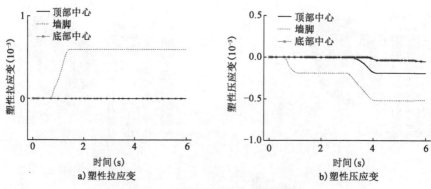

图 3-24　上跨隧道仰拱填充应变时程曲线

(3)加速度

立体交叉上跨隧道地震加速度分布云图如图 3-25 所示,在交叉断面处,初期支护、二次衬砌、仰拱填充等结构相应特征部位的地震加速度时程曲线如图 3-26 所示。由云图及时程曲线可知:

①立体交叉上跨隧道中,加速度响应与加载地震波加载时程曲线相似,与岩体的地震响应规律相似。

②立体交叉上跨隧道初期支护、二次衬砌、仰拱填充等结构按加速度大小进行排序：二次衬砌＞仰拱填充＞初期支护，二次衬砌中的最大加速度为 5.48m/s²。

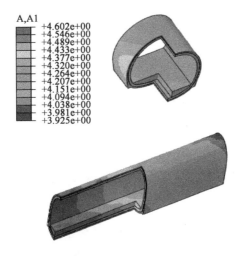

图 3-25　立体交叉上跨隧道地震加速度分布云图

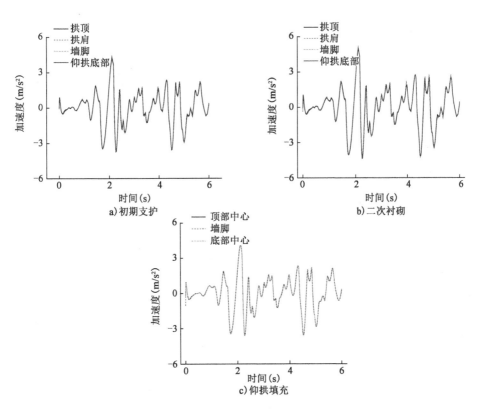

图 3-26　上跨隧道地震加速度时程曲线

（4）位移

立体交叉上跨隧道地震位移分布云图如图 3-27 所示，在交叉断面处，初期支护、二次衬

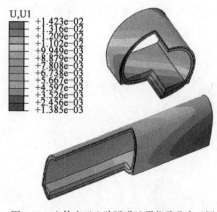

图3-27 立体交叉上跨隧道地震位移分布云图

砌、仰拱填充等结构相应特征部位的地震位移时程曲线如图3-28所示。由云图及时程曲线可知：

①立体交叉上跨隧道中,结构的位移主要受埋深影响,埋深越大,隧道的位移越小,按位移大小进行排序依次为：拱顶＞拱肩＞墙脚＞仰拱底部。

②立体交叉上跨隧道初期支护、二次衬砌、仰拱填充等结构按地震位移响应的大小进行排序：二次衬砌＞初期支护＞仰拱填充,其中二次衬砌最大位移为141.66mm。

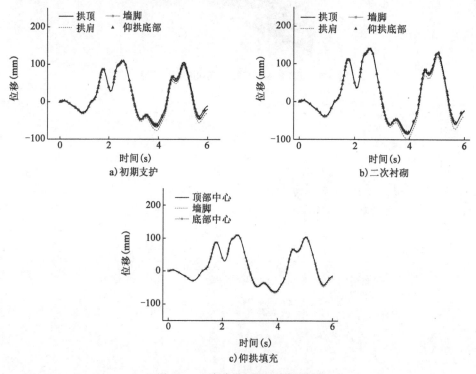

图3-28 上跨隧道地震位移时程曲线

3.3.3 下穿隧道地震动力响应

（1）应力

立体交叉下穿隧道应力分布如图3-17所示,在交叉断面处,初期支护、二次衬砌、仰拱填充等结构相应特征部位的时程曲线如图3-29～图3-31所示。由云图及时程曲线可知：

①立体交叉下穿隧道初期支护、二次衬砌以及仰拱填充等部位的第1主应力较为接近,时程曲线为"双峰"状。

②立体交叉下穿隧道初期支护、二次衬砌、仰拱填充等结构中第3主应力的响应规律相

似，应力响应峰值均为"双W"形，但3个结构的第3主应力最大值差异较大，按第3主应力最大值排序依次为：二次衬砌＞仰拱填充＞初期支护，二次衬砌第3主应力最大值为13.70MPa，小于上跨隧道；3个结构的第1主应力响应规律存在一定差异，但其最大值十分接近。

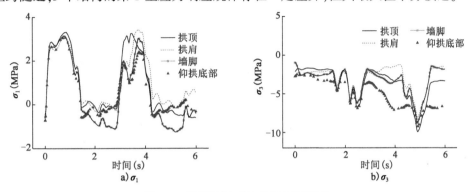

图3-29 下穿隧道初期支护应力时程曲线

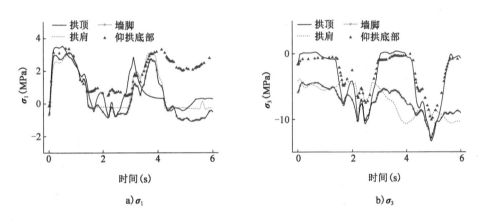

图3-30 下穿隧道二次衬砌应力时程曲线

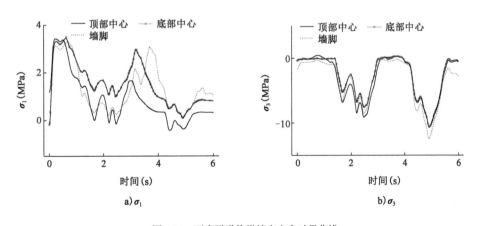

图3-31 下穿隧道仰拱填充应力时程曲线

（2）塑性应变

立体交叉下穿隧道应变分布如图3-21所示，在交叉断面处，初期支护、二次衬砌、仰拱填充等结构相应特征部位的时程曲线如图 3-32 ~ 图 3-34 所示。由云图及时程曲线可知：

①与上跨隧道相同，同立体交叉下穿隧道中，塑性拉应变、塑性压应变均在仰拱填充墙脚、二次衬砌拱顶处较大，初期支护中塑性拉应变较小。

②塑性拉应变、塑性压应变均随地震加载时间增加呈阶跃式增长，结构在主震中未塌，而在余震中坍塌与地震应变随加载时间累积增长的这一特性有关。

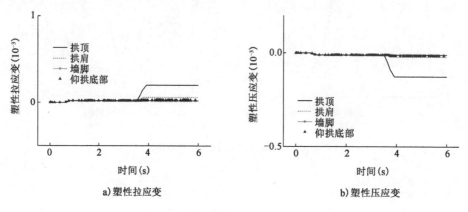

图 3-32　下穿隧道初期支护应变时程曲线

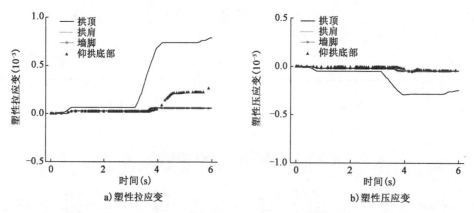

图 3-33　下穿隧道二次衬砌应变时程曲线

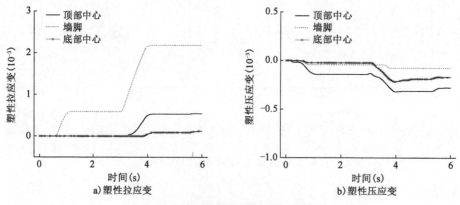

图 3-34　下穿隧道仰拱填充应变时程曲线

③立体交叉下穿隧道初期支护、二次衬砌、仰拱填充等结构按塑性应变(拉应变+压应变)大小进行排序:仰拱填充>二次衬砌>初期支护,仰拱填充中的最大地震塑性拉、压应变分别 1.20×10^{-3}、0.75×10^{-3},塑性拉应变小于上跨隧道,塑性压应变大于上跨隧道。

(3)加速度

立体交叉下穿隧道地震加速度分布如图3-25所示,在交叉断面处,初期支护、二次衬砌、仰拱填充等结构相应特征部位的时程曲线如图3-35所示。由云图及时程曲线可知:

①立体交叉下穿隧道初期支护、二次衬砌、仰拱填充等结构按加速度大小进行排序:二次衬砌>仰拱填充>初期支护,二次衬砌中的最大加速度为 $4.51\mathrm{m/s^2}$。

②立体交叉下穿隧道中,加速度响应与上跨隧道及岩体的地震响应规律相似,但下穿隧道的加速度响应最大值小于上跨隧道。

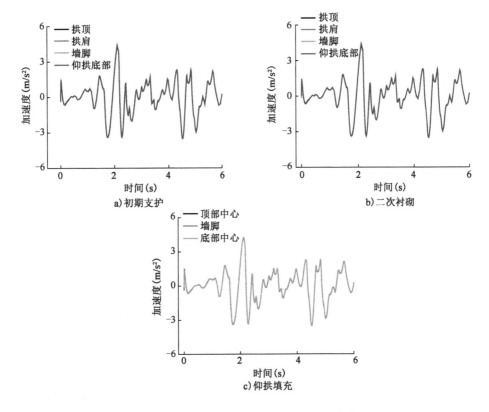

图3-35 下穿隧道各结构特征点加速度时程曲线

(4)位移

立体交叉下穿隧道地震位移分布如图3-27所示,在交叉断面处,初期支护、二次衬砌、仰拱填充等结构相应特征部位的位移时程曲线如图3-36所示。由云图及时程曲线可知:

①立体交叉下穿隧道的地震位移响应规律与上跨隧道相似,按位移大小进行排序依次为:拱顶>拱肩>墙脚>仰拱底部。

②立体交叉下穿隧道初期支护、二次衬砌、仰拱填充等结构按加速度大小进行排序:二次衬砌>初期支护>仰拱填充,其中二次衬砌最大位移为 114.57mm。

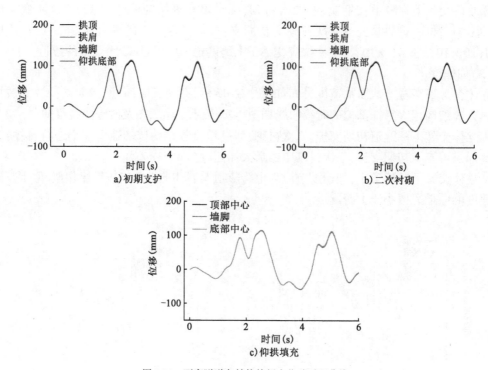

图3-36 下穿隧道各结构特征点位移时程曲线

第4章 地下工程地震响应试验研究方法

针对地下结构地震破坏机理、抗震减震措施等方面的研究,主要有以下四种研究手段:地震原位观测、模型试验、理论分析和数值模拟,原位观测通常耗资巨大,地震的发生具有时空不确定性和突发性,同时地下工程所处地质环境的变异性,导致难以获取有效的隧道震害监测数据。数值计算结果受计算参数和本构力学模型的影响较大,其结果往往需要通过试验进行验证。

振动台试验是研究地下结构抗震性能和破坏机理最常用、也是最为直观的方法,隧道衬砌结构的受力相当复杂,同时围岩的性质千差万别、存在各种非线性特征,振动台试验性能等较好地把握地下结构的地震反应特性以及地下结构与地基之间的相互作用特性等问题,且试验成本较低,因此得到了较广泛地应用。

4.1 振动台试验设备的类型及发展历程

最初学者们想用计算分析方法来进行抗震试验研究,但是结构进入非线性区后的数学模型难以给出。因而,提出了将房屋结构放到实验室里来进行抗震试验的构想,最后提出了在试验室内建造地震模拟振动台,将在现场的试验搬到实验室来做,可以获取所需的大量数据,且取得数据的周期可以大大缩短,由此地震模拟振动台在20世纪60年代末应运而生了。地震模拟振动台系统最早出现在日本,1966年东京大学生产技术研究所建成了世界上第一台正弦振动台。

4.1.1 按模拟地震波方向分类

由于振动台能同时加载不同方向地震波,振动台可以分为单向、多向振动台。1971年以前研制的振动台均为单自由度(单轴向)运动系统。1971年以后开始研制双轴向运动系统。1971年,MTS公司为美国加州伯克利分校建成了世界第一台水平和垂直双向的6.1m×6.1m地震模拟振动台。1978年以后,开始研制三向六自由度运动系统。1978年,日立公司为日本国有铁道研究所研制了0.8m×0.5m,载重2kN的三向六自由度地震模拟振动台,90年代初,美国发展了大型模型的抗震试验技术,可进行6个自由度振动,用计算机控制模拟地震荷载的输入和响应数据的采集与处理,这大大地推进了隧道及地下结构模型抗震试验技术的发展。

4.1.2 按驱动模式分类

根据振动台作动器驱动模式的不同,振动台可分为机械式振动试验台、电液伺服驱动型振动台、电力驱动型振动台。

早期地震模拟振动台大部分是机械式振动台,机械式振动台的主要优点是结构简单,运行费用低,其振幅和频率变化无关。主要缺点是频率范围小,运动行程小,高频时波形失真大,并且只能进行正弦波试验,激振方向也只能是单向的。由于受振动台规模限制,早期地震模拟振动台只能做小模型的弹性或非弹性破坏试验。

70年代开始出现电磁驱动方式的振动台,由振动台台面、电磁线圈、功率放大器、电控系统组成。我国清华大学和大连理工大学也自行开发研制过小型电磁振动台。与机械驱动振动台相比,电磁振动台的突出优点是可以进行随意控制,波形失真小,可达到最高频率有3 000 Hz之高,但是要进行大位移试验难度较大,最大位移只能是±25 mm,大出力需要设备庞大,最大出力±200 kN,因而只能用作小型地震模拟振动台。

从70年代初,电液伺服控制技术便开始在地震模拟振动台中运用,这对地震模拟振动台的发展有很大的推动作用,电液伺服控制基本原理是以液压组件为执行机构,根据负反馈原理,使系统的输出能快速、准确地跟踪给定的命令信号,运用此技术的地震模拟振动台具有出力大、行程大、响应快等优点,可以模拟各种振幅及振动频率的振动波形,具有较大的灵活性,可称作是真正意义上的地震模拟振动台。目前绝大部分地震模拟振动台都是采用电液伺服控制技术。

1972年以前的地震模拟振动台均为位移控制,1972年以后逐渐研制到了位移、速度和加速度三参量控制的反馈控制系统。1972年日立公司首先运用三参量控制原理,其中加速度反馈可以提高系统阻尼,速度反馈可以提高油柱共振频率,运用三参量反馈控制方法对提高系统的动态特性和系统的频带宽度有很大的促进作用。1975年以前的振动台采用的是频域控制方式,其最大的缺点是不能再现时间历程,1975年以后开始采用时间历程控制方式,并应用了自适应控制技术。

4.1.3 按重力场模拟分类

室内模型试验通常为缩尺模型试验,根据缩尺模型的自重应力场是否与原型一致,振动台试验又分为两种:离心机振动台试验和常规振动台试验。离心机振动台试验采用高速旋转增加模型重力,使模型土体产生与原型相同的自重应力,模型的变形和破坏机制与原型极为接近;地面振动台缩尺模型试验为重力失真模型,只考虑弹性恢复力与惯性力之间的比例相似,认为重力与地震作用间不发生耦合作用。

地面振动台模型试验无法模拟岩土材料的重力作用,如图4-1a)所示,较为适合模拟地面结构以及埋深较浅地下工程的地震响应。离心机振动台试验,如图4-1b)所示,可以模拟地下结构所处的自重应力场,并在模型底部产生可控地震波,可较好模拟堤坝、深部岩体的地震响应。

a) 常规振动台 　　　　　　　　　　　　　　b) 土工离心机振动台

图 4-1　振动台试验设备

振动台试验研究的基本思路:通过试验对拟定结构的加速度放大系数、压力与位移响应进行分析,探讨地下结构在地震激振力作用下的动力响应,以此为基础分析地下结构的抗震薄弱环节,提出行之有效的抗震措施。

离心机振动台试验系统的缺点是造价高,结构复杂,需要较高的制造技术和维修维护技术,常规振动台仍是隧道地震响应研究的主流装备。

4.2　相似关系

4.2.1　相似理论及相似模型

假设某一现象中,它的自变量和因变量可以用以下方程组表示:

$$D_l(x_1,x_2,\cdots,x_k,x_{k+1},\cdots,x_n) = 0 \quad (l = 1,2,\cdots,m) \tag{4-1}$$

式中:这 k 个物理量的量纲相互独立,其他的物理量量纲均为导出量纲。

通过相似变换,上式可转换呈无因次的相似准则,$\pi_1,\pi_2,\cdots,\pi_{n-k}$ 之间的函数,表达式为

$$F_l(\pi_1,\pi_2,\cdots,\pi_{n-k}) = 0 \tag{4-2}$$

其中,$\pi_1,\pi_2,\cdots,\pi_{n-k}$ 都是相似准则,它们都以乘因子的形式呈现,一共有 $n-k$ 个,上式被称为 π 关系式,所以,相似第二定理也被称为 Buckingham π 定理。

对于彼此相似的现象,在对应点和对应时刻上相似准则都将保持同值。因此,它们之间的 π 关系式也应相同。对于原型(p)和模型(m)分别为

$$\begin{cases} F_1(\pi_1,\pi_2,\cdots,\pi_{n-k})_p = 0 \\ F_1(\pi_1,\pi_2,\cdots,\pi_{n-k})_m = 0 \end{cases} \tag{4-3}$$

其中,必有

$$\begin{cases} \pi_{1m} = \pi_{1p} \\ \pi_{2m} = \pi_{2p} \\ \quad \vdots \\ \pi_{(n-k)m} = \pi_{(n-k)p} \end{cases} \quad (4\text{-}4)$$

相似第二定理具有以下意义：

(1) 现象尚不明确的方程，只要了解了现象的相关参数，其准则方程就可以通过 π 定理求得，从而进行进一步研究。

(2) 实现了变量由多元 n 个降到少元 $(n-k)$ 个，可以较大幅度地减少实验次数。

用 C 表示相似比，将各个物理量之间的相似比定义为：几何相似比 $C_l = x_p/x_m$，密度相似比 C_ρ、应变相似比 C_ε、应力相似比 C_σ、时间相似比 C_t、加速度相似比 C_a、速度相似比 C_v、圆频率相似比 C_w、位移相似比 C_u、弹性模量相似比 $C_E = E_p/E_m$。

限于试验条件，室内模型试验不可能完全仿真现场实际情况，往往需采用几何缩尺模型的方法来进行。但几何与力学等物理量并不满足同比例的变化关系，因此，为保证模型试验结果能够反演或重现原型结构的实际工作状态，就需要采用相似理论来进行相似设计。

当前，根据试验条件及研究目标主要有 3 种相似方法或相似模型，即严格相似模型、人工质量模型以及重力失真模型，相似函数为

严格相似模型

$$C_\varepsilon = \frac{C_l C_\rho}{C_E} = C_a = 1 \quad (4\text{-}5)$$

人工质量模型

$$\frac{C_l C_\rho}{C_E} = 1 \quad (4\text{-}6)$$

重力失真模型

$$C_\varepsilon = \frac{C_l C_\rho C_a}{C_E} \quad C_\varepsilon = 1 \quad (4\text{-}7)$$

式中：l、ε、E、ρ、a——几何、应变、弹性模量、密度、加速度指标。

① 严格相似模型要求材料的弹性恢复力、重力和惯性力之间的相似关系应完全满足式(4-5)，同时其几何相似比等于位移相似比，如此，可在试验中正确模拟几何非线性引起的次生效应。

② 人工质量模型是在模型上增加额外的重量，以模拟现场土体产生的自由重力场情形，以使得其符合式(4-6)的相似关系。

③ 重力失真模型只考虑弹性恢复力与惯性力之间的比例相似，见式(4-7)，认为重力与地震作用间不发生耦合作用，进而可忽略重力效应的影响，较多应用于结构的弹性动力响应试验。实际试验中，受限于材料和配重以及为确保振动台动力的正常输出，往往都采用该相似模型来建立相似关系和设计试验方案。

根据相似准则，各相似比之间的关系式如表 4-1 所示。

相似比 表4-1

相似比	关系式	相似比	关系式
C_σ	$C_\sigma = C_E$	C_a	$C_a = C_E/(C_\rho \cdot C_l)$
C_t	$C_t = C_l \cdot \sqrt{C_\rho/C_E}$	C_v	$C_v = \sqrt{C_E/C_\rho}$
C_u	$C_u = C_l$	C_ω	$C_\omega = \sqrt{C_\rho \cdot C_E/C_l}$

4.2.2 相似材料

相似材料能够较好地满足相似关系是保证试验结果的前提条件,也是模型试验的难点。理想的相似材料具有以下特点:①围岩相似材料应由散粒体组成,经胶结成型,配置均匀,才能保证具有致密的结构和较大的内摩擦角;②散粒体应选用比重较大、弱胶结性原材,宜由最优颗粒级配组成,以获得较大重度和较小孔隙率;③材料的物理力学性质及破坏特性与所模拟的对象相似;④采用弱胶结性胶结剂,降低成型材料强度等物理力学性能指标;⑤相似材料应具有较高的电气绝缘度,尽量不受温度、湿度、时间等外界条件的影响,性能稳定;⑥改变组成材料配合比,可调整材料某些性质的范围,以适应不同相似条件的需要;⑦采用价格低廉、来源广泛、易于储存的原材料,降低试验成本和经费;⑧制作工艺宜简单,凝固时间短,便于模型制作,加快试验进程;⑨配置混合料时,考虑多方面影响因素,做到最大限度减少因材料原因导致的试验畸变;⑩选择对人体无毒且无副作用的原材料。

在以往的振动台试验研究中,大部分学者只对围岩材料进行了配比设计,衬砌材料多是选择性状大致相符的石膏或者微粒混凝土,石膏材料脆性大,力学性能受含水率及温度的影响较大,难免会造成模型试验更大程度的失真。为此,为确保试验能够更加真实地反映和还原实际工程情况,本文对围岩材料和衬砌材料均按照相似比关系进行配比设计。

围岩材料不仅要重点考虑弹性模量、重度、黏聚力、内摩擦角等物理力学参数,还要兼顾制作方便、价格实惠、性能稳定、无毒无害等要求。同时,围岩性质随压实程度、含水率、加载峰值及频率、加载持续时间、应力历史等条件的变化而不同。另外,围岩—隧道体系涉及变量众多,因此,很难像地面结构模型试验一样完全满足相似关系,只能根据相似第三定律,凭借以往经验保证系统主要控制参量与原型最大程度相似。

考虑到试验周期长、围岩材料需求量大等特点,采用重晶石粉、石英砂、水泥、粉煤灰、水作为围岩的配比材料,采用沥青砂浆作为C35隧道衬砌混凝土的相似材料较为理想。

4.3 地震波及振动台加载方案

对于人工合成波和真实地震中记录的地震波,仅能从时间轴上观察到较为直观的特征,得不到其在频率轴上的分布特征。因此,为了了解频率分布情况,需要对地震波进行频谱分析。频谱分析即通过分析得到地震波的频率分布特征,过程中可以利用傅里叶变换和傅里叶逆变换对时域特征和频域特征进行转换。

在实验前,需对地震波进行滤波和基线校正处理。滤波,即过滤掉波形中的高频部分。原因主要有以下两点:第一,地震波在传播过程中,高频部分损失较快,当其传递到隧道等结构物时,一般以低频为主;第二,是在地震波的采集过程中,必然存在一定的干扰信号,导致由真实记录到的地震波加速度时程曲线积分得到的最终速度和位移与真实数据存在偏移。因此,为了保证尽可能地得到准确度高的地震波,需要在保证精度的前提下,过滤到地震波中不相关的干扰信息,即为地震波的基线校正。

根据时间相似比对原始波进行压缩,然后根据振动台的工作频率进行重采样、滤波处理并进行基线校正,从而得到可以用于振动台输入的地震波,如图4-2所示。

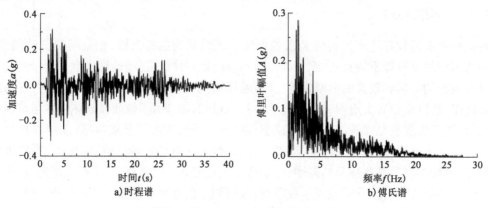

a) 时程谱　　　　　　　　　　b) 傅氏谱

图4-2　处理后El-centro波加速度特征谱

4.4　试验模型箱及其边界效应处理

4.4.1　模型箱

模型箱是地下结构振动台试验中的辅助装置,对模型地层与结构在模拟地震输入下的动力响应测试研究至关重要。按照箱体构成型式可以分为①刚性模型箱;②柔性模型箱;③层状剪切模型箱。

由于实验室场地及设备的限制,振动台试验一般不易再现实际结构的尺度;此外,浅埋地下结构所处地层是所谓的"半无限空间体",即没有边界的。地下结构的振动台试验将试验对象——结构及地层模型——置于模型箱体中,是一种等效的方式,其可行性与有效性需要符合地下结构的地震响应特征。也就是说,模型箱应具备两项功能:一是给试验对象提供有限范围的装载;二是将振动台的激励传递给试验对象。

模型动力效应的等效首先要保证在地震作用下地层自由场响应的等效性。分析表明,在地震作用下地表地层的自由场变形为剪切型,如图4-3所示,均匀半无限天然地层任意剖面的水平地震响应(或称为自由

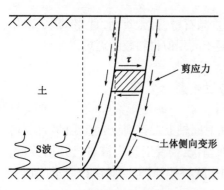

图4-3　地震作用时的地层变形响应

场变形)类似剪应力竖向传播作用下的剪切梁。

地下结构振动台试验采用几何缩尺模型,为保证应力、应变、位移等力学量与原型之间的相似性,制作结构与地层模型的材料需要采用重度不同于原型的相似材料,承载试验模型的箱体置于振动台时,却为正常的重力加速度(1-g)环境。换句话说,缩尺的试验模型处于"重力失真状态"。模型箱的设计应具有合适的几何尺度,使置于其中的试验模型具有一定的"保真性"以达到模型与原型地震动力响应间的相似性。

真实结构所处地层可以认为是没有水平向边界的,振动台试验模型箱的侧壁人为地给模型地层加上了边界。侧壁的存在导致试验过程中必须考虑两个问题:①箱体侧壁振动性态对模型的影响;②振动(能量)传递到侧壁后产生的"边界反射",即所谓的"模型箱效应"。模型箱的设计应保持侧壁的振动性态与地层一致,并减少箱体侧壁反射的能量。

(1)刚性模型箱

刚性模型箱一般用型钢焊接框架制作。如果模型箱的侧壁弯曲刚度不足,试验模型接近侧壁的模型地层会产生较为显著的弯曲变形,如图4-4所示。刚性箱体设计的关键之一,就是要将侧壁附近模型地层的弯曲变形转变为真实地层的剪切变形,一种常用的方法是在箱体内壁设置柔性垫层,如图4-5所示。当垫层材料弹模低于或者过多地高于模型土体弹模时,反而对试验结果起"负作用",较为理想的边界柔性材料弹模与试验土体的弹模之比在2.5附近;另外,箱体侧壁与模型土间的摩擦也在一定程度上影响土层的变形,在刚性模型箱的侧壁内衬聚苯乙烯泡沫塑料板,可以使模型土体与箱体边界的接触条件更接近于真实地震响应下的剪切变形。

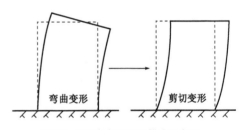

图4-4 模型箱侧壁变形模式示意图

 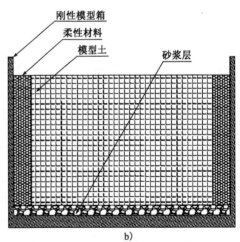

图4-5 刚性模型箱

(2)柔性模型箱

柔性模型箱主体由一块橡胶膜围成,上端固定在一个钢环上,下端固定于基地钢板上。上部的钢圆环支撑在四根钢杆上,钢杆与钢圆环用万向接头连接,它允许容器内的模型土发生多个方向平动的剪切变形。通常,在橡胶膜外包有纤维带或者钢丝,以提供径向刚度,因此,容器刚度受橡胶膜外包纤维带或钢丝的间距影响较大。纤维带或钢丝的间距过小则退化为刚性模型箱,难以形成剪切变形;过大则内部土体在振动中容易向外膨胀,导致土体约束力的释放,同时,此时土体形成的也多为弯曲变形。

（3）层状剪切模型箱

日本的 Matsuda 在 1988 年将层状剪切箱应用于饱和砂土振动台试验。此类箱体一般由 10~20 层的矩形平面框架组成、自下而上叠合,层间通过轴承或者滚珠连接,如图 4-6 所示,它可以较好地模拟土体的剪切变形,层状剪切模型箱也仍然存在两个问题：①层间轴承系统强度不够而产生变形,导致层间自由变形受阻;②其层间虽能自由变形产生剪切变形,但其受力状态并不是真实土体的堆叠式,其形式更接近于"抽屉式"。

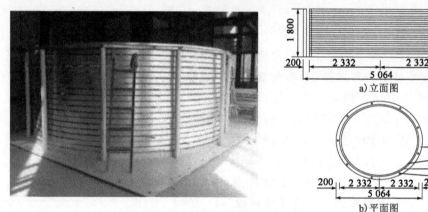

图 4-6　层状剪切模型箱结构(尺寸单位:mm)
1-钢板;2-支撑杆;3-框架;4-立柱

4.4.2　边界效应

相比较于静态力学试验系统,动力试验系统中的边界效应更为显著,甚至是影响试验结果的关键因素。在振动台模型试验中,模型箱与土体边界之间存在摩擦,使土体受到模型箱的约束,一方面约束了边界土体的法向地震位移,另一方面增大了低应力水平下(未克服摩擦力之前)边界土体的刚度,边界效应随之出现,使边界处土体的地震响应与半无限土体在地震作用下所发生自由场变形产生偏差。

同时,真实环境中地震波能量会向远处逸散,但在振动台试验中模型箱尺寸有限(大多小于 6m×6m),地震波会在模型箱侧壁发生反射和折射,造成地震激励发生一定程度的失真。因此,在动力试验系统设计过程中就必须考虑其边界效应。

对于地震动力试验而言,理想的模型箱边界应满足：①振动过程中,模型箱必须保持在一个固定的水平面;②在端臂上提供互补剪应力,且与土表面产生的剪应力大小相等;③质量应尽量减小,以减小边界处动土压力;④水平剪切刚度为 0;⑤振动期间不影响土体自由沉降等要求。

（1）反射波效应

改善模型箱侧壁边界反射效应的处理方式主要有两大类：一是增大模型箱容积,使模型结构远离边界效应影响范;二是改进模型箱侧壁结构。

当模型箱提供的地基平面尺寸与模型结构平面尺寸之比大于 5 时,动力计算结构趋于稳定,侧向边界的影响可以忽略,即模型箱平面尺寸宜为模型结构的 5 倍以上。

新近发展的柔性模型箱及层状剪切模型箱,其侧壁结构形式具有较好的自由变形能力,能够使模型土体自由地产生横向剪切变形,因此,边界反射效应不如刚性模型箱显著。刚性模型箱侧壁结构形式的优化,主要是通过在箱体侧壁设置柔性材料来吸收边界能量。虽然与前面提到的使刚性箱体产生剪切变形在方法上是相同的,同样是设置柔性材料,但两者对此柔性材料的要求却存在差异,前者要求材料不能过柔过厚,而后者要求材料不能过刚过薄,否则容器边界反射波过强,难以模拟土层的自由场效应。

柔性模型箱及层状剪切模型箱自由变形能力较好,能与试验土体更好地形成共同水平位移,此类箱壁与模型土体间相对滑动影响较小,特别是层状剪切模型箱,在理想状态下每一层模型土体都与对应层的滑动框架共同位移,由此边界摩擦力几乎可以忽略。

(2)摩擦效应

对于刚性模型箱,模型箱纵向边墙与试验土体之间确实存在一定的摩擦阻滑作用,并会影响模型土体的横向变形,但其影响范围较小,且在输入地震加速度峰值增大时,这种滑动摩擦作用不断减小。

4.5 监 测 系 统

隧道地震响应通常采用地震动峰值加速度(PGA)以及结构最大应变来进行表征,因此在模型箱内部布设(土体 + 结构)加速度传感器、结构应变传感器测量响应指标。由加速度时程曲线获得地震动峰值加速度(PGA),然后可得到不利部位的地震响应放大系数。

传感器布设的原则:应根据振动台设备、数据采集条件、模型比例和试验目的选择合适的数据传感器。加速度计、动土压计及孔压计宜选择质量轻、体积小、性能稳定的微型传感器,其平均密度宜与围岩相当,避免仪器与土体发生耦合振动;数据连接线应保留足够传输长度,且宜选择细软、轻质类材料,避免线路过多而约束土体位移。

(1)传感器具有小体积、轻质、稳定的特点,避免仪器本身在加载过程中产生耦合振动。

(2)数据传输线应绝缘可靠、条理清晰,尽量消除对模型土体的约束和扰动,能够使布置有仪器的模型土近似模拟自由场地震动响应。

(3)模型地基观测面选取应与场域中线重合,避免激振边界影响,验证边界效应的测点不受此条件制约。

(4)隧道结构观测面应选择与纵向中心线垂直的横向断面,量测结果符合二维平截面假定。

(5)横向主观测面距离结构端部应 >1 倍结构宽度,结构端部效应观测面可 <0.76 倍结构宽度。

(6)结构观测面数量应≥2 个,主观测面应≥1 个,主观测面上的传感器数量多于其他观测面,辅助观测面上的重点部位布置方式应与主观测面一致,以便对数据采集精度进行检验。

（7）不同类型传感器在同一位置时，应协调各自相对位置，避免数据采集相互干扰。

（8）在隧道结构主观测面的关键位置内外布设应变片，可对比检验结构两侧受力状态。

（9）可以利用模型对称性减少测点布置，但在情况允许条件下，即使结构、荷载对称，也应根据试验本身需求适当增加测点。

（10）充分利用采集仪器通道的同时，合理分配不同种类传感器的接头位置。

第5章 立体交叉隧道动力响应特征振动台试验

由前述工程实例分析结果可见,交叉结构的存在,改变了地震波的传播规律,进而引起交叉隧道结构及周边地层地震动特性的改变。为此,本章针对立体交叉隧道的具体力学行为特征,分别从相似关系、模型制作、边界处理、试验工况、测试系统布置等方面,设计立体交叉隧道地震振动台试验系统,从多方位、多角度研究立体交叉隧道在地震荷载作用下的动力响应特征。

5.1 交叉隧道振动台试验设计

5.1.1 试验平台

中南大学高速铁路建造技术国家工程实验室的多功能振动台(图5-1)由一个固定台和两个移动台组成,台振间距在6~50m可调,单个振动台具有三向六自由度、大行程、宽频带等特点,其主要性能指标如表5-1所示。

a)

b)

图5-1 三向六自由度振动台试验系统

振动台性能主要参数　　　　　　　　　　　　　　　表 5-1

参　　数	性能指标	参　　数	性能指标
台面尺寸	4m×4m	最大地震振动速度	1 000mm/s
运动自由度	3 向 6 自由度	最大倾覆力矩	300kN·m
最大承重	30t	最大偏心力矩	200kN·m
最大简弦振动速度	750mm/s	工作频率范围	0.1~50Hz
台面最大位移	X:250mm Y:250mm Z:160mm	台面最大加速度(满载)	X: ±1.0g Y: ±1.0g Z: ±1.0g

5.1.2　相似比及相似关系

相似比的选取直接涉及试验成本以及与试验仪器、设备的匹配性。在综合考虑上述因素的基础上,首先确定相似比(模型/原型)主控参数,包括:围岩几何尺度相似比 1:25、围岩密度相似比 1:1 以及围岩弹性模量相似比 1:10;隧道衬砌结构几何相似比 1:25、衬砌材料密度相似比 2:3 以及衬砌混凝土弹性模量相似比 1:15。进而,根据 Buckingham 定理可推导得到其他相关物理量的相似关系和相似比,具体见表 5-2。

相似关系及相似比　　　　　　　　　　　　　　　表 5-2

物理量	相似关系		相似比	物理量	相似关系	相似比
长度 l	C_l		1:25	应变 ε	C_ε	1:1
密度 ρ	围岩	C_ρ	1:1	应力 σ	围岩　$C_\sigma = C_E \cdot C_\varepsilon$	1:10
	衬砌		2:3		衬砌	1:15
弹性模量 E	围岩	C_E	1:10	时间 t	$C_t = C_l \cdot \sqrt{C_\rho/C_E}$	1:8
	衬砌		1:15			
加速度 a	$C_a = C_E/(C_l C_\rho)$		2.5:1	频率 f	$C_f = 1/C_t$	8:1
位移 d	$C_d = C_l$		1:25	泊松比 μ	C_μ	1:1
速度 v	$C_v = \sqrt{C_E/C_\rho}$		0.32:1	内摩擦角 φ	C_φ	1:1

5.1.3　相似材料与配比试验

相似材料能够较好地满足相似关系是保证试验结果的前提条件,也是模型试验的难点。在以往的振动台试验研究中,大部分学者只对围岩材料进行了配比设计,衬砌材料多是选择性状大致相符的石膏或者微粒混凝土,这难免会造成模型试验更大程度的失真。为此,为确保试验能够更加真实地反映和还原实际工工程情况,本试验对围岩材料和衬砌材料均按照相似比关系进行配比设计。

(1)围岩相似材料

围岩材料不仅要重点考虑弹性模量、重度、黏聚力、内摩擦角等物理力学参数,还要兼顾制作方便、价格实惠、性能稳定、无毒无害等要求。同时,围岩性质随压实程度、含水率、加载峰值及频率、加载持续时间、应力历史等条件的变化而不同。另外,围岩—隧道体系涉及变量众多,因此,很难像地面结构模型试验一样完全满足相似关系,只能根据相似第三定律,凭借以往经验保证系统主要控制参量与原型最大程度相似。

基于上述原则,参考文献[92-98]的相关经验和考虑到试验周期长、围岩材料需求量大等特点,最终确定采用重晶石粉、石英砂、水泥、粉煤灰、水作为围岩的配比材料。

本试验考虑Ⅴ级围岩条件,各物理力学参数取值参照相关规范[160-162,168]选取。经多次反复配比设计和动三轴样本试验(图5-2),最终确定围岩相似材料配比为石英砂:重晶石:水泥:水:粉煤灰 = 4.7 : 0.85 : 0.045 : 0.075 : 0.25 时能较好满足各相似关系和相似比,试验结果统计见表5-3。

a)　　　　　　　　　　　　　　　　b)

图 5-2　围岩相似材料动三轴试验

围岩相似材料物理力学参数　　　　　表 5-3

力 学 参 数	变形模量(GPa)	密度(kg/m³)	黏聚力(MPa)	摩擦角(°)
原型	1~2	1 700~2 000	0.12~0.2	40~50
模型	0.16	1950	0.015	40~50
设计相似比	1:10	1:1	1:10	1:1
实际相似比	0.8:10~1.6:10	0.98:1~1.15:1	0.75:10~1.25:10	1:1

(2)衬砌相似材料

同样的道理和方法,根据课题组前期已有试验研究基础[42-44],选取沥青砂浆作为C35隧道衬砌混凝土的相似材料,并经配比设计和试验(图5-3)确定的较优方案为乳化沥青:水泥:石英砂:水 = 10.85 : 11.02 : 20.16 : 1.52,具体参见表5-4。

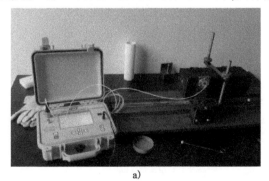

a)　　　　　　　　　　　　　　　　b)

图 5-3　衬砌相似材料动弹模试验

衬砌相似材料物理力学参数　　　　　　　　　表5-4

力学参数	弹性模量(GPa)	密度(kg/m³)	力学参数	弹性模量(GPa)	密度(kg/m³)
原型	31.50	2 400	理论相似比	1∶15	2∶3
模型	1.95	1 650	实际相似比	0.93∶15	2.06∶3

5.1.4 试验模型制作

(1) 模型箱结构设计及制作

从试验成本以及工程的代表性出发,试验以上下垂直立体交叉隧道为代表案例,且设定:上跨隧道埋深40cm(相当实际埋深10m);上跨隧道与下穿隧道中间土柱高度30cm(相当实际净间距7.5m);下穿隧道下部土层厚度30cm(相当实际7.5m),如图5-4所示。

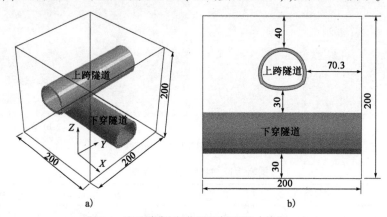

图5-4　交叉隧道空间位置示意图(尺寸单位:cm)

本实验采用刚性模型箱,模型箱的尺寸及刚度设计考虑了箱体的自振频率、试验台规、实验室吊装能力以及后续力学测试和观测要求等因素。具体制作为:主体结构内部设计有效尺寸2m×2m×2m,底板尺寸3m×3m。模型箱四周及底板均选用1cm厚钢板并采用I25b工字钢进行焊接。模型箱上部四个侧壁采用1.5cm厚钢板制作吊装孔,在上跨隧道及下穿隧道轴心位置预留直径为10cm的观测孔及出线孔,在模型箱某一侧壁距地面1m高的位置采用法兰片及法兰盲板制作填筑及卸土通道,如图5-5所示。

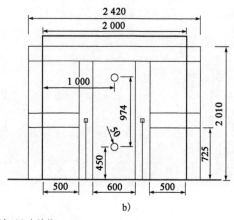

图5-5　模型箱结构尺寸设计(尺寸单位:mm)

(2)隧道结构模型制作

隧道衬砌结构断面参数参照我国《高速铁路设计规范》(TB 10621—2014)[168]中V级围岩条件下350km/h双线隧道复合式衬砌结构,见图3-1a),并按照相似比关系进行等比例缩放,且忽略支护结构中的锚杆等细部构件,将二次衬砌与初期支护厚度叠加考虑,具体缩放后的隧道衬砌结构模型断面尺寸为:横向外径59.4cm,竖向外径50.2cm,三心圆半径分别为26.6cm、66.5cm、156.7cm,仰拱厚度3.5cm,衬砌厚度3.1cm。

实际制作过程中,采用木制定型模板(图5-6)进行浇筑,具体浇筑过程包括(图5-7):脱模剂(膜)涂抹或粘贴→模板组装与定位→钢丝网安装与固定→沥青砂浆配制→浇筑与插捣→拆模养护。

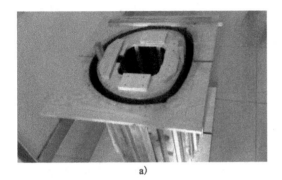
a)

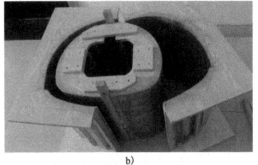
b)

图5-6 隧道衬砌结构模型制作木制定型模板

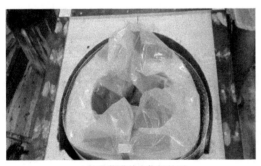
a)粘贴薄膜并定位钢丝网

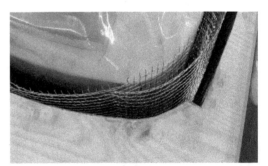
b)钢丝网搭界

c)沥青砂浆浇筑

d)浇筑完成并固定模具

图5-7 隧道衬砌结构模型主要浇筑过程

为确保模型的浇筑质量,实际操作过程中还应注意:①钢丝网交接处需保证搭接长度＞5cm;②配置沥青砂浆应及时清洗搅拌器,防止沥青黏附其上损坏设备并造成配比偏差;③沥青砂浆浇筑,过程中需要注意沿衬砌环向均匀浇筑插捣,防止浇筑不均造成内衬偏移,影响衬砌厚度均匀;④浇筑完成3d后进行拆模,并置于养护室(温度20±3℃,相对湿度为90%以上)养护28d。

5.1.5 结构拼装与围岩填筑

试验模型箱内部净空尺寸为2m×2m,隧道轴向长度设计为1.8m。为便于浇筑及传感器粘贴,隧道衬砌结构由3段等长组成,每段纵向长度为60cm。每段衬砌制作养护完成后,需分段进行吊装以避免残余应变及损伤,因此拼接过程需要与围岩施工交替进行。具体拼装和填筑流程为(图5-8):底部围岩填筑并压实→下穿隧道分段吊装、拼接及定位→中间围岩填筑压实→上跨隧道分段吊装、拼接及定位→上部围岩填筑压实。实际操作过程中,还需注意以下技术细节:

(1)底部围岩施工完成后,采用25kg铁墩进行充分压实并用气泡水准尺进行找平,避免上部结构在施工过程中错动变形。

(2)衬砌拼接采用工程强力胶,拼接前用砂轮机对拼接面进行抛光,拼接过程中保证3段衬砌无错台。

(3)围岩施工过程中,保证隧道两侧土体均匀填筑、均匀压实,避免施工荷载对衬砌造成破坏。

a)底部围岩填筑压实、衬砌吊装

b)下穿隧道衬砌拼接

c)下穿隧道拼接完成并定位

d)中间围岩填筑

图 5-8

e) 中间围岩压实、找平　　　　　　f) 上跨隧道吊装、拼接、定位

图 5-8　试验模型拼装及填筑流程

5.1.6　模型箱整体吊装及固定

试验模型箱及内部土体、隧道结构总重超过 16t,吊装过程中在保证设备及人员安全的前提下,尽量减少围岩及隧道结构的扰动。模型箱就位后,进行螺栓孔校准对位并采用 $\phi15mm$ 螺栓进行固定,具体如图 5-9 所示。

a) 模型箱吊装　　　　　　　　　　b) 模型箱定位、固定

图 5-9　模型箱吊装及固定

本章在上述试验方案和所开展的 16 种工况试验的基础上,对其试验结果进行具体分析,以探明立体交叉隧道地震荷载作用下的响应特性。

5.1.7　边界处理方案试验

与静态力学试验系统相比,动力试验系统中的边界效应更为显著,甚至是影响试验结果的关键因素。在振动台模型试验中,模型箱与土体边界之间存在摩擦,使土体收到模型箱的约束,一方面约束了边界土体的法向地震位移,另一方面增大了低应力水平下(未克服摩擦力之前)边界土体的刚度,边界效应随之出现,使边界处土体的地震响应与半无限土体在地震作用下所发生自由场变形产生偏差。

文献调研发现,动力试验系统中主要存在柔性边界和滑移边界两种特殊边界类型。对于柔性边界的处理,当前主要有模型箱内部粘贴聚苯乙烯泡沫板内衬、橡塑海绵内衬两种处理方法;对于滑移边界的处理则主要是采用粘贴聚氯乙烯薄膜并涂抹润滑油的处理方法。本试验在此基础上,进一步提出和考虑了弹簧板边界、钢板无处理边界两种处理方法,并以上述 4 种边界为研究对象对其开展动力边界效应影响对比试验。

同时，真实环境中地震波能量会向远处逸散，但在振动台试验中模型箱尺寸有限（大多小于6m×6m），地震波会在模型箱侧壁发生反射和折射，造成地震激励发生一定程度的失真。因此，在动力试验系统设计过程中就必须考虑其边界效应。Whitman等[169-176]针对该问题开展了专门的研究，指出对于地震动力试验，理想的模型箱边界应满足：①振动过程中，模型箱必须保持在一个固定的水平面；②在端臂上提供互补剪应力，且与土表面产生的剪应力大小相等；③质量应尽量减小，以减小边界处动土压力；④水平剪切刚度为0；⑤振动期间不影响土体自由沉降等要求。

为进一步明确边界效应对试验结果的影响以及确保试验效果，在广泛调研的基础上，对4种常见的边界处理方法进行专门的动力试验对比和分析，以探寻和确定本试验条件下边界条件的合理模拟与处理方案。试验过程中重点考虑边界模拟、激励加载方式以及动力响应的测试方案等关键问题。

（1）边界模拟

为保持与实际动力试验基础条件的一致性，对于边界效应的试验模拟同样采用模型箱的形式开展，4种边界条件分别设置4个相同的试验箱，试验箱尺寸为35cm×35cm×35cm，采用0.5cm钢板焊接而成，内部填筑砂土并压实。内部砂土与模型箱侧板设置不同的边界条件。

①无边界处理：内部砂土与模型箱侧壁直接接触。

②弹簧板边界：内部砂土与模型箱侧壁间设置弹簧板，弹簧板经抛光处理，且在其表面均匀（间距为5cm）粘贴长度为4cm的圆柱螺旋钢弹簧，如图5-10a)和图5-10b)所示。

a)圆柱螺旋钢弹簧

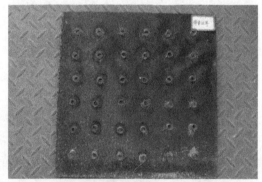
b)弹簧板

c)聚苯乙烯泡沫板

d)橡塑海绵

图5-10　边界条件材料

③泡沫板边界:内部砂土与模型箱侧壁间设置4cm厚的聚苯乙烯泡沫板,如图5-10c)所示。

④橡塑海绵边界:内部砂土与模型箱侧壁间设置4cm厚的橡塑海绵,如图5-10d)所示。

后两种边界在实际试验过程中,根据动力激励方向,对其边界进行了不同的处理,其中,垂直激励方向的边界设置为柔性边界,而平行激励方向的边界设置为滑移边界,通过在泡沫板或橡塑绵的内侧涂抹润滑油的方式来实现。不同边界所采用的材料性能见表5-5,设计和制作完成的4种边界样本实物如图5-11所示。

边界条件材料参数　　　　　　　　　　表5-5

材料名称	主要特性	材料参数
聚苯乙烯泡沫板	密度及弹模小	厚度4cm、密度16kg/m³
橡塑海绵	多孔且弹模小	厚度2cm
螺旋弹簧	弹性性能优良	外径0.8cm,钢丝直径0.1cm

a)无边界处理

b)弹簧板边界

c)泡沫板边界

d)橡塑海绵边界

图5-11　边界条件试验样本实物图

(2)测试指标与测点布置

既有研究表明,动力荷载作用下边界条件模拟是否合理可采用以下标准来判定:①在同深度土层中,距边界远近不同的各位置处加速度峰值差越小,说明边界条件越理想;②土层中的加速度响应谱波形与台面波形相似程度越高,说明边界条件越理想;③距边界远近不同的各位置处土层沉降差越小,说明边界条件越理想。

根据上述评价标准便可确定本边界效应模拟试验的测点埋设方案,具体为:前后两端靠近边界条件1cm处布设加速度计A1、B1、C1、D1;在模型土中间位置布设加速度计A2、B2、C2、D2;在侧面两端靠近边界条件1cm处布设加速度计A3、B3、C3、D3,分别测取地震激励荷载作用下的加速度峰值及响应谱,通过测取的数据结果间及其与输入数据(即震动台面测试数据)的对比分析,进而确定最佳的边界模拟方案,选取的加速度计量程为$2g$,精度为$0.001g$。测点布置示意图如图5-12所示。

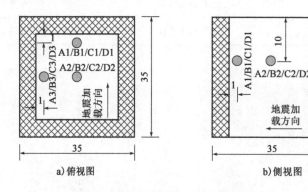

图5-12 加速度传感器布置方案平面图(尺寸单位:cm)

此外,为分析震后土体的沉降曲线,在地震激励加载前对4个试验箱中的土体采用同一规格的25kg铅块进行24h静力压实,并用气泡水准尺进行水准找平。

(3)地震激励处理及方案

地震激励能量分布特性不同,边界模拟材料和模型土的滤波效果也会不同,进而对边界效应产生影响。为此,试验中选取El-centro波和WC波两种地震激励波形以及三种烈度(Ⅶ度、Ⅷ度、Ⅸ度)进行加载,激励方向为X向,以全面评估边界条件的模拟效果,具体激励方案见表5-6。其原始加速度时程谱如图2-5所示;相似处理和0.5~50Hz带通滤波后的波形曲线分别如图5-13所示,同时,可以发现经过相似转化及滤波处理后,WC波主要频率范围为12.5~35Hz,El-centro波主要频率范围为7.5~27.5Hz。

边界效应模拟试验地震荷载加载工况　　表5-6

试验工况	抗震设防烈度	地震波形	X向峰值加速度(g)
工况1	Ⅶ度	El-centro波	0.25
工况2	Ⅷ度	El-centro波	0.5
工况3	Ⅷ度	WC波	0.5
工况4	Ⅸ度	El-centro波	1.0

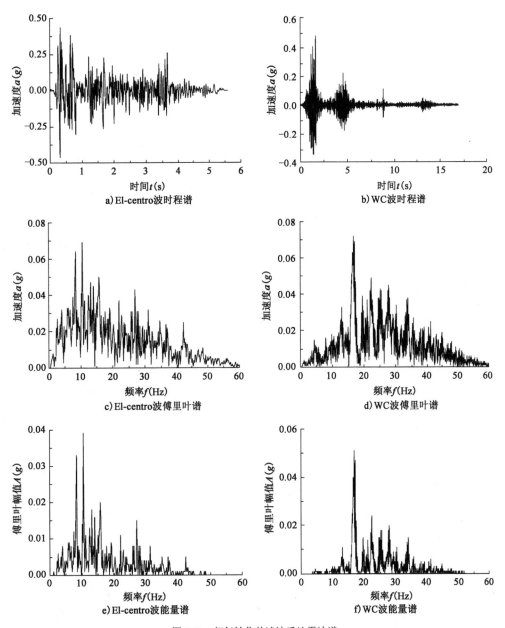

图 5-13　相似转化并滤波后地震波谱

5.1.8　边界效应试验结果分析

基于前述边界效应模拟好坏的评判标准和试验结果,分别从加速度峰值差率、试验样本土体的动力沉降以及响应谱特征对所拟定的 4 种边界处理方法进行效果评价和分析,从而得到较为理想的边界处理方案,为后续结构试验提供依据。

(1) 加速度峰值差率

加速度峰值差率[175]是指边界处加速度峰值相对于模型土正中间的加速度峰值的相对偏

离率,即:

$$\psi = \frac{a_1 - a_2}{a_2} \times 100\% \tag{5-1}$$

式中:ψ——加速度峰值差率;

a_1——边界处的加速度峰值;

a_2——模型土正中间的加速度峰值。

各试验工况条件下,拟定的4中边界处理方案所测得的加速度峰值及其差率计算结果如表5-7和图5-14所示。

加速度峰值测试结果(单位:g)　　　　　　　　表5-7

边界条件	柔性边界											
	无边界处理			泡沫板边界			橡塑海绵边界			弹簧板边界		
工况	中间	边界	差率(%)	中间	边界	差率(%)	中间	边界	差率(%)	中间	边界	差率(%)
工况1	0.213	0.249	16.90	0.196	0.206	5.10	0.178	0.186	4.49	0.218	0.246	12.84
工况2	0.424	0.476	12.26	0.376	0.388	3.19	0.343	0.367	7.00	0.410	0.439	7.07
工况3	0.359	0.409	13.93	0.341	0.354	3.81	0.290	0.311	7.24	0.358	0.390	8.94
工况4	0.859	0.960	11.76	0.813	0.836	2.83	0.683	0.736	7.76	0.768	0.800	4.17

边界条件	滑移边界											
	无边界处理			泡沫板边界			橡塑海绵边界			弹簧板边界		
工况	中间	边界	差率(%)	中间	边界	差率(%)	中间	边界	差率(%)	中间	边界	差率(%)
工况1	0.213	0.230	7.98	0.196	0.204	4.08	0.178	0.200	12.36	0.218	0.242	10.55
工况2	0.424	0.454	7.08	0.376	0.387	2.66	0.343	0.378	10.20	0.410	0.453	10.73
工况3	0.359	0.385	7.52	0.341	0.351	2.93	0.290	0.322	11.03	0.358	0.400	11.73
工况4	0.859	0.914	6.40	0.813	0.831	2.21	0.683	0.742	8.78%	0.768	0.849	10.55

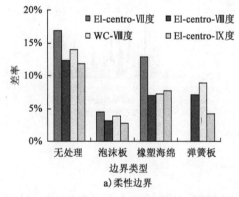
a) 柔性边界

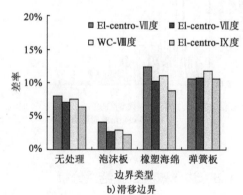
b) 滑移边界

图5-14　加速度峰值差率试验结果对比

由试验结果分析可知:

①从边界的吸能减震效果(即柔性响应)上看,不同设防烈度地震激励力下,聚苯乙烯泡沫板边界和橡塑海绵边界加速度峰值差率相对较小,如El-centro-Ⅶ度地震激励下,各边界加速度峰值差率大小顺序为:无处理边界(16.90%)>弹簧板边界(12.84%)>聚苯乙烯泡沫板

边界(5.10%)>橡塑海绵边界(4.49%)。同时,随着地震烈度的增大,橡塑海绵模拟效果逐步变差。因此,从柔性响应方面看,聚苯乙烯泡沫板边界处理方案的边界效应最小,其模拟效果最理想。

②从边界的滑移响应效果看,在 El-centro-Ⅶ度工况下,各边界加速度峰值差率大小顺序为:橡塑海绵边界(12.36%)>弹簧板边界(10.55%)>无处理边界(7.98%)>聚苯乙烯泡沫板边界(4.08%)。且随着地震烈度的增大,试验箱壁与土体间的摩擦力逐步得以克服,土体样本所受到的约束力逐步减弱,各种边界的加速度峰值差率均呈减小的趋势。可见,对于边界的滑移响应效果,聚苯乙烯泡沫板边界模拟效果较为理想。

③相对于同烈度等级的 El-centro 波、WC 波地震激励下,4 组边界加速度峰值差率均有所增大,其边界效应更为明显。分析其原因,主要为 WC 波在高频段的能量分布比 El-centro 波更为集中,外加围岩具有低通滤波特性,其地震能量由边界向土中传播时耗散更为明显,导致其加速度峰值差率更大。

综合上所述,无论是从柔性响应还是滑移响应,聚苯乙烯泡沫板边界处理方案的边界效应较小,其模拟效果相对较好。

(2) 土体不均匀沉降

真实地震灾害中,性状相近的地层在地震激励作用下,其竖向沉降在一定范围内大体均匀。但在振动台模型试验中,由于模型箱尺寸有限且边界对土体具有一定的竖向约束作用,其竖向沉降并不均匀,且边界效应越明显,模型土不均匀沉降程度越大。因此可以采用土体沉降均匀程度作为指标,对不同边界条件模拟方法的效果进行评价。试验中以土体表面中心位置为原点,沿地震激励正负方向每隔 5cm 扫描土体震后沉降值,并绘制沉降曲线。试验结果如表 5-8 和图 5-15 所示。从上述试验结果分析可知:

①在 El-centro-Ⅶ烈度地震激励力下,橡塑海绵边界试验箱中土体沉降最不均匀,最大沉降差1.3cm,最大沉降坡度 8.6%;弹簧板及聚苯乙烯泡沫板边界土体沉降较为均匀,最大沉降差值分别为 0.9cm、0.8cm,最大沉降坡度分别为 6%、5.3%;未做边界处理的土体样本沉降变化很小,最大差异沉降仅为 0.7cm,最大沉降坡度为 4.7%。分析其原因,主要为橡塑海绵表面粗糙、摩擦系数大,对模型土具有较大的竖向约束作用;与之相对,泡沫板表面光滑、摩擦系数小,对土体竖向约束作用不明显;钢箱刚度很大,无边界条件处理时侧壁变形很小,模型土沉降主要由土体震实引起,沉降不明显。

②随着地震烈度的增大,各边界处理方案的土体沉降规律与不均匀程度与 El-centro-Ⅶ烈度条件相似,除钢板无处理边界外,聚苯乙烯泡沫板边界处理方案中土体沉降均较为均匀,沉降槽的最大坡度均在 5%左右。

不同烈度地震激励下土体沉降统计值(单位:cm)　　　　　表 5-8

地震波及烈度	边界条件类型	距土体中心距离(cm)						
		-15	-10	-5	0	5	10	15
El-centro-Ⅶ	无处理边界	-1.2	-1.4	-1.7	-1.9	-1.7	-1.4	-1.2
	弹簧板边界	-1.3	-1.5	-1.8	-2.2	-1.9	-1.6	-1.4
	橡塑海绵边界	-1.3	-1.6	-2.0	-2.5	-2.2	-1.7	-1.3
	泡沫板边界	-1.5	-1.6	-1.9	-2.3	-2.0	-1.7	-1.5

续上表

地震波及烈度	边界条件类型	距土体中心距离(cm)						
		-15	-10	-5	0	5	10	15
El-centro-Ⅷ	无处理边界	-1.3	-1.5	-1.8	-2.0	-1.9	-1.6	-1.4
	弹簧板边界	-1.4	-1.7	-2.1	-2.5	-2.2	-1.8	-1.5
	橡塑海绵边界	-1.6	-1.8	-2.3	-2.8	-2.2	-1.9	-1.7
	泡沫板边界	-1.7	-1.9	-2.4	-2.5	-2.3	-2.1	-1.8
El-centro-Ⅸ	无处理边界	-1.3	-1.6	-1.7	-2.0	-1.9	-1.5	-1.4
	弹簧板边界	-1.5	-2.1	-2.5	-2.9	-2.4	-2.2	-1.5
	橡塑海绵边界	-1.7	-2.1	-2.5	-2.7	-2.4	-2.0	-1.8
	泡沫板边界	-1.9	-2.2	-2.4	-2.6	-2.5	-2.1	-1.9

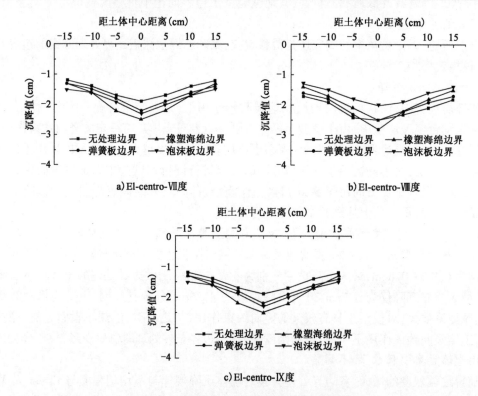

图 5-15 地震激励下不同边界条件箱土体沉降曲线

综上所述,从试验土体样本的不均匀沉降看,聚苯乙烯泡沫板边界处理方案土体沉降始终较为均匀,边界效应相对较小,具有较为理想的模拟效果。

(3)加速度时程谱

动力模型试验中,边界条件会对激励波产生不同程度的过滤、反射和折射,进而造成激励波波形及频率特征发生改变。边界模拟得越贴近实际,边界效应越小,对激励波的波形及频率特征影响越小,试验结果越能反映实际情况。图 5-16 和图 5-17 分别为 El-centro-Ⅷ度及 WC-Ⅷ度地震激励工况条件下,4 种边界模拟方案试验土体样本中心的加速度时程谱。从中分析可知,无处理边界样本土体响应谱"稳定性"较差,边界效应明显;弹簧板边界条件在 El-centro 波工况中模拟效果较好,但在 WC 波工况中边界效应明显;橡塑海绵边界条件过大削减了 El-centro 波峰值区域,同时使 WC 波出现峰值"积聚"现象;泡沫板边界条件在 El-centro 波及 WC 波工况中,土体响应及波形规律相似度均较高,具有较好的模拟效果。

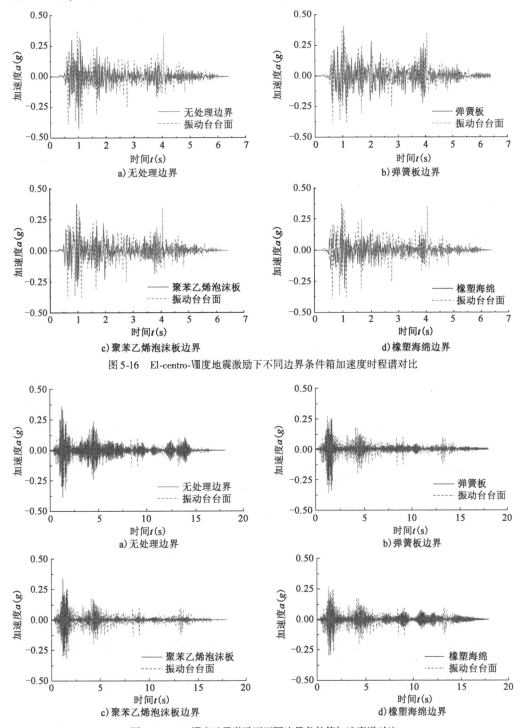

图 5-16　El-centro-Ⅷ度地震激励下不同边界条件箱加速度时程谱对比

图 5-17　WC-Ⅷ度地震激励下不同边界条件箱加速度谱对比

(4) 傅里叶谱

在理想的边界条件下,与台面输入激励相比,土体地震动响应谱会在某些频段内表现为放大或削减效应,但整体趋势不会出现过于明显的变异。边界效应越小,响应波与输入波傅里叶谱整体趋势越相近。图 5-18 和图 5-19 分别为 El-centro-Ⅷ度及 WC-Ⅷ度地震激励工况条件下,4 种边界模拟方案试验土体样本中心的加速度时程谱进行傅里叶转换并截取能量较为集中的 0~25Hz 频段得到相应的傅里叶谱。

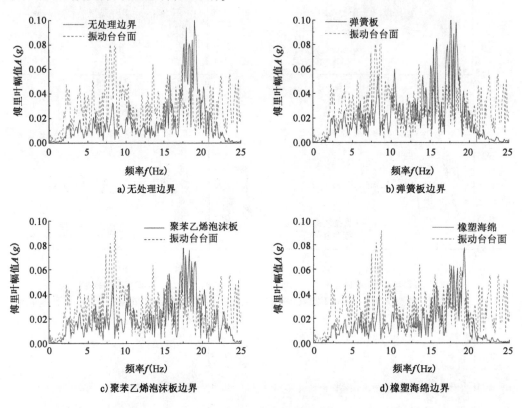

图 5-18 El-centro-Ⅷ度地震激励下不同边界条件箱傅里叶谱对比

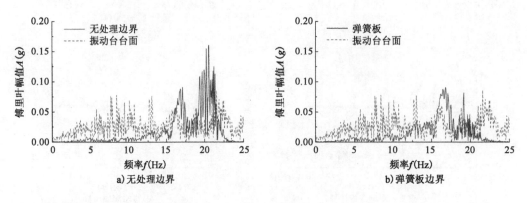

图 5-19

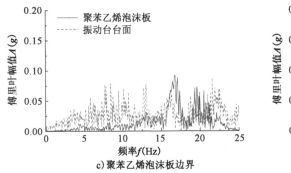
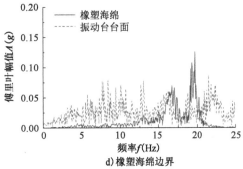

图 5-19 WC-Ⅷ度地震激励下各边界条件箱傅里叶谱对比

从中分析可见,钢板无边界处理时,土体傅里叶谱趋势变异较大,边界效应明显;弹簧板边界条件下,土体傅里叶谱在 El-centro 波高频段变异明显,在 WC 波工况中趋势较为合理;橡塑海绵边界条件下,土体傅里叶谱趋势在 El-centro 波工况中较为合理,在 WC 波工况中变异明显;与上述 3 者相比,泡沫板边界下,土体傅里叶谱在两种地震激励中变化趋势均更为合理,模拟效果较好。

5.2 试验工况与测试方案

5.2.1 试验工况设计

试验主要从地震波类型、设防烈度以及激励方向三个因素进行工况设计。

(1) 地震波类型

地震波类型以 El-centro 波为主,汶川(WC)波(图 5-20)仅作为对比工况。El-centro 波的关键参数为:频率 0.2~15Hz;最大加速度 0.313g;最大速度 29.782cm/s;最大位移 12.662cm;特征强度 0.076;卓越周期 0.460s。

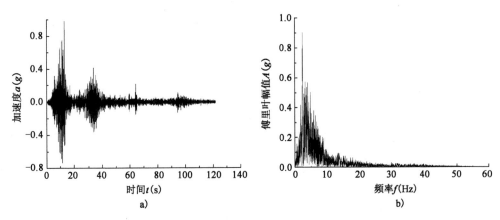

图 5-20 试验 WC 波时程谱及傅里叶谱

(2) 激励方向

根据立体交叉隧道的空间位置关系以及研究目标,确定试验主要加载方向为:垂直于上跨隧道轴线方向(X向)、垂直于下穿隧道轴线方向(Y向)、XYZ向(X向为主要加载方向)、YXZ向(Y向为主要加载方向),具体如图5-4所示。

(3) 设防烈度

根据既有研究成果,对于隧道及地下工程而言,出现结构损坏时,地震烈度均在Ⅶ度及以上。为此,试验中设防烈度设置3种工况,分别为Ⅶ度、Ⅷ度和Ⅸ度。参照《建筑抗震设计规范》(GB 50011—2010)[162]以及前述推导得到的相似关系和相似比,可确定试验地震激励加速度峰值分别对应为$0.25g$、$0.5g$和$1.0g$。实际加载过程中,按照相关规范要求:"当结构采用三维空间模型等需要双向(两个水平向)或者三向(两个水平向和一个竖向)同时加载时,其加速度峰值通常按1(水平1):0.85(水平2):0.65(竖向)的比例进行调整"[162]。综合考虑上述因素,得到本试验的具体工况,见表5-9。

试验工况汇总　　　　表5-9

工况编号	设防烈度	地震波型	峰值加速度(g)		
			X向	Y向	Z向
1	Ⅶ度	El-centro波	0.250	—	—
2			—	0.250	—
3			0.250	0.213	0.163
4			0.213	0.250	0.163
5	Ⅷ度	El-centro波	0.500	—	—
6			—	0.500	—
7			0.500	0.425	0.325
8			0.425	0.500	0.325
9	Ⅷ度	WC波	0.500	—	—
10			—	0.500	—
11			0.500	0.425	0.325
12			0.425	0.500	0.325
13	Ⅸ度	El-centro波	1.000	—	—
14			—	1.000	—
15			1.000	0.850	0.650
16			0.850	1.000	0.650

5.2.2 试验测试方案

本文试验采集的数据包括:加载设备输入加速度、台面实际反应加速度、模型箱体实际作用加速度、模型地基内部加速度响应、隧道结构加速度及动应变响应,并根据试验目的以及结合隧道衬砌结构受力及变形的具体特征,共布置3~5个测试断面,每个测试断面在其典型位置(拱顶、拱腰、墙脚及仰拱中心)布设 4 个测点进行试验结果测量。测试内容包括动土压力、衬砌结构的动应变、水平向加速度以及竖向加速度,具体测点布置和传感器性能参数如表 5-10、图 5-21 所示。

传感器参数　　　　　　　　　　　　　　　　表 5-10

传　感　器	主　要　参　数	产品型号
应变片	室温应变极限 2 000με + ,灵敏系数分散 1%	ZJ.3-BX120-100AA
加速度计	量程 2g/5g/10g,精度 0.001g	2210-02/05/10
动土压力盒	100kPa/300kPa,非线性误差≤0.2% FS	HC-100-15C

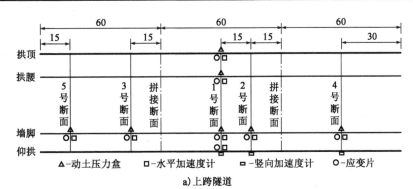

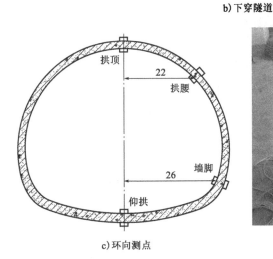

图 5-21　隧道结构传感器布置方案(尺寸单位:cm)

试验模型箱固定后,便可进行传感器和采集系统的通道连接、检测及参数设置。在此之前,先对传感器、连通线(蓝色)、接线盒(红色)、采集通道进行编号标注,连接过程中通过对号入座避免通道混淆(图 5-22),加速度计、应变片(动土压力盒)接线盒连接方法如图 5-23 所示。

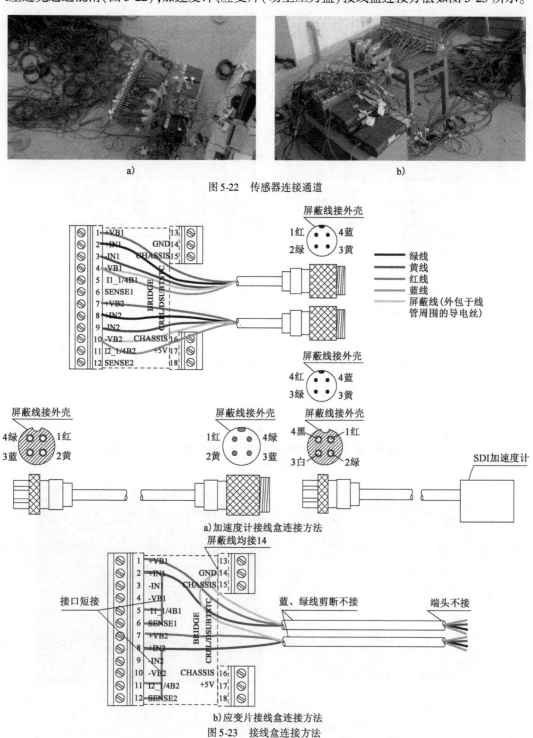

图 5-22 传感器连接通道

图 5-23 接线盒连接方法

5.3 上跨隧道结构地震动力响应特性

根据上节地震激励加载方案依次展开各试验工况,加载前需保证采集通道正常打开,加载后需根据台面实测加速度峰值与设计加速度峰值的对比情况确认加载是否有效。

16组加载工况(表5-6)中,每组可采集到45组加速度时程数据、64组应变时程数据、12组围岩动压力时程数据;对加速度时程数据进行3次方基线校正及2次积分可得到45组位移时程数据。

5.3.1 上跨隧道环向地震动力响应规律

(1)加速度响应

根据已有研究结论,垂直于轴线方向的地震激励对隧道地震动响应程度影响最大。因此,从典型角度出发,选取垂直于上跨隧道轴向(X向)的地震激励工况上跨隧道交叉中心处的加速度响应为具体分析对象。表5-11和图5-24~图5-27为该断面典型位置的环向加速度响应试验结果。从中分析可见:

①加速度峰值在隧道横断面上的大小分布依次为:拱顶>拱腰>仰拱>墙脚。对于近地表区域,由于地震波的叠加效应,使得该区域能量集中,进而诱发较大的动力响应;而对于上跨隧道的下部结构,由于下穿隧道的支撑作用,间接地增大了上跨隧道的下部结构赋存环境的刚度,造成其震动响应加剧。

②随地震激励烈度的增大,隧道衬砌结构的加速度响应亦随之增大,而加速度峰值放大系数表现为先增大后减小的变化趋势。如拱顶位置在El-centro-Ⅶ度、El-centro-Ⅷ度和El-centro-Ⅸ度工况中的加速度峰值(放大系数)分别为$0.407g(1.68)$、$0.968g(2.2)$、$1.668g(1.95)$。

③不同位置对地震波类型及其频段的响应存在较为明显的区别。如El-centro波地震激励下,拱顶、拱腰及仰拱位置在0~7.5Hz频段内响应傅里叶谱与台面傅里叶谱幅值相近,7.5~20Hz频段内放大效应明显,20~25Hz频段内则表现为削减效应,墙脚位置在12.5~17.5Hz频段内响应谱与台面谱幅值相近,其他频段主要表现为削减效应。

④El-centro波及WC波地震激励下,各测点加速度响应时程谱与实测台面谱吻合较好,表明边界效应控制较为理想。同时,衬砌结构在WC-Ⅷ度工况中的响应加速度明显小于El-centro-Ⅷ度及El-centro-Ⅸ度工况。其主要原因为WC波能量更多分布于高频段,而模型土具有低通滤波特性,使WC波能量在模型土中耗散较多,且衬砌结构卓越频率较低,对具有高频段特性的WC波响应不明显,因此在后续分析中对WC-Ⅷ度工况可不做专门对比。

上跨隧道1#断面环向测点加速度响应峰值　　　　表5-11

激励工况	测点位置	峰值加速度(g)	峰值放大系数
El-centro-Ⅶ度	台面	0.242	—
	拱顶	0.407	1.68
	拱腰	0.389	1.61
	墙脚	0.171	0.71
	仰拱	0.341	1.41

续上表

激励工况	测点位置	峰值加速度(g)	峰值放大系数
El-centro-Ⅷ度	台面	0.441	—
	拱顶	0.968	2.20
	拱腰	0.835	1.89
	墙脚	0.297	0.67
	仰拱	0.527	1.20
WC-Ⅷ度	台面	0.428	—
	拱顶	0.616	1.44
	拱腰	0.528	1.23
	墙脚	0.210	0.49
	仰拱	0.402	0.94
El-centro-Ⅸ度	台面	0.857	—
	拱顶	1.668	1.95
	拱腰	1.579	1.84
	墙脚	0.584	0.68
	仰拱	1.126	1.31

注：表中峰值放大系数为测点加速度响应峰值相对台面加速度实测峰值的比值。

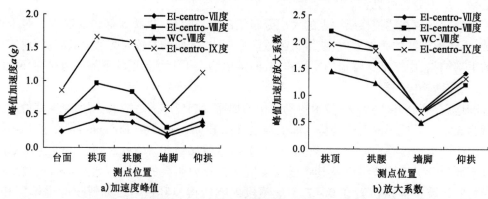

a) 加速度峰值　　　　　　　b) 放大系数

图 5-24　上跨隧道 1 号断面加速度响应峰值及峰值放大系数分布曲线

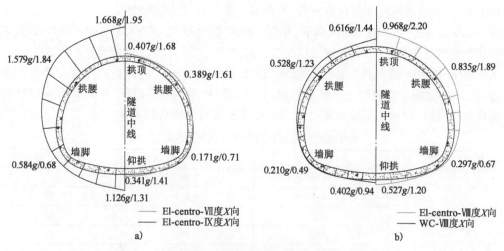

图 5-25　上跨隧道 1 号断面加速度峰值及峰值放大系数包络图

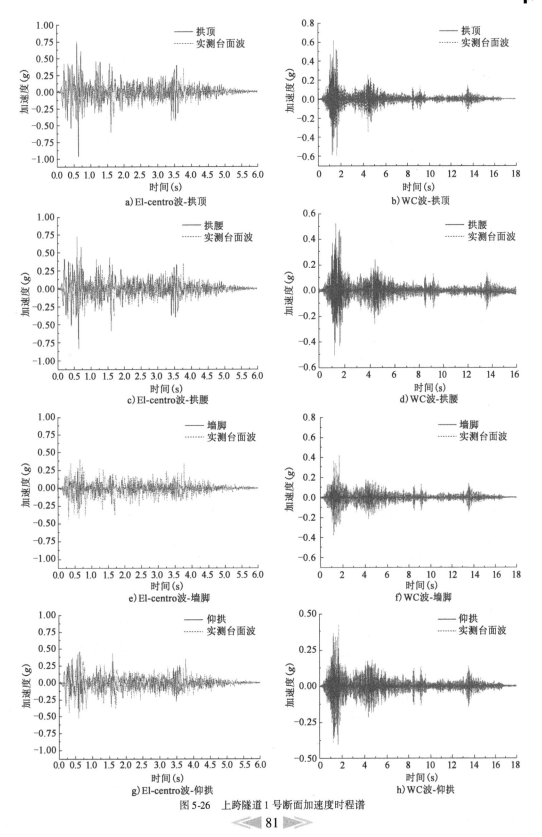

图 5-26　上跨隧道 1 号断面加速度时程谱

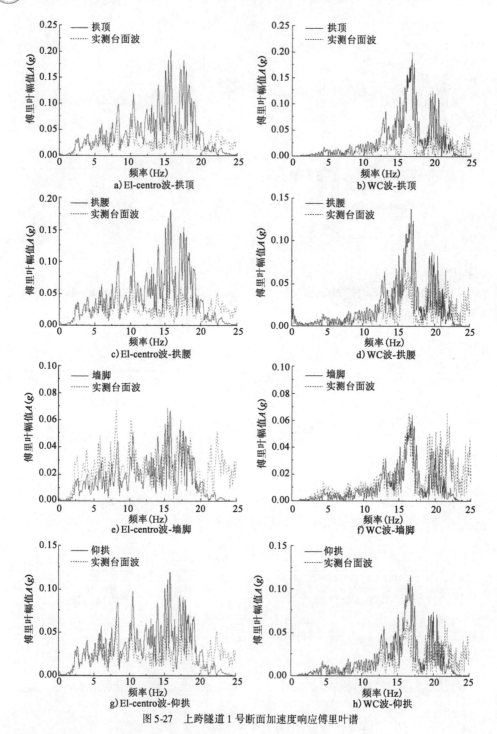

图 5-27　上跨隧道 1 号断面加速度响应傅里叶谱

(2) 位移响应

同样,以垂直于上跨隧道轴向(X向)的地震激励工况上跨隧道交叉中心处的加速度响应为具体分析对象,对测点加速度时程谱进行三项式基线校正和二次积分,得到相应的位移时程谱,相关试验结果如表 5-12 和图 5-28、图 5-29 所示。从中分析可知:

①各地震烈度工况下,隧道衬砌结构上部位置(拱顶、拱腰)的位移响应均大于下部位置(仰拱、墙脚),可见结构整体存在较大的相对变形,且随着地震烈度增大,位移峰值相应增大,具有明显的正相关关系。

②地震力激烈下,各测点均存在明显的正负位移变迁过程和震后残余变形,且残余变形大小分布不均。如在 El-centro 波地震激励下,拱顶、拱腰及墙脚在 0~1.0s 时间段内主要表现为 $-X$ 向位移,此后则主要表现为 $+X$ 向位移;El-centro-Ⅷ度地震激励后,拱顶残余位移达 +1.7mm、拱腰残余位移 +1.5mm、墙脚残余位移 +0.1mm、仰拱残余位移 -0.1mm,可见,在地震作用下,衬砌结构会产生一定的永久变形,且墙脚和拱腰之间最为明显。

上跨隧道1号断面环向测点位移响应峰值　　　　表5-12

激励工况	测点位置	位移峰值(mm)	
		$+X$	$-X$
El-centro-Ⅶ度	拱顶	2.01	-1.49
	拱腰	1.41	-2.00
	墙脚	0.65	-1.16
	仰拱	1.57	-1.62
El-centro-Ⅷ度	拱顶	3.40	-3.52
	拱腰	3.40	-3.71
	墙脚	1.64	-1.70
	仰拱	3.29	-3.04
WC-Ⅷ度	拱顶	1.23	-0.53
	拱腰	3.51	-2.64
	墙脚	0.21	-0.71
	仰拱	0.65	-1.42
El-centro-Ⅸ度	拱顶	8.03	-5.65
	拱腰	7.01	-7.72
	墙脚	3.77	-2.72
	仰拱	5.73	-6.89

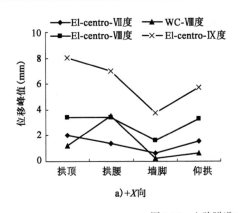
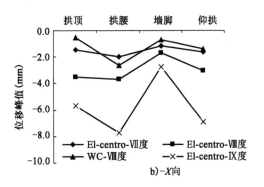

图 5-28　上跨隧道1号断面环向测点位移峰值

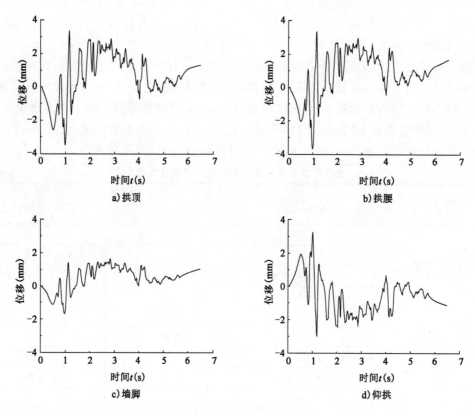

图 5-29　上跨隧道 1 号断面典型位置峰值时程谱

(3) 应变响应

为分析地震激励烈度、地震波形及激励方向对隧道地震动响应特性的影响规律,分别统计了单向(X方向)工况 1、5、9、13 及 XYZ 三向(以 X 方向为主)工况 3、7、11、15 的试验结果,如表 5-13、表 5-14 和图 5-30 ~ 图 5-32 所示。

上跨隧道 1 号断面各测点应变峰值试验结果　　　　　　表 5-13

激励工况	测点位置	El-centro-Ⅶ度	El-centro-Ⅷ度	WC-Ⅷ度	El-centro-Ⅸ度
单向地震激励 (X 向)	拱顶	15.87	61.04	80.60	172.10
	拱腰	39.06	104.99	83.01	246.58
	墙脚	31.74	59.77	43.99	133.09
	仰拱	12.42	47.00	31.74	115.93
三向地震激励 (X 向为主)	拱顶	17.09	57.10	152.60	187.00
	拱腰	51.27	80.58	80.57	206.32
	墙脚	26.86	56.10	100.10	111.10
	仰拱	14.61	22.71	39.06	80.57

上跨隧道1号断面各测点应变幅值试验结果　　　　　表 5-14

激励工况	测点位置	El-centro-Ⅶ度	El-centro-Ⅷ度	WC-Ⅷ度
单向地震激励 （X向）	拱顶	26.86	108.66	114.70
	拱腰	67.14	159.90	134.28
	墙脚	51.27	111.05	86.72
	仰拱	19.09	72.24	61.04
三向地震激励 （X向为主）	拱顶	34.18	120.50	281.50
	拱腰	84.45	135.53	139.17
	墙脚	50.05	91.50	173.30
	仰拱	21.90	35.72	64.70

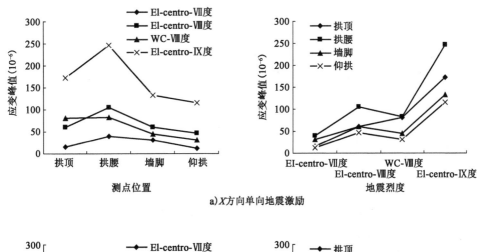

a) X方向单向地震激励

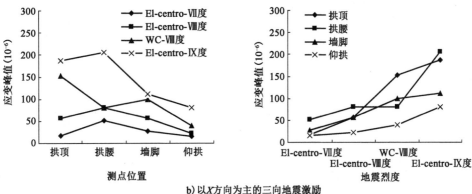

b) 以X方向为主的三向地震激励

图 5-30　上跨隧道1号断面地震激励下应变峰值变化规律

①各工况条件下测点应变峰值和幅值均以拱腰位置为最大，可见，该处的结构变形扰动幅度较大，而变形扰动幅度是衬砌损伤发展的重要诱因。因此，对于拱腰位置是抗震薄弱环节。

②随着地震烈度提高,各测点应变峰值和幅值也均有较大增加,烈度每提高1度,应变峰值增大2~3倍。可见,地震烈度的提高,惯性力增大,也使得上部覆土不均匀沉降显著发展,在交叉中心上方产生了更大的竖向土压力,从而造成结构应变增加。

③与El-centro波工况相比,WC波地震激励下,拱腰、墙脚及仰拱应变峰值和幅值均减小,拱顶处应变峰值增大。仍然说明围岩对WC波具有更明显的滤波作用以及土体在WC波地震激励下的沉降发展是使拱顶位置应变增大的主要原因。

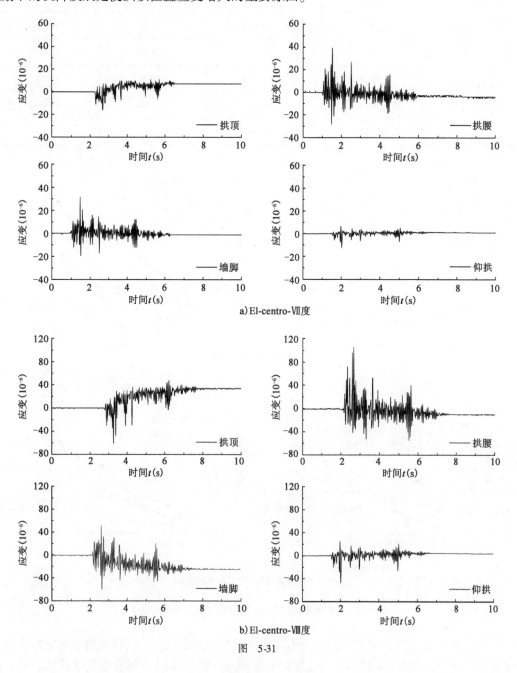

图 5-31

第5章 立体交叉隧道动力响应特征振动台试验

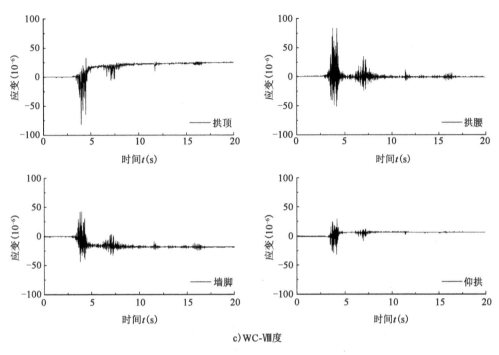

c) WC-Ⅷ度

图 5-31 单向地震激励下 1 号断面应变时程谱

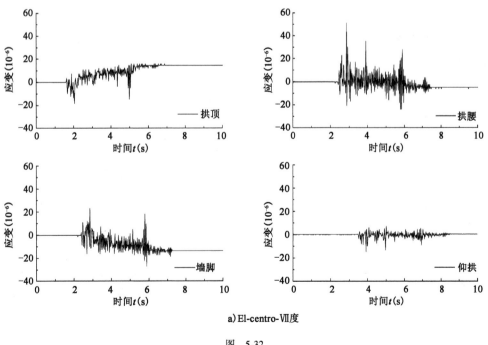

a) El-centro-Ⅶ度

图 5-32

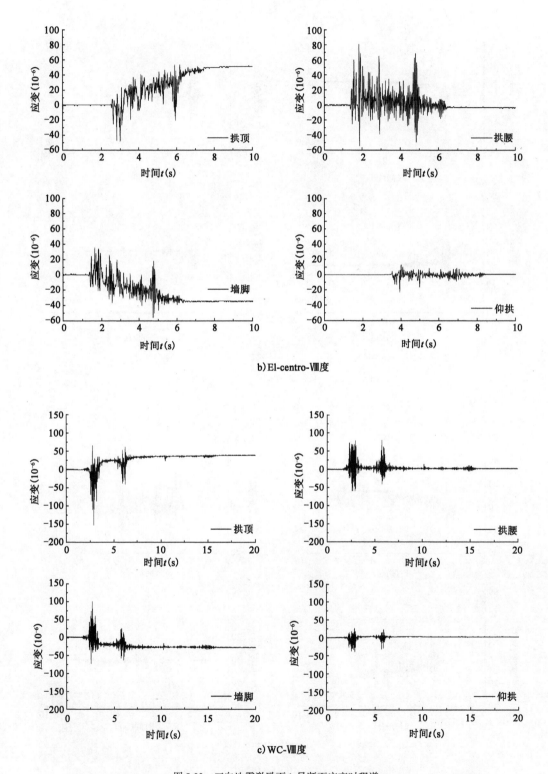

图 5-32 三向地震激励下 1 号断面应变时程谱

5.3.2 上跨隧道纵向地震动力响应规律

空间立体交叉隧道改变了围岩物理力学性能及结构受力体系,且距交叉中心越近影响越明显。通过研究不同断面位置对隧道地震动响应特性的影响规律,可为空间立体交叉隧道抗震设计提供参考依据。

(1) 加速度响应

表5-15和图5-33为相应工况下各测点加速度峰值试验结果。从中分析可知:

①在垂直于轴线的水平向地震激励下,上跨隧道 X 向加速度响应峰值由交叉中心向隧道两端先增大后减小,交叉中心和隧道两端响应峰值最小,且明显小于台面加速度峰值,可见地震波能量在交叉中心及隧道两端附近土体中传播时,模型箱侧壁及下穿隧道的摩擦作用导致部分能量耗散。

②在垂直于轴线的竖向地震激励下,上跨隧道仰拱位置 Z 向加速度响应峰值及放大系数由交叉中心向两端减小,表明地震激励下,上跨隧道距离交叉中心越近,Z 向地震动响应越大。

③随着地震烈度增大,上跨隧道各断面的加速度响应峰值均随之增大,但加速度放大系数与地震烈度没有明确的对应关系。由此可见,隧道结构的地震动放大系数不仅与地震烈度有关,同时受到结构本身及围岩物理力学特性的影响。

上跨隧道峰值加速度纵向分布统计　　表5-15

距交叉中心距离(cm)	激励工况	峰值加速度(g)	放大系数	距交叉中心距离(cm)	激励工况	峰值加速度(g)	放大系数
台面	El-centro-Ⅶ度 X 向	0.242	—	台面	El-centro-Ⅶ度 XYZ 向	0.124	—
1号断面-0cm		0.171	0.707	1号断面-0cm		0.136	1.097
2号断面-15cm		0.183	0.756	2号断面-15cm		0.089	0.718
3号断面-45cm		0.315	1.302	3号断面-45cm		—	—
4号断面-60cm		0.302	1.248	4号断面-60cm		0.062	0.500
台面	El-centro-Ⅷ度 X 向	0.441	—	台面	El-centro-Ⅷ度 XYZ 向	0.392	—
1号断面-0cm		0.297	0.673	1号断面-0cm		0.268	0.684
2号断面-15cm		0.337	0.764	2号断面-15cm		0.142	0.362
3号断面-45cm		0.543	1.231	3号断面-45cm		—	—
4号断面-60cm		0.713	1.617	4号断面-60cm		0.067	0.171
5号断面-75cm		0.262	0.594	5号断面-75cm		—	—
台面	WC-Ⅷ度 X 向	0.428	—	台面	WC-Ⅷ度 XYZ 向	0.311	—
1号断面-0cm		0.210	0.491	1号断面-0cm		0.108	0.347
2号断面-15cm		0.230	0.537	2号断面-15cm		0.106	0.341
3号断面-45cm		0.429	1.002	3号断面-45cm		—	—
4号断面-60cm		0.405	0.946	4号断面-60cm		0.054	0.174
5号断面-75cm		0.207	0.484	5号断面-75cm		—	—

续上表

距交叉中心距离（cm）	激励工况	峰值加速度（g）	放大系数	距交叉中心距离（cm）	激励工况	峰值加速度（g）	放大系数
台面	El-centro-Ⅸ度 X 向	0.857	—	台面	El-centro-Ⅸ度 XYZ 向	0.712	—
1号断面-0cm		0.584	0.681	1号断面-0cm		0.353	0.496
2号断面-15cm		0.657	0.767	2号断面-15cm		0.291	0.409
3号断面-45cm		0.997	1.163	3号断面-45cm		—	—
4号断面-60cm		1.285	1.499	4号断面-60cm		0.111	0.156
5号断面-75cm		0.508	0.593	5号断面-75cm		—	—

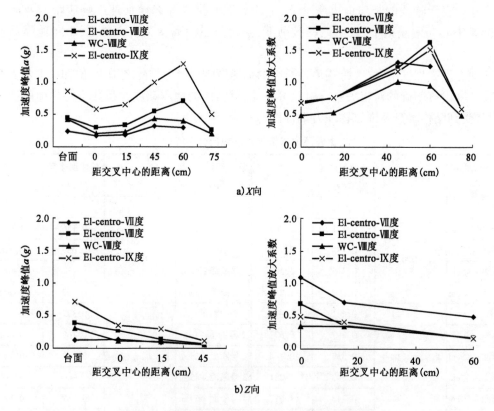

图 5-33 上跨隧道峰值加速度及其放大系数纵向变化规律

（2）位移响应

表 5-16 和图 5-34、图 5-35 为相应激励工况下各测点位移响应试验结果。从中分析可知：

①在垂直轴线的水平向（X 向）激励下，上跨隧道轴向位移响应规律和加速度峰值响应规律相似，由交叉中心向两端先增大后减小，可见，上跨隧道的交叉中心及两端受到下穿隧道及侧壁的约束，位移响应受到一定程度的限制，水平向位移较小。3号断面处位移峰值明显大于其他断面，且 $+X$ 向和 $-X$ 向位移分布较为集中，是重点抗剪区域。

上跨隧道 X 向位移峰值轴向分布　　　　表 5-16

地震激励工况	距交叉中心距离	位移峰值(mm)		地震激励工况	距交叉中心距离	位移峰值(mm)	
		$+X$	$-X$			$+X$	$-X$
El-centro-Ⅶ度	1 号断面 - 0cm	0.43	-1.32	WC-Ⅷ度	1 号断面 - 0cm	0.55	-1.00
	2 号断面 - 15cm	0.33	-1.31		2 号断面 - 15cm	0.48	-1.16
	3 号断面 - 45cm	4.06	-14.67		3 号断面 - 45cm	66.28	-86.05
	4 号断面 - 60cm	0.86	-2.06		4 号断面 - 60cm	4.85	-7.01
	5 号断面 - 75cm	—	—		5 号断面 - 75cm	1.08	-1.60
El-centro-Ⅷ度	1 号断面 - 0cm	0.94	-2.16	El-centro-Ⅸ度	1 号断面 - 0cm	3.74	-2.73
	2 号断面 - 15cm	1.22	-2.06		2 号断面 - 15cm	4.19	-2.59
	3 号断面 - 45cm	38.33	-59.34		3 号断面 - 45cm	46.33	-141.80
	4 号断面 - 60cm	2.63	-3.98		4 号断面 - 60cm	8.42	-4.53
	5 号断面 - 75cm	25.54	-41.22		5 号断面 - 75cm	3.12	-2.25

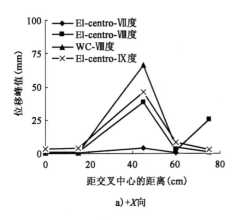
a) $+X$ 向

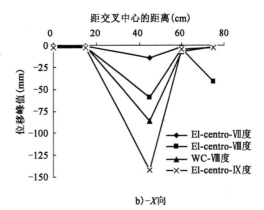
b) $-X$ 向

图 5-34　上跨隧道 X 向位移峰值轴向变化规律曲线

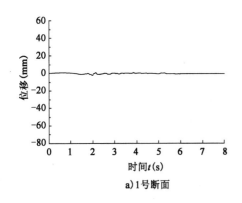
a) 1 号断面

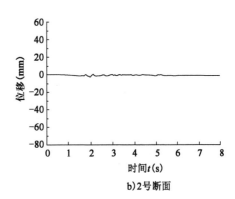
b) 2 号断面

图　5-35

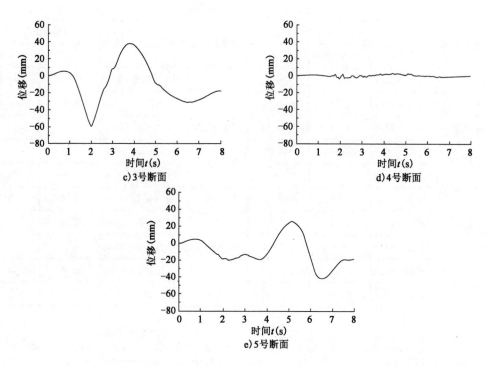

图 5-35 上跨隧道各断面 X 向位移时程谱

②随着地震烈度增大,断面位移响应正负峰值随之增大,隧道轴向挠曲程度增大,且均有一定的残余变形。综合可见,隧道沿轴线方向的水平位移变形不仅大小不一,而且存在时间差,即长大隧道会在地震激励作用下出现波浪形摆动,进而造成结构破坏。

(3)应变响应

表 5-17 和图 5-36 分别为相应激励工况下,各测点应变响应试验结果。

从中分析可知:

①各断面应变响应峰值 2 号、5 号断面响应峰值明显大于其他 3 个断面,分析可知,虽然由于下穿隧道和钢箱的摩阻约束,地震激励在交叉中心和两端附近的土体中有更多的能量耗散,但上跨隧道 2 号断面位于下穿隧道边缘上方,5 号断面位于隧道端头和钢箱侧壁连接面附近,二者所处位置类似于简支梁的支座边缘,在地震激励(尤其是竖向土压力)作用下存在较大的剪切变形,导致应变峰值明显高于其他断面。

上跨隧道纵向各断面应变峰值试验结果　　　　表 5-17

激励工况	测点位置	El-centro-Ⅶ度	El-centro-Ⅷ度	WC-Ⅷ度	El-centro-Ⅸ度
单向地震激励（X 向）	1 号断面 －0cm	31.74	59.77	43.99	133.09
	2 号断面 －15cm	137.92	181.89	184.33	372.40
	3 号断面 －45cm	18.31	37.85	47.615	100.10
	4 号断面 －60cm	30.518	56.77	54.326	103.11
	5 号断面 －75cm	46.39	148.90	96.43	230.80

第5章 立体交叉隧道动力响应特征振动台试验

续上表

激励工况	测点位置	El-centro-Ⅶ度	El-centro-Ⅷ度	WC-Ⅷ度	El-centro-Ⅸ度
三向地震激励 （X向为主）	1号断面-0cm	26.859	56.10	100.10	111.10
	2号断面-15cm	139.16	285.62	316.16	损坏
	3号断面-45cm	47.61	103.76	75.69	137.95
	4号断面-60cm	49.44	134.87	126.35	121.43
	5号断面-75cm	85.451	181.90	86.70	305.2

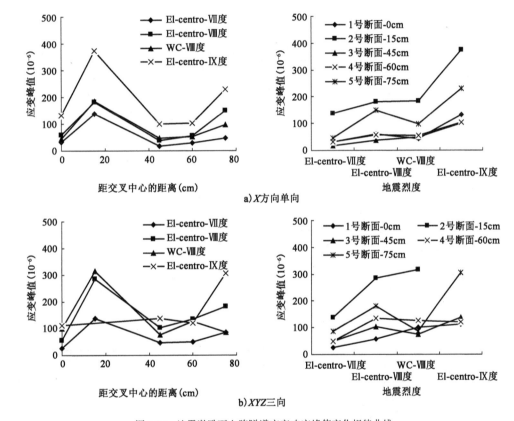

图5-36 地震激励下上跨隧道应变响应峰值变化规律曲线

②随着地震烈度增大，上跨隧道各断面应变峰值相应增大，说明上跨隧道衬砌结构的内力与地震烈度大小为明确的正相关关系。

5.4 下穿隧道结构地震动力响应特性分析

5.4.1 下穿隧道环向地震动力响应规律

(1) 加速度响应

参照5.3.1节同理取垂直于下穿隧道轴向（Y向）地震激励工况时，下穿隧道加速度响应规律展开研究。表 5-18 和图 5-37、图 5-38 分别为下穿隧道 1 号断面环向测点加速度响应试验结果。从中分析可知：

①各地震激励工况中，下穿隧道 1 号断面加速度峰值响应大小顺序为：拱腰>拱顶>墙脚>仰拱。与上跨隧道相比，拱顶不再受表面波影响，但在上跨隧道的支护作用下刚度有所增大，响应仍然较为明显；拱腰与地震激励方向夹角最大，地震能量冲击最为明显，造成响应程度最大；由于下部土体和钢箱之间存在相对滑移且埋深最大，导致仰拱加速度响应最小。

②随地震烈度增大，衬砌加速度响应峰值均增大，加速度放大系数先增大后减小。正如前文所述，围岩及衬砌在地震激励过程中刚度的变化是放大系数变化的主要原因。同上跨隧道规律一致，WC-Ⅷ度地震激励下衬砌结构加速度响应明显小于 El-centro 波工况。下穿隧道拱顶、拱腰、仰拱加速度响应均小于上跨隧道，墙脚相反。

下穿隧道 1 号断面环向测点加速度响应峰值 表 5-18

激励工况	测点位置	峰值加速度(g)	峰值放大系数
El-centro-Ⅶ度	台面	0.262	—
	拱顶	0.323	1.24
	拱腰	0.362	1.38
	墙脚	0.291	1.11
	仰拱	0.255	0.98
El-centro-Ⅷ度	台面	0.474	—
	拱顶	0.739	1.56
	拱腰	0.854	1.80
	墙脚	0.534	1.13
	仰拱	0.500	1.07
WC-Ⅷ度	台面	0.518	—
	拱顶	0.443	0.86
	拱腰	0.506	0.98
	墙脚	0.342	0.66
	仰拱	0.312	0.60
El-centro-Ⅸ度	台面	1.043	—
	拱顶	1.258	1.21
	拱腰	1.486	1.42
	墙脚	1.006	0.96
	仰拱	0.872	0.84

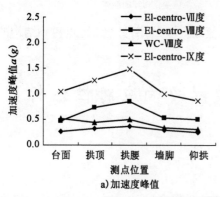
a) 加速度峰值

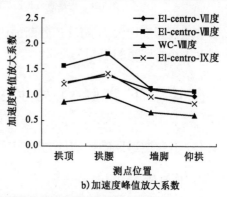
b) 加速度峰值放大系数

图 5-37　下穿隧道 1 号断面加速度响应峰值及峰值放大系数

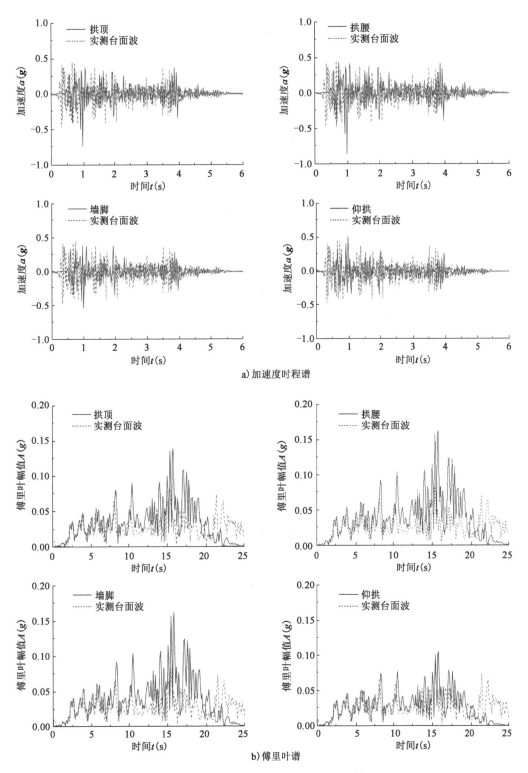

图 5-38 下穿隧道 1 号断面加速度响应测试结果

(2)位移响应

表5-19和图5-39、图5-40为下穿隧道1号断面环向测点位移响应试验结果。从中分析可得：

①地震激励下，+X向位移变形峰值规律总体为：拱顶＞墙脚＞拱腰＞仰拱且随着地震烈度增大，各测点位移峰值先增大后减小。

②拱顶、拱腰及墙脚位移变形趋势大致相同，在0～0.5s主要为 –Y向位移并在0.75s左右达到最大负值，在1.0以后的时间段内主要表现为 +Y向位移且数值逐渐增大；而仰拱在0～0.5s主要表现为 +Y向位移并在0.75s左右达到最大正值，1.0s后主要表现为 –Y向位移且数值逐渐增大，与其他3个测点的位移趋势相反，存在较为明显的剪切变形。

③激励完成后，拱顶残余位移约 +10mm、拱腰及墙脚残余位移约 +9mm、仰拱残余位移 –7.5mm，可见各部位两两之间均有明显的相对变形，是抗震薄弱环节。

表5-19 下穿隧道1号断面环向测点位移峰值

激励工况	测点位置	位移峰值(mm)	
		+Y	–Y
El-centro-Ⅶ度	拱顶	5.52	–0.51
	拱腰	2.58	–2.44
	墙脚	5.09	–0.53
	仰拱	0.67	–4.09
El-centro-Ⅷ度	拱顶	9.24	–2.06
	拱腰	8.95	–2.92
	墙脚	8.45	–2.44
	仰拱	2.41	–7.53
WC-Ⅷ度	拱顶	0.83	–0.54
	拱腰	0.61	–0.77
	墙脚	0.21	–2.04
	仰拱	2.63	–0.41
El-centro-Ⅸ度	拱顶	6.24	–4.24
	拱腰	7.45	–4.58
	墙脚	6.26	–4.21
	仰拱	4.11	–5.95

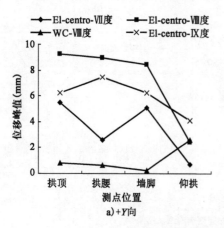 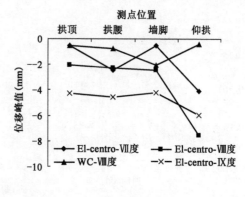

a) +Y向　　　　　　　　　　　　b) –Y向

图5-39 下穿隧道1号断面环向测点位移峰值曲线

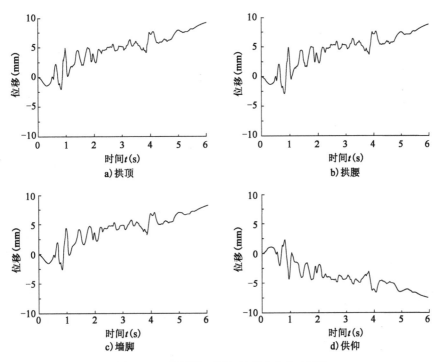

图 5-40 下穿隧道 1 号断面各测点位移时程谱

(3) 应变响应

表 5-20、表 5-21 和图 5-41 ~ 图 5-44 为下穿隧道 1 号断面环向各测点应变响应试验值。

下穿隧道 1 号断面各测点应变峰值结果   表 5-20

激励工况	测点位置	El-centro-Ⅶ度	El-centro-Ⅷ度	WC-Ⅷ度	El-centro-Ⅸ度
单向地震激励 （X 向）	拱顶	50.05	122.00	58.60	—
	拱腰	18.31	73.25	45.17	103.74
	墙脚	21.36	39.07	41.51	57.99
三向地震激励 （X 向为主）	拱顶	54.94	149.48	100.10	—
	拱腰	29.30	80.57	58.60	117.24
	墙脚	28.69	48.84	41.50	84.90

下穿隧道 1 号断面各测点应变幅值试验结果   表 5-21

激励工况	测点位置	El-centro-Ⅶ度	El-centro-Ⅷ度	WC-Ⅷ度
单向地震激励 （X 向）	拱顶	56.15	133.00	70.80
	拱腰	32.96	95.22	54.70
	墙脚	35.40	76.91	61.04
三向地震激励 （X 向为主）	拱顶	56.16	153.54	102.60
	拱腰	42.72	108.65	90.34
	墙脚	40.28	89.12	67.14

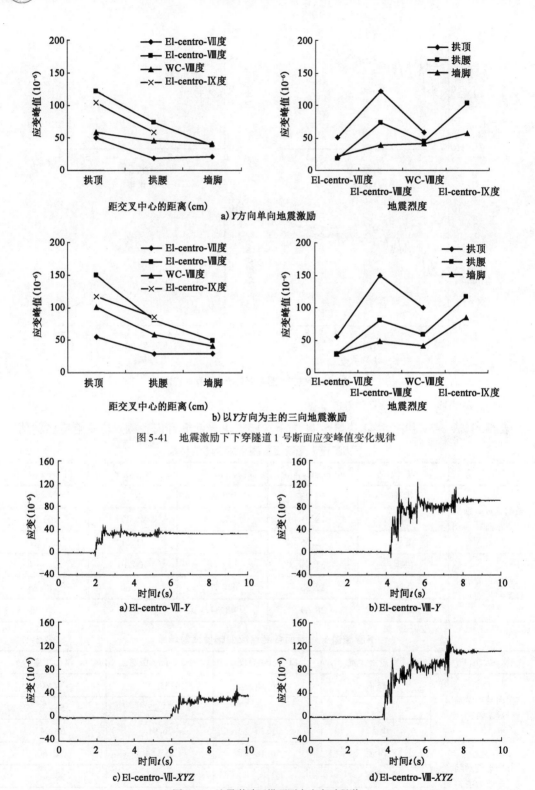

a) Y方向单向地震激励

b) 以 Y 方向为主的三向地震激励

图 5-41　地震激励下下穿隧道 1 号断面应变峰值变化规律

a) El-centro-Ⅶ-Y

b) El-centro-Ⅷ-Y

c) El-centro-Ⅶ-XYZ

d) El-centro-Ⅷ-XYZ

图 5-42　地震激励下拱顶测点应变时程谱

第5章 立体交叉隧道动力响应特征振动台试验

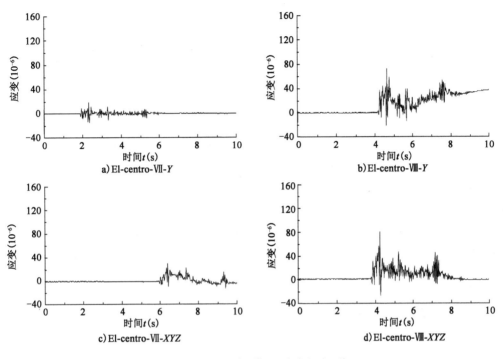

图 5-43 地震激励下拱腰测点应变时程谱

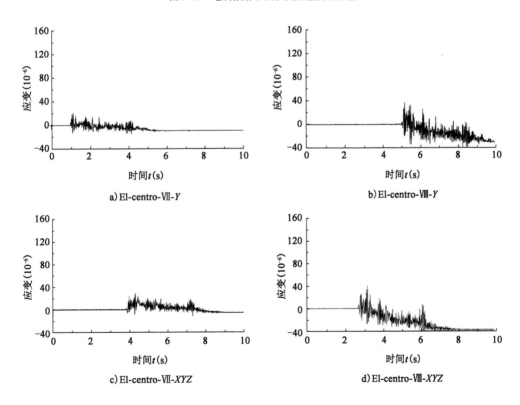

图 5-44 地震激励下墙脚测点应变时程谱

由上述试验结果分析可得：

①各测点应变响应峰值大小规律为:拱顶＞墙脚＞拱腰,其他工况下为拱顶＞拱腰＞墙脚,表明拱顶和拱腰位置环向变形及应力最大,是抗震薄弱环节。同时进一步分析可知,下穿隧道作为上跨隧道的"支点",更多的承受了上跨隧道的自重及作用于上跨隧道上的土体重量,造成拱顶应变明显大于其他位置。

②随着地震烈度提高,应变响应峰值和幅值均有较大幅度地增大,尤其拱腰位置增幅最为明显。与El-centro-Ⅷ度地震激励相比,WC-Ⅷ度地震激励下,拱顶和拱腰环向应变峰值明显减小,墙脚略有增大,这与WC波的频率分布特性及围岩的滤波特性有关。衬砌结构在三向地震激励下的应变响应均大于单向地震激励。

③根据应变时程谱变化趋势,在垂直于轴线方向的单向地震激励下,下穿隧道拱顶内侧主要表现为受拉变形,拱腰和墙脚整个过程中拉压变形波动呈现,但墙脚整体趋向于受压变形。且下穿隧道衬砌在该地震激励后同样存在较大的残余应变,围岩存在永久沉降变形和水平向变形。

5.4.2 下穿隧道纵向地震动力响应规律

(1) 加速度响应

表5-22和图5-45分别为下穿隧道1号断面纵向测点加速度响应试验结果。由上述试验结果分析可知：

①下穿隧道加速度峰值由交叉中心向隧道两端先减小后增大,且相对于台面均具有放大效应,交叉中心最为明显,放大系数为1.38~1.80;而WC波地震激励下各断面加速度峰值相对于台面均呈现缩减效应。究其原因,主要为模型箱底部土体受到底部摩擦边界的约束,能量损耗沿隧道轴向方向相近,交叉中心及两端受到上跨隧道及侧壁的约束作用,刚度相对较大,地震动响应较为明显。

②随着地震烈度增大,各断面的加速度响应峰值均随之增大,但相对于输入地震激励的放大系数,与地震烈度并没有明确的对应关系。进一步说明,隧道结构加速度放大系数受结构本身、围岩、地震荷载多种因素共同影响。

下穿隧道峰值加速度纵向分布测试结果统计　　　　表5-22

地震激励工况	距交叉中心距离(cm)	峰值加速度(g)	放大系数	地震激励工况	距交叉中心距离(cm)	峰值加速度(g)	放大系数
El-centro-Ⅶ度 Y向	台面	0.262	—	El-centro-Ⅶ度 XYZ向	台面	0.124	—
	0	0.362	1.382		1号断面拱顶	0.082	0.661
	15	0.336	1.282		2号断面拱顶	0.073	0.589
	45	0.301	1.149		3号断面拱顶	0.103	0.831
	75	0.322	1.229				

续上表

地震激励工况	距交叉中心距离(cm)	峰值加速度(g)	放大系数	地震激励工况	距交叉中心距离(cm)	峰值加速度(g)	放大系数
El-centro-Ⅷ度 Y向	台面	0.474	—	El-centro-Ⅷ度 XYZ向	台面	0.392	—
	0	0.854	1.802		0	0.209	0.533
	15	0.599	1.264		15	0.194	0.495
	45	0.571	1.205		45	0.240	0.612
	75	0.705	1.487				
WC-Ⅷ度 Y向	台面	0.518	—	WC-Ⅷ度 XYZ向	台面	0.311	—
	0	0.506	0.977		0	0.120	0.386
	15	0.421	0.813		15	0.109	0.350
	45	—	—		45	0.139	0.447
	75	0.415	0.801				
El-centro-Ⅸ度 Y向	台面	1.043	—	El-centro-Ⅸ度 XYZ向	台面	0.712	—
	0	1.486	1.425		0	0.299	0.420
	15	1.374	1.317		15	0.260	0.365
	45	1.209	1.159		45	0.306	0.430
	75	1.210	1.160				

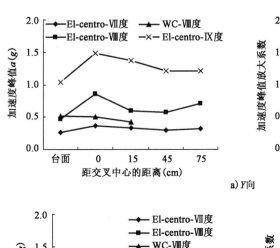

a) Y向

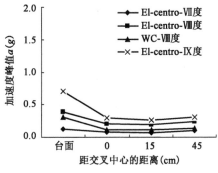
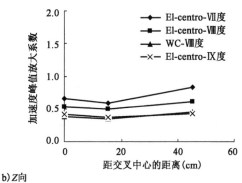

b) Z向

图 5-45 下穿隧道峰值加速度轴向变化规律曲线

(2) 位移响应

表 5-23 和图 5-46、图 5-47 为相应激励工况下各测点位移响应试验结果。从中分析可知：

①下穿隧道轴向位移峰值由交叉中心向两端先减小后增大，但下穿隧道交叉中心及两端受到上跨隧道及侧壁的约束，与上跨隧道相比，下穿隧道分布相对较为均匀。

②随着地震烈度提高，各断面 +Y 向位移峰值先增大后减小，且各断面的位移时程谱相似，在 0~1.5s 时间段 +Y 及 -Y 向位移变形呈现波动，并在 0.8s 左右达到 -Y 向峰值；在 1.5s 以后 4 个断面均表现为 +Y 向位移，并在 4~5s 附近出现较大位移峰值。可见，下穿隧道水平向位移响应趋势沿轴向分布较为一致，地震激励对隧道结构造成的剪切变形和剪切力小于上跨隧道。

下穿隧道 Y 向位移峰值轴向分布   表 5-23

地震激励工况	距交叉中心距离	位移峰值(mm)	
		$+Y$	$-Y$
El-centro-Ⅶ度	1 号断面 -0cm	3.56	-2.81
	2 号断面 -15cm	3.04	-4.93
	3 号断面 -45cm	3.00	-2.46
	5 号断面 -75cm	8.97	-7.93
El-centro-Ⅷ度	1 号断面 -0cm	14.30	-4.62
	2 号断面 -15cm	14.03	-3.54
	3 号断面 -45cm	12.07	-4.11
	5 号断面 -75cm	17.56	-6.79
WC-Ⅷ度	1 号断面 -0cm	0.50	-1.60
	2 号断面 -15cm	1.06	-1.02
	5 号断面 -75cm	0.67	-1.07
El-centro-Ⅸ度	1 号断面 -0cm	7.34	-4.84
	2 号断面 -15cm	6.52	-4.07
	3 号断面 -45cm	5.98	-4.28
	5 号断面 -75cm	6.95	-4.56

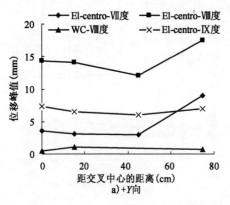 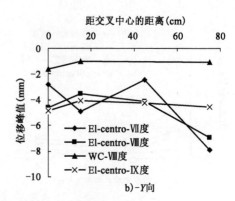

图 5-46 下穿隧道 Y 向位移峰值轴向变化规律曲线

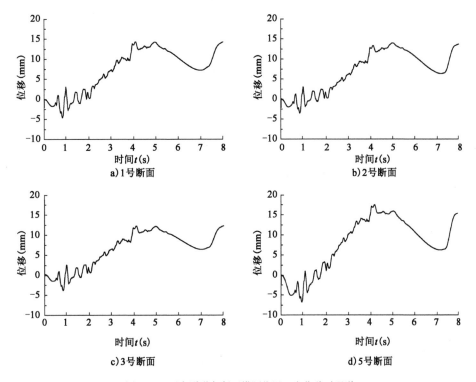

图 5-47 下穿隧道各断面拱腰位置 Y 向位移时程谱

(3) 应变响应

表 5-24 和图 5-48 为相应工况下,各测点位移响应试验结果。从中分析可知:

①交叉中心和两端应变峰值较小,两者之间的过渡段应变峰值较大。究其原因为隧道断面的整体特性,隧道拱顶和拱腰的环向"内凹"变形会导致墙脚位置出现"外凸"变形,由于上跨隧道和钢箱侧壁的支护及约束作用,交叉中心和两端所受竖向土压力较小,墙脚处应变峰值相对较小。

②随着地震烈度增大,下穿隧道各断面墙脚位置应变峰值相应增大。说明下穿隧道衬砌结构的内力与地震烈度大小为明确的正相关关系。与 El-centro 波工况相比,WC 波地震激励下,各断面墙脚位置应变峰值均有不同程度的减小。

下穿隧道应变响应峰值纵向分布结果统计   表 5-24

激励工况	测点位置	El-centro-Ⅶ度	El-centro-Ⅷ度	WC-Ⅷ度	El-centro-Ⅸ度
单向地震激励 (Y 向)	1 号断面 -0cm	18.31	73.25	45.17	103.74
	2 号断面 -15cm	28.08	70.80	45.17	162.36
	3 号断面 -45cm	30.52	68.36	52.49	230.73
	5 号断面 -75cm	28.08	80.57	52.49	191.71
三向地震激励 (Y 向为主)	1 号断面 -0cm	29.30	80.57	58.60	117.24
	2 号断面 -15cm	31.74	86.68	68.36	147.72
	3 号断面 -45cm	29.30	108.64	75.69	161.12
	5 号断面 -75cm	36.62	146.66	90.33	363.76

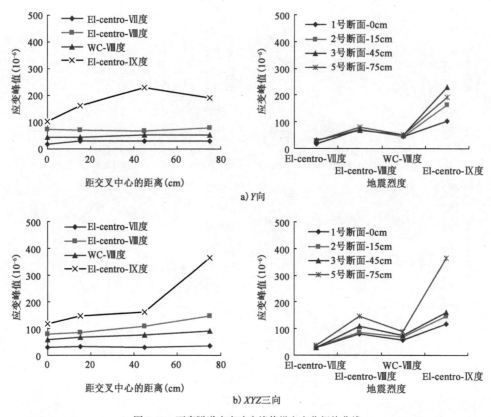

图 5-48 下穿隧道应变响应峰值纵向变化规律曲线

5.5 交叉隧道围岩地震动响应特性分析

5.5.1 围岩响应频率

图 5-49 ~ 图 5-51 为相应工况下典型围岩振动频谱测试结果。

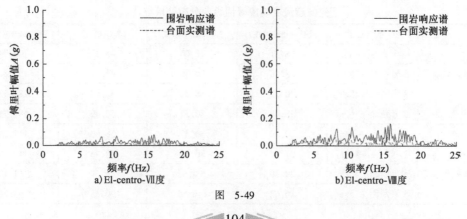

图 5-49

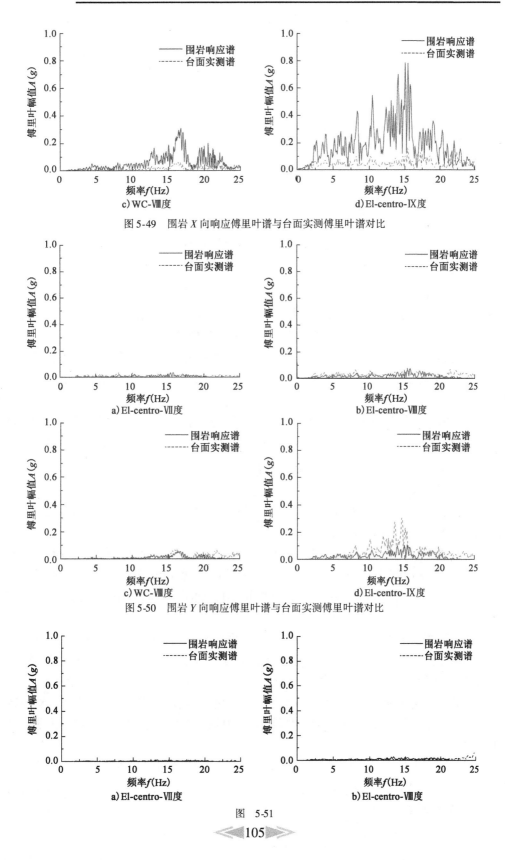

图 5-51

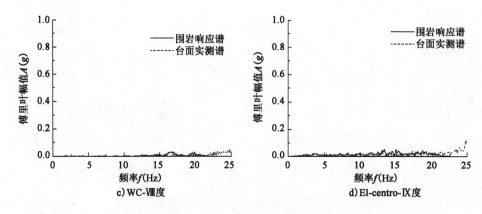

图 5-51 围岩 Z 向响应傅里叶谱与台面实测傅里叶谱对比

从中分析可知：

(1) 围岩在 X、Y、Z 三个方向具有不同的自振频率特性，且在不同频段对地震激励表现为不同程度的放大和削减效应。可见，交叉隧道的存在改变了围岩的固有频率特性，且上跨隧道及下穿隧道的空间位置决定了围岩不同方向的频率响应规律。

(2) 随地震激励烈度增大，围岩不同方向的频率放大或削减率变化不一致甚至相反，表明围岩物理力学性能的变化并不是导致其响应特性发生变化的主要原因，更多受隧道与围岩的耦合作用影响。

(3) 除围岩—结构耦合关系外，地震激励波形同样会影响围岩响应谱频率放大或削减效应；相对于 El-centro 波工况，WC 波地震激励下围岩响应谱在低频段削减效应更为明显。

5.5.2 上跨隧道轴向围岩动压力响应规律

表 5-25 为上跨隧道纵向围岩动压力峰值试验结果；图 5-52 和图 5-53 分别为上跨隧道轴向围岩动压力峰值变化规律和时程曲线。从中分析可知：

(1) 上跨隧道墙脚位置轴向围岩动压力大小顺序为：3 号断面 > 1 号断面 > 4 号断面 > 2 号断面，表明上下隧道之间的土体上下方均受到较为明显的支护作用，在地震激励下压力荷载不能自由释放，交叉工况的存在导致上跨隧道轴向围岩动压力分布差距较大，距交叉中心较远处围岩动压力较小。

(2) 随地震激励烈度的增大，各测点围岩动压力均有不同程度的增大，表明地震烈度与围岩动压力存在正相关关系。同时，多向激励下各测点围岩动压力峰值均大于同等烈度下的单向激励工况，说明多向加载会增大围岩动压力。

(3) 与 El-centro-Ⅷ度工况相比，WC-Ⅷ度地震激励下各测点围岩动压力峰值均有所减小，说明受 WC 波的频谱特性及围岩的滤波特性影响，围岩在 WC 波地震激励下惯性力更小，对地下结构的破坏能力更弱。

(4) 从频谱图可见，上跨隧道各断面的围岩动压力在整个响应过程中正负波动明显，主要表现出两种作用形式：挤压衬砌的惯性力作用和偏离衬砌的卸载作用。激励停止后的残余土压力同样说明该现象。

（5）除幅值有所增大外，三向地震激励工况下各断面的围岩动压力响应规律与单向地震激励工况相近。表明上跨隧道墙脚处所受土压力主要是由水平向地震激励引起的，竖向地震激励会增大土压力响应幅值但不会明显改变响应规律。

上跨隧道轴向围岩动压力峰值（单位：kPa） 表5-25

地震激励工况	测点位置	El-centro-Ⅶ度	El-centro-Ⅷ度	WC-Ⅷ度	El-centro-Ⅸ度
单向 （X向）	1号断面-0cm	0.4904	1.6169	1.3314	2.8067
	2号断面-15cm	0.2190	0.5477	0.3757	0.7670
	3号断面-45cm	1.6487	2.3579	2.0550	3.6182
	4号断面-75cm	0.3757	0.6817	0.5947	0.9829
三向 （XYZ向）	1号断面-0cm	0.7930	2.3993	3.5780	3.7146
	2号断面-15cm	0.4070	0.8607	0.7827	0.9860
	3号断面-45cm	1.9304	2.6428	2.4117	4.3671
	4号断面-75cm	0.5947	0.9364	0.7069	1.2733

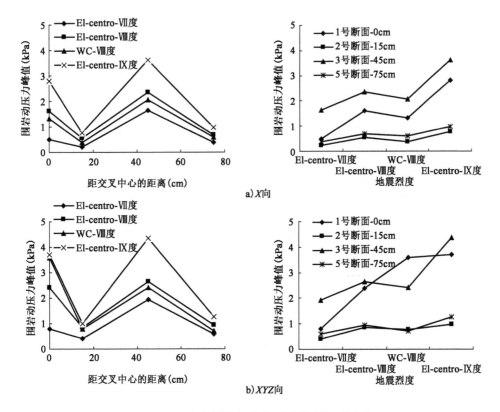

图5-52 上跨隧道轴向围岩动压力峰值变化规律曲线

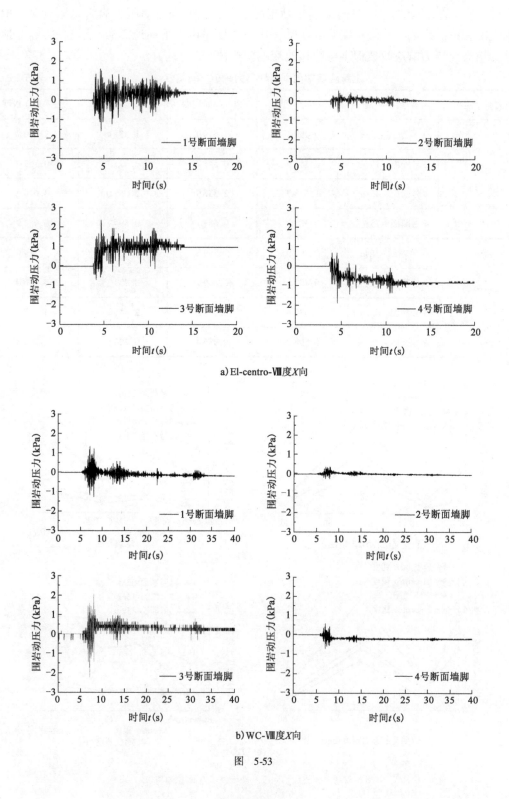

a) El-centro-Ⅷ度X向

b) WC-Ⅷ度X向

图 5-53

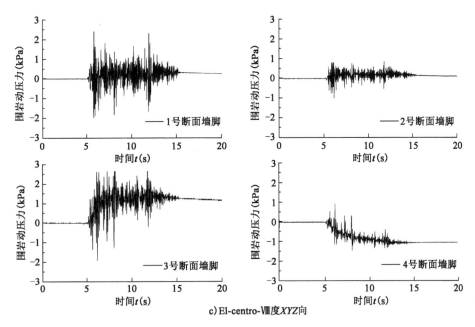

图 5-53 上跨隧道轴向围岩动压力时程曲线

5.5.3 下穿隧道纵向围岩动压力响应规律

表 5-26 为下穿隧道纵向围岩动压力峰值试验结果;图 5-54 和图 5-55 分别为下穿隧道轴向围岩动压力峰值变化规律和时程曲线。

下穿隧道轴向围岩动压力峰值(单位:kPa)　　表 5-26

地震激励工况	测点位置	El-centro-Ⅶ度	El-centro-Ⅷ度	WC-Ⅷ度	El-centro-Ⅸ度
单向 (X 向)	1 号断面 −0cm	0.135 7	0.323 4	0.333 9	0.657 3
	2 号断面 −15cm	0.406 9	0.960 0	0.699 1	1.825 6
	3 号断面 −45cm	0.260 9	0.605 2	0.490 4	1.262 2
	4 号断面 −75cm	0.354 8	0.866 0	0.667 8	2.723 3
三向 (XYZ 向)	1 号断面 −0cm	0.114 8	0.406 9	0.399 1	0.730 4
	2 号断面 −15cm	0.490 4	0.970 3	1.179 3	1.637 8
	3 号断面 −45cm	0.240 0	0.834 8	0.667 8	1.846 7
	4 号断面 −75cm	0.511 2	1.283 8	1.001 7	2.472 7

从中分析可知:

(1)下穿隧道轴向围岩动压力响应峰值大小顺序为:2 号断面 > 4 号断面 > 3 号断面 > 1 号断面,且前 3 个断面峰值数据较为接近,大约是 1 号断面峰值的 2~3 倍。表明交叉点中心和交叉点边缘的围岩动压力存在较大差异,此外模型箱的边界效应明显增大了围岩动压力峰值。

(2)地震激励烈度增大,各测点围岩动压力均不同程度的增大,表明地震烈度与下穿隧道围岩动压力为明确的正相关关系。三向地震激励下,下穿隧道大部分测点围岩动压力峰值均大于同等烈度下的单向工况。

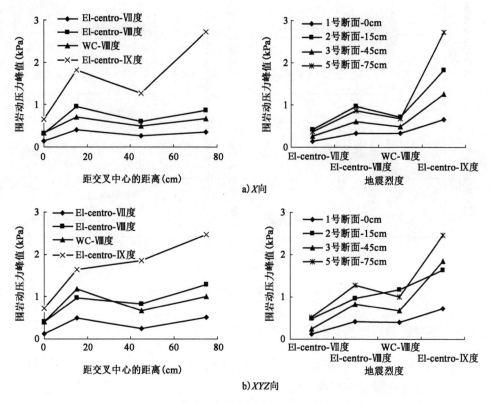

图 5-54 下穿隧道轴向围岩动压力峰值变化规律曲线

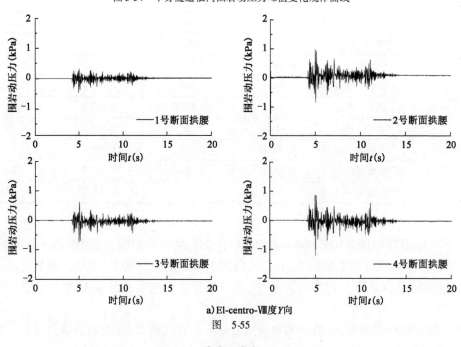

a) El-centro-Ⅷ度Y向

图 5-55

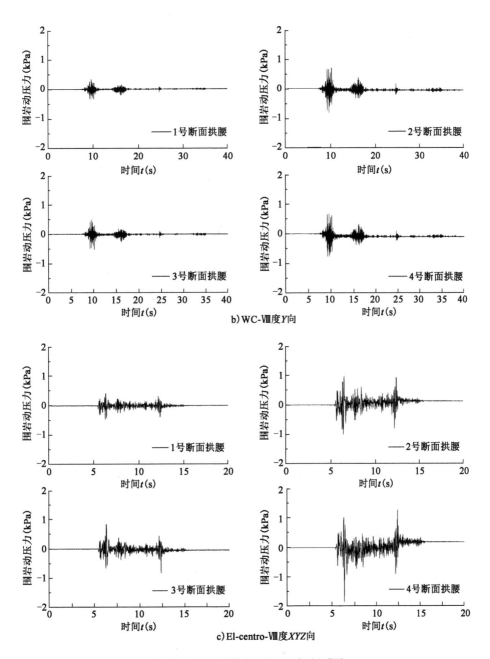

图 5-55 下穿隧道轴向围岩动压力时程曲线

（3）El-centro-Ⅷ度 Y 向地震激励下，下穿隧道 1 号～4 号断面处的围岩动压力在整个响应过程中呈现正负波动，表明下穿隧道周围土体正负向响应较为均匀，不断表现为惯性力挤压作用和偏离卸载作用。此外，4 个断面处"残余"围岩动压力均很小（小于 0.1kPa），表明下穿隧道周围土体对衬砌产生的永久挤压作用不大。

（4）除幅值有所增大外，三向地震激励工况下各断面的围岩动压力响应规律与单向地震激励工况相近，但在 12s 左右土压力峰值更为明显。

5.6 交叉中心处围岩动压力响应规律

交叉中心处围岩动压力同时受上跨及下穿隧道影响,为探讨其分布规律,选取不同方向、波形及烈度的 16 组工况进行分析,如表 5-27 和图 5-56 所示。

交叉中心处围岩动压力峰值 表 5-27

地震激励工况		交叉中心处围岩动压力峰值(kPa)			
		上跨隧道墙脚	上跨隧道仰拱	下穿隧道拱顶	下穿隧道拱腰
X	El-centro-Ⅶ度	0.490 4	0.459 1	0.383 5	通道损坏
	El-centro-Ⅷ度	1.616 9	0.397 3	0.323 5	通道损坏
	WC-Ⅷ度	1.331 4	0.266 1	0.207 7	通道损坏
	El-centro-Ⅸ度	2.806 7	0.469 6	0.313 0	0.073 0
Y	El-centro-Ⅶ度	0.341 2	0.281 7	0.104 3	0.135 7
	El-centro-Ⅷ度	0.417 3	0.553 0	0.219 1	0.323 4
	WC-Ⅷ度	0.855 6	0.699 1	0.198 2	0.333 9
	El-centro-Ⅸ度	1.136 5	0.255 7	0.260 9	0.657 3
XYZ	El-centro-Ⅶ度	0.793 0	0.443 6	0.167 0	0.103 8
	El-centro-Ⅷ度	2.399 3	0.551 5	0.448 6	0.306 6
	WC-Ⅷ度	3.578 0	0.527 0	0.333 9	0.271 3
	El-centro-Ⅸ度	3.714 6	0.742 6	0.605 2	0.521 7
YXZ	El-centro-Ⅶ度	1.043 3	0.112 8	0.203 1	0.114 8
	El-centro-Ⅷ度	2.316 4	0.337 3	0.407 0	0.406 9
	WC-Ⅷ度	2.910 9	0.260 8	0.302 6	0.399 1
	El-centro-Ⅸ度	5.039 6	0.172 1	0.292 1	0.730 4

从中分析可知:

(1) X 向(垂直于上跨隧道轴线)地震激励下,上跨隧道墙脚处围岩动压力最为明显,上跨隧道仰拱和下穿隧道拱顶围岩动压力相近且大于下穿隧道拱腰。地震烈度增大,围岩动压力随之增大;WC 波地震激励下围岩动压力小于同等烈度的 El-centro 波工况。

(2) Y 向(垂直于下穿隧道轴线)地震激励下,整体而言,上跨隧道墙脚处围岩动压力仍然最大,上跨隧道仰拱及下穿隧道拱腰围岩动压力要大于下穿隧道拱顶处围岩动压力。地震烈度增大,围岩动压力随之增大;WC 波地震激励下,上跨隧道围岩动压力要大于同等烈度的 El-centro 波工况。

(3) $XYZ(X:Y:Z=1:0.85:0.65)$ 地震激励下,交叉中心处围岩动压力大小顺序同 X 向地震激励工况相近:上跨隧道墙脚>上跨隧道仰拱>下穿隧道拱顶>下穿隧道拱腰。地震烈度增大,围岩动压力随之增大;WC 波地震激励下,上跨隧道围岩动压力要大于同等烈度的

El-centro 波工况,下穿隧道围岩动压力相反。

(4) YXZ($Y:X:Z=1:0.85:0.65$)地震激励下,交叉中心处上跨隧道墙脚围岩动压力明显大于上跨隧道仰拱;上跨隧道仰拱与下穿隧道拱顶围岩动压力相近;WC-Ⅷ度及 El-centro-Ⅸ度工况中,下穿隧道拱腰围岩动压力大于下穿隧道拱顶。WC 波地震激励下交叉中心处围岩动压力与同烈度 El-centro 波工况相近。

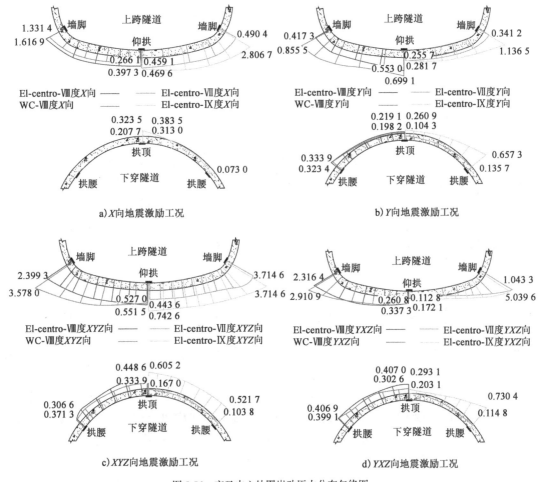

图 5-56 交叉中心处围岩动压力分布包络图

第6章 立体交叉隧道地震动力响应影响因素分析

通过前5章实例计算和试验发现,因交叉情形的存在,改变了隧道结构的动力响应特性,与常规的单洞隧道条件相比,存在较为显著的力学差别。为探明影响立体交叉隧道动力特性的相关因素及其作用机理,本章在广泛文献调研的基础上,全面归纳总结影响立体交叉隧道动力响应特性的因素,并利用正交试验原理,设置试验工况,基于数值模拟试验结果,逐步揭示其作用机制,以确定影响立体交叉隧道地震动力响应的关键因素,为立体交叉隧道相互作用的影响分区及控制措施研究奠定基础。

6.1 立体交叉隧道地震动力响应影响因素调查统计

文献[69-70,177]对大量的隧道震害进行了统计分析,总结地震中隧道破坏的主要影响因素有:围岩等级、隧道埋深、衬砌形式以及地震强度参数。

崔光耀[69]通过对汶川地震核心震区范围内18条线路56座隧道的震害情况进行统计,发现在地震重灾区、极重灾区,受损严重的5条线路都集中在Ⅸ度以上烈度区,即Ⅸ度~Ⅺ度区中,硬岩隧道洞身衬砌基本无震害,而软岩则容易产生衬砌开裂、垮塌等严重震害,可见围岩岩性、围岩级别以及地震强度参数(地震强度、震中距等)密切相关。

王秀英[70]通过分析总结隧道的震害形式及破坏机理,将隧道的破坏模式分为两类:一类由于隧道发生剪切位移产生的破坏,如围岩失稳、滑坡使隧道结构出现相对剪切位移而破坏,这一类破坏主要存在于断层破碎带或软硬交界面处;另一类破坏是由地震惯性力导致的破坏,导致隧道受力超过抗拉强度或抗压强度,衬砌产生过大变形或者开裂,这一类破坏主要产生于浅埋隧道或隧道洞口段,类似于地面结构的破坏。

王明年[177]等通过收集汶川大地震资料并进行统计分析,发现地震烈度增加到Ⅹ以上,则几乎所有隧道洞口段都将遭受破坏,洞身结构在地震中最主要的破坏形式为:衬砌开裂、衬砌坍塌,在断层破碎带处震害尤为显著。由此可见,浅埋隧道地震破坏主要产生于洞口段,而深埋隧道震害主要产生于断层破碎带,埋深及断层破碎带对隧道的地震动响应具有显著影响。

对某些隧道进行震害统计分析,根据隧道衬砌厚度划分震害程度,结果表明,隧道衬砌厚度越大,则隧道破坏概率越高。实际上隧道衬砌厚度与围岩条件紧密相关,围岩条件越差,岩性越软,则其隧道衬砌厚度必然越大。因此笔者认为按照衬砌厚度来对隧道震害进行划分不妥,可能会引起结构越强导致震害越重的导向,而应将其归结为围岩条件的影响。

通过上述国内外文献统计数据的分析说明,影响隧道地震动力响应的因素主要有:围岩条件(包括断层破碎带)、地震烈度以及隧道埋深。而交叉隧道由于其特殊性,两隧道之间的净距及交叉角度也是影响隧道地震动响应的重要因素。为此,基于上述统计分析结果,本章重点选取围岩条件、地震烈度、立体交叉隧道净距、交叉角度4个主要影响因素展开研究。

由于下穿隧道的位置、埋深、地震波入射方向均不固定,其影响因素比上跨隧道更多,埋深及入射波方向不仅影响围压压力下隧道的静载水平,其所受地震响应也存在差异,不便于与对应埋深、地震波入射方向的单体隧道进行对比,因此以上跨隧道为考察重点,首先给出与上跨隧道相同条件(同埋深、地震烈度、围岩级别、地震波入射方向)下单体隧道的地震响应规律,与上跨隧道地震响应进行对比分析,进而对立体交叉隧道之间的相互影响展开研究。

6.2 立体交叉隧道地震动力响应影响因素正交试验设计

6.2.1 正交试验基本理论

采用多因素方案进行完全试验时,影响因素的个数为 m,因素水平数均为 q,则完全试验所需试验次数 $n=q^m$,虽然完全试验可以综合研究各因素的简单效应、主效应和因素间的交互效应,但是随着影响因素及因素水平的增长,试验次数急剧增多,工作量十分巨大。正交试验依托概率论、数理统计等数学原理,通过合理的试验设计及实践,可用于分析不同因素影响的显著水平,并寻找最优化方案,是一种高效地处理多因素影响的科学计算方法[4]。

正交试验设计正是在完全试验的基础上,通过选取代表性试验点来分析试验结果,代替完全试验的一种多因素多水平试验设计方法。根据影响因素之间的正交性,选取部分代表性试验进行探索,这些代表性试验的结果具有"均匀分散,齐整可比"的特点,是一种行之有效的多因素分析方法,随后采用数理统计理论对数据进行分析,得到因素影响显著水平。

正交试验设计的流程包含4个步骤,如图6-1所示:确定试验影响因素及水平→选取合适的正交表→按正交表设计试验并获得试验结果→对正交试验结果进行极差分析。

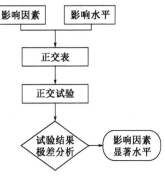

图6-1 正交试验流程图

6.2.2 立体交叉隧道正交试验设计

立体交叉隧道的埋深一般较大,交叉地段一般不会位于洞口处,结合前述调研结果可知,立体交叉隧道地震动响应影响因素主要包括:围岩条件、地震烈度、隧道净距、交叉角度等,因此,可选取 3 水平 4 因素的正交表 $L_9(3^4)$,全部试验次数为 9 次,且不考虑相互之间的交互作用。

6.2.3 立体交叉隧道影响因素显著水平极差分析

为研究因素的影响显著水平,在完成试验收集完整数据后,进行极差分析,也称方差分析,极差分析在考虑 A 因素时,认为其他因素对结果的影响是均衡的,从而认为 A 因素各个水平的差异是由于 A 因素自身引起的[4-5]。以本书所采用的正交表 $L_9(3^4)$ 为例进行说明,R_j 表示第 j 列因素的极差,第 j 列有 3 种水平,每种水平进行了 3 次试验,将 $m(m=1,2,3)$ 水平下的 3 次试验结果进行求和,可得第 j 列因素 m 水平下对应的试验指标和 K_{jm},k_{jm} 为 K_{jm} 的均值,此时可得 3 种水平下的 $k_{jm}(m=1,2,3)$。

$$R_j = |\max(k_{jm}) - \min(k_{jm})| \quad (m=1,2,3) \qquad (6-1)$$

极差 R_j 反映的是某种因素对试验结果造成的影响程度,R_j 越小,则该因素对试验结果的影响越小,R_j 越大,则该因素的影响越显著。同时,极差是一个无量纲变量,可作为不同影响因素影响程度的判别标准,同时也可根据极差结果推导得到 j 列因素的最优水平及最优组合。

6.3 基于正交试验的立体交叉隧道地震动力响应数值计算模型

6.3.1 计算参数

模型中隧道结构材料参数见表 3-2,地层参数见表 6-1,地震波采用 El-centro 波,其峰值加速度采用表 3-3 罕遇地震对应数值,Ⅶ、Ⅷ、Ⅸ度地震烈度区域地震峰值加速度依此为 3.1m/s²、5.1m/s²、6.2m/s²。

围岩参数 表 6-1

围岩级别	重度 γ(kN/m³)	弹性模量 E(GPa)	泊松比 μ	黏聚力 c(kPa)	内摩擦角 φ(°)
Ⅲ	23.0	2.0	0.25	400	42
Ⅳ	21.0	1.0	0.30	200	35
Ⅴ	20.0	0.5	0.33	80	25

6.3.2 计算模型与工况

根据数值模拟正交试验设计的 9 种工况如表 6-2 所示,所采用的模型整体尺寸及网格精度相同,同时两交叉隧道的断面形式及尺寸、上跨隧道位置及埋深均与前述模型一致。

正交试验工况 表 6-2

工况	净距 D	围岩级别	交叉角度(°)	地震烈度(°)
1	0.25	Ⅲ	0	Ⅶ
2	0.25	Ⅳ	45	Ⅷ
3	0.25	Ⅴ	90	Ⅸ

续上表

工 况	净 距 D	围岩级别	交叉角度(°)	地震烈度(°)
4	0.5	Ⅲ	45	Ⅸ
5	0.5	Ⅳ	90	Ⅶ
6	0.5	Ⅴ	0	Ⅷ
7	1.0	Ⅲ	90	Ⅷ
8	1.0	Ⅳ	0	Ⅸ
9	1.0	Ⅴ	45	Ⅶ

注：D 为上跨隧道最大宽度，取 14.38m。

隧道首先进行采用静力分析隧道的开挖过程，计算隧道在围岩作用下产生的初始应力，随后采用隐式动力分析法(Newmark 法)对隧道的地震响应展开分析。典型工况及模型如图 6-2 所示。

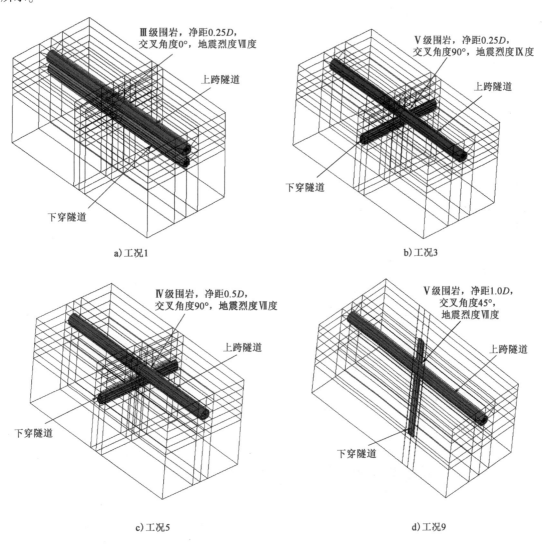

图 6-2　典型试验工况模型

(1) 工况 1：两隧道最小净距 0.25D，交叉角度为 0°，Ⅲ级围岩，地震烈度Ⅶ度。
(2) 工况 3：两隧道最小净距 0.25D，交叉角度为 90°，Ⅴ级围岩、地震烈度Ⅸ度。
(3) 工况 5：两隧道最小净距 0.5D，交叉角度为 90°，Ⅳ级围岩、地震烈度为Ⅶ度。
(4) 工况 9：两隧道最小净距 1.0D，交叉角度为 45°，Ⅴ级围岩，地震烈度为Ⅶ度。

相应的单体隧道地震响应计算工况如表 6-3 所示。

单体隧道工况　　　　　　　　表 6-3

地震烈度	围岩级别		
	Ⅲ	Ⅳ	Ⅴ
Ⅶ	S1	S5	S9
Ⅷ	S7	S2	S6
Ⅸ	S4	S8	S3

6.4 单体隧道地震响应规律

6.4.1 应力响应

以隧道拱顶、拱肩、墙脚、仰拱底部 4 个部位为对象展开单体隧道地震应力的研究，包括第 1 主应力及第 3 主应力。

单体隧道典型工况 S1、S3、S5、S9 的应力分布如图 6-3、图 6-4 所示，相应的第 1 主应力、第 3 主应力时程曲线如图 6-5、图 6-6 所示，进而得到单体隧道地震主应力最大值随地震烈度、围岩级别的变化趋势如图 6-7 所示。

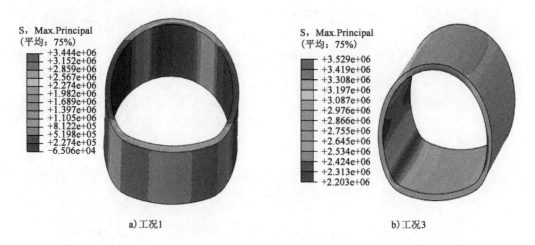

a) 工况1　　　　　　　　　　　　　b) 工况3

图 6-3

第6章 立体交叉隧道地震动力响应影响因素分析

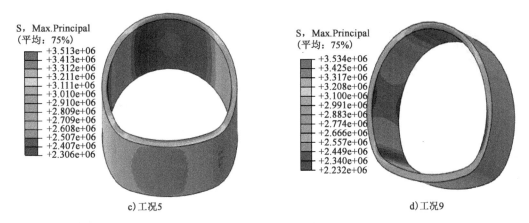

c) 工况5

d) 工况9

图 6-3 第 1 主应力分布云图

S,Max. Principal-第 1 主应力

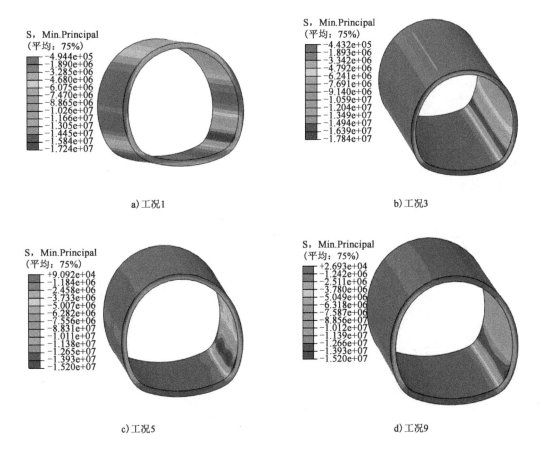

a) 工况1

b) 工况3

c) 工况5

d) 工况9

图 6-4 第 3 主应力分布云图

S,Min. Principal-第 3 主应力

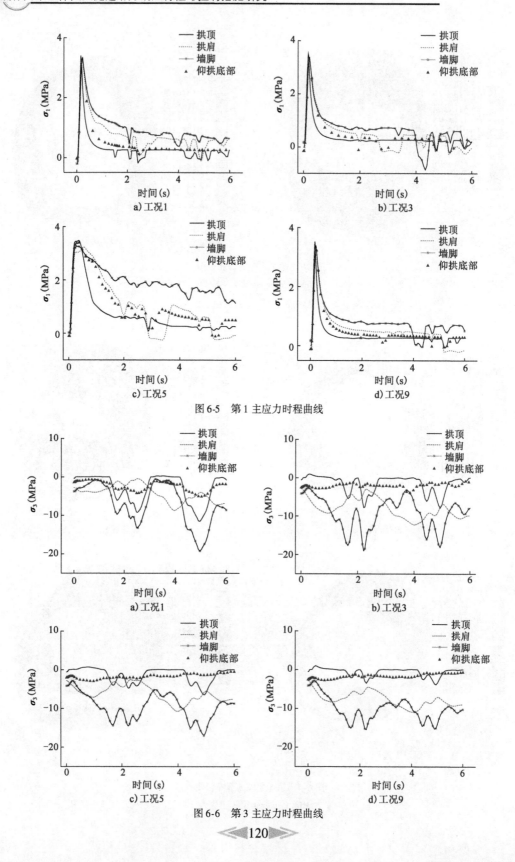

图 6-5　第 1 主应力时程曲线

图 6-6　第 3 主应力时程曲线

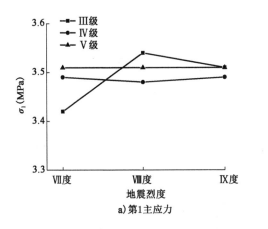
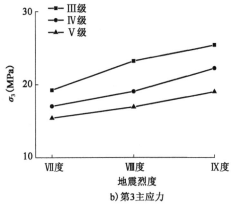

a) 第1主应力 　　　　　　　　　b) 第3主应力

图 6-7　主应力变化趋势

由应力云图可知,单体隧道第 1 主应力在拱顶及墙角处同时达到最大值;各工况第 3 主应力最大值均位于墙脚位置。

由应力时程曲线可知,在地震波到达初期,单体隧道第 1 主应力迅速上冲达到峰值后回落,拱顶、拱肩、墙脚以及仰拱底部等特征点的第 1 主应力较为接近;第 3 主应力时程曲线呈"双 W"峰值,墙脚处应力显著高于其他部位。

由变化趋势可知,在不同地震烈度、不同围岩级别下第 1 主应力的最大值均在 3.45~3.60MPa 之间,受地震烈度、围岩级别的影响较小;第 3 主应力受地震烈度、围岩条件的影响较大,随地震烈度的升高而增大,围岩越差,单体隧道所受第 3 主应力越小,Ⅲ级围岩下反而高于Ⅴ级围岩,根据实际调查,结构物的地震响应与场地刚度、地震波频谱特性有关,地震波传播过程中,高频波衰减迅速,传至远处场地主要为低频波,远处场地、上部高层结构越柔,与地震波频率越接近,其结构所受震害越严重,场地越硬,则近场刚性结构所受震害越强,即结构震害与地震波及场地的频谱特性(卓越频率)密切相关,两者的卓越频率越接近,则震害越严重。

6.4.2　应变响应

以隧道拱顶、拱肩、墙脚、仰拱底部等 4 个部位为对象展开单体隧道地震应变的研究,所述应变均为结构所产生的塑性应变,包括塑性拉应变及塑性压应变。

单体隧道 4 个典型工况 S1、S3、S5、S9 的塑性应变分布如图 6-8、图 6-9 所示,相应的拉应变、压应变时程曲线如图 6-10、图 6-11 所示,进而得到单体隧道地震塑性应变最大值随地震烈度、围岩级别的变化趋势如图 6-12 所示。

由塑性应变云图可知,不同工况下隧道的塑性拉应变、压应变最大位置不尽相同,通常集中于拱顶、墙脚、拱肩等部位,这与地震荷载下单体隧道的振型相关。

由塑性应变时程曲线可知,塑性拉、压应变均随地震持续时间的增加而持续增长,根据震害调查,某些结构在主震中屹立不倒,而在余震中迅速垮塌,这一现象与地震持续时间有密切联系。

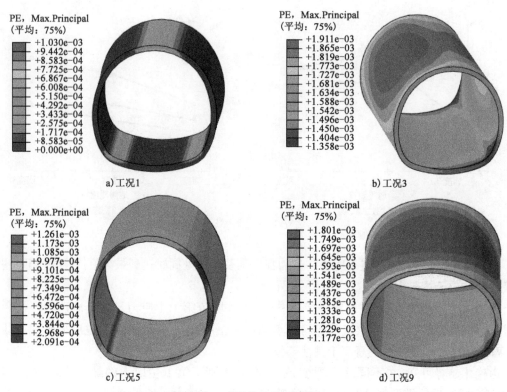

图 6-8 塑性拉应变分布云图
PE, Max. Principal-塑性拉应变

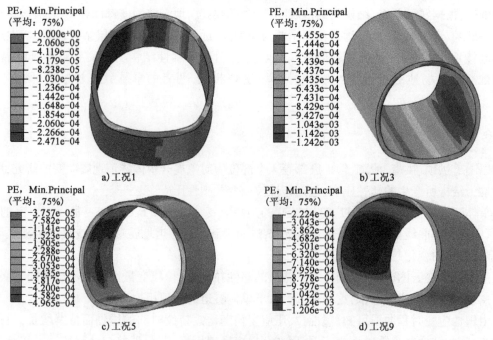

图 6-9 塑性压应变分布云图
PE, Min. Principal-塑性压应变

第6章 立体交叉隧道地震动力响应影响因素分析

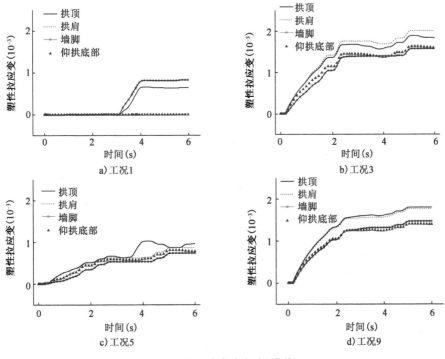

图 6-10 塑性拉应变时程曲线

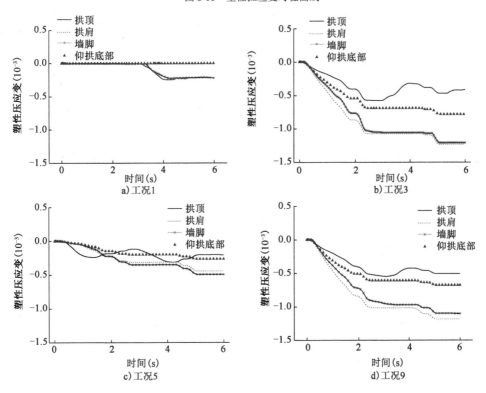

图 6-11 塑性压应变时程曲线

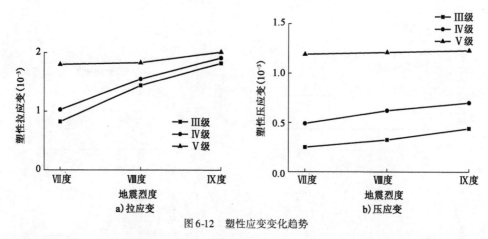

图 6-12 塑性应变变化趋势

由图 6-12 可知,单体隧道塑性拉应变受地震烈度影响较大,而受围岩条件影响较小,地震烈度越高,围岩级别越高则塑性拉应变越大,塑性压应变则受围岩条件的影响较大,而受地震烈度影响较小,围岩级别越高则塑性压应变越大。

6.4.3 加速度响应

以隧道拱顶、拱肩、墙脚、仰拱底部 4 个部位为对象展开单体隧道地震加速度的研究,所述地震加速度均为地震波入射方向,即模型坐标系中 X 方向加速度。单体隧道 4 个典型工况 S1、S3、S5、S9 的加速度分布如图 6-13 所示,相应的地震加速度时程曲线如图 6-14 所示,得到单体隧道地震加速度最大值随地震烈度、围岩级别的变化趋势如图 6-15 所示。

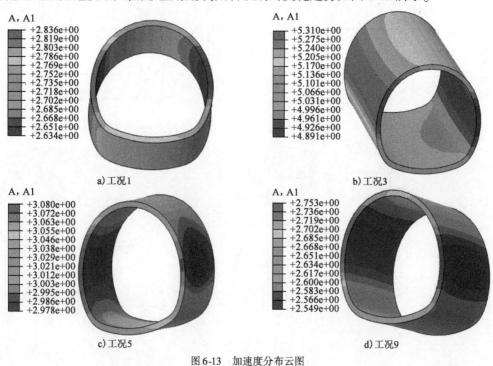

图 6-13 加速度分布云图

A,A1—加速度

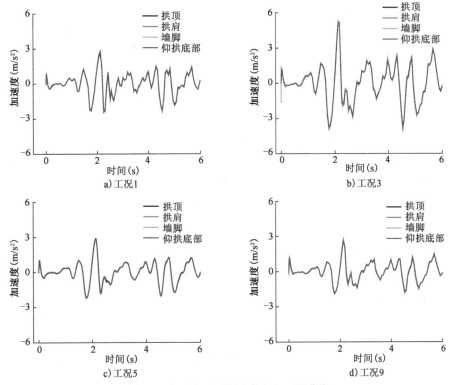

图 6-14 加速度（地震波入射方向）时程曲线

由加速度云图可知，各工况下单体隧道的最大加速度均位于两侧边墙处。

由加速度时程曲线可知，单体隧道 4 个特征部位的加速度大小接近，且呈一致变化，最大加速度均在 2s 左右达到。

由图 6-15 可知，隧道地震加速度主要受地震烈度的影响，烈度越高，加速度的响应越剧烈。

6.4.4 位移响应

以隧道拱顶、拱肩、墙脚、仰拱底部 4 个部位为对象展开单体隧道地震响应位移的研究，所述位移均为

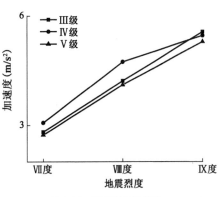

图 6-15 加速度变化趋势

地震波入射方向水平位移，即模型坐标系中 X 方向位移，相对位移是指隧道拱顶位移与仰拱底部位移在同一时刻的差值。

单体隧道 4 个典型工况 S1、S3、S5、S9 的位移云图如图 6-16 所示，相应的地震位移时程曲线如图 6-17 所示，得到单体隧道地震响应位移、相对位移最大值随地震烈度、围岩级别的变化趋势如图 6-18 所示。由此可知：

(1) 单体隧道的地震响应最大位移均位于拱肩或墙脚位置处，受隧道地震振型控制。

(2) 各工况地震位移响应特征相似，位移峰值均呈驼峰状成对出现，且围岩级别越大，单体隧道产生的相对位移也越大。

(3) 围岩级别、地震烈度对单体隧道地震位移均有较大的影响，围岩越差（级别越高）、地

震烈度越高,则单体隧道的地震位移越大;相对位移受地震烈度影响较小,受围岩条件影响较大,围岩越差,则地震下单体隧道拱顶与仰拱底部的相对位移将产生显著增大。

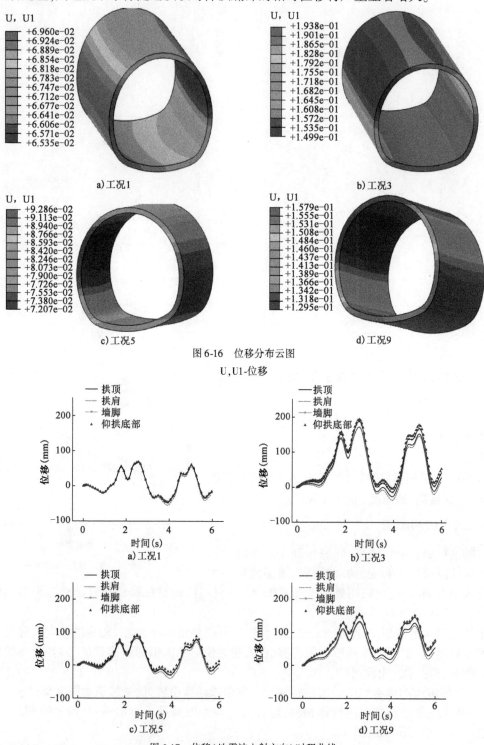

图 6-16 位移分布云图
U,U1-位移

图 6-17 位移(地震波入射方向)时程曲线

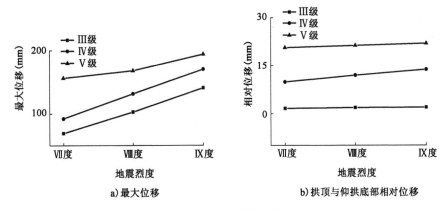

图 6-18 位移变化趋势

6.5 上跨隧道地震响应影响因素正交试验结果分析

由于工况较多,且 9 种工况下立体交叉隧道的地震响应云图、时程曲线特征具有一定重复性,因此选取第 1、3、5、9 共 4 个典型工况对立体交叉隧道的地震响应特性绘制相应云图及曲线,9 种工况下隧道的应力、应变、加速度、位移等指标的最大值由趋势图给出。

6.5.1 应力响应

以隧道拱顶、拱肩、墙脚、仰拱底部 4 个部位为对象展开上跨隧道地震应力的研究,应力包括第 1 主应力及第 3 主应力。工况 1、3、5、9 共 4 个交叉隧道典型工况的应力分布如图 6-19、图 6-20 所示,相应的第 1 主应力、第 3 主应力时程曲线如图 6-21、图 6-22 所示,上跨隧道各因素的影响显著水平如表 6-4、表 6-5 所示,进而得到上跨隧道地震主应力最大值随各影响因素的变化趋势如图 6-23、图 6-24 所示。由此可得:

(1) 各工况第 1 主应力均在拱顶位置处首先达到最大值;各工况上跨隧道第 3 主应力最大值均位于墙脚位置。

(2) 应力时程曲线特征与单体隧道相似,第 1 主应力均在地震波初期迅速上冲达到峰值,随后下降;第 3 主应力峰值呈现"双 W"形,墙脚处第 3 主应力显著高于其他部位。

(3) 第 1 主应力受各因素的影响较小,无明显趋势;围岩越差,地震烈度越低则上跨隧道第 3 主应力越小,这与单体隧道地震响应规律一致,两隧道净距越小,地震作用下的相互影响越显著,当净距为 0.25D(上跨隧道最大净空)时,上跨隧道第 3 主应力明显高于单体隧道,净距增大到 1.0D 时,上跨隧道的第 3 主应力与单体隧道几乎一致,说明净距越小,地震下两立体交叉隧道之间的影响越显著。

(4) 各因素按对上跨隧道第 3 主应力的影响显著程度排序依次为:地震烈度>围岩级别>净距>交叉角度。

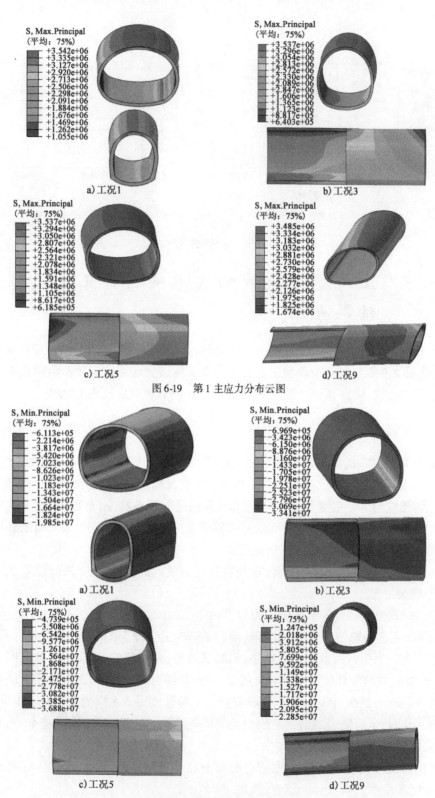

图 6-19　第 1 主应力分布云图

图 6-20　第 3 主应力分布云图

第6章 立体交叉隧道地震动力响应影响因素分析

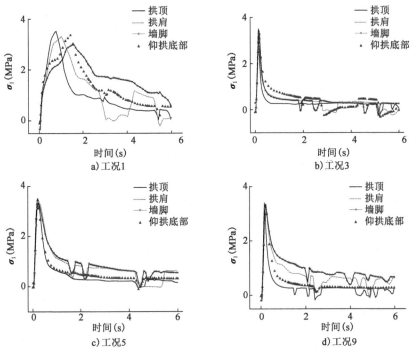

图 6-21 第 1 主应力时程曲线

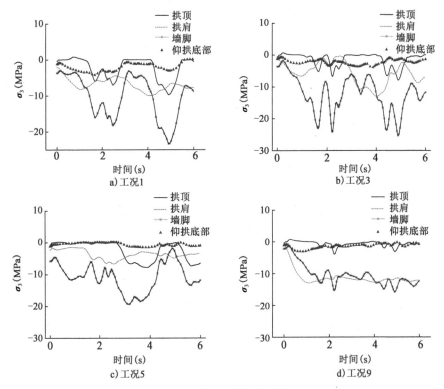

图 6-22 第 3 主应力时程曲线

第 1 主应力极差分析　　　　　　　　表 6-4

因　素	净　距	围岩级别	交叉角度(°)	地震烈度	第 1 主应力最大值(MPa)
1	0.25D	Ⅲ	0	Ⅶ	3.52
2	0.25D	Ⅳ	45	Ⅷ	3.48
3	0.25D	Ⅴ	90	Ⅸ	3.52
4	0.5D	Ⅲ	45	Ⅸ	3.57
5	0.5D	Ⅳ	90	Ⅶ	3.55
6	0.5D	Ⅴ	0	Ⅷ	3.55
7	1.0D	Ⅲ	90	Ⅷ	3.41
8	1.0D	Ⅳ	0	Ⅸ	3.53
9	1.0D	Ⅴ	45	Ⅶ	3.47
均值 1	3.51	3.50	3.53	3.51	—
均值 2	3.56	3.52	3.51	3.48	—
均值 3	3.47	3.51	3.49	3.54	—
极差	0.10	0.00	0.00	0.10	—

注:均值 1 为各影响因素中水平 1 的工况结果的均值,如净距因素中的为 0.25D 的第 1 主应力均值,余同。

第 3 主应力极差分析　　　　　　　　表 6-5

因　素	净　距	围岩级别	交叉角度(°)	地震烈度	第 3 主应力最大值(MPa)
1	0.25D	Ⅲ	0	Ⅶ	23.34
2	0.25D	Ⅳ	45	Ⅷ	24.96
3	0.25D	Ⅴ	90	Ⅸ	25.31
4	0.5D	Ⅲ	45	Ⅸ	27.74
5	0.5D	Ⅳ	90	Ⅶ	19.42
6	0.5D	Ⅴ	0	Ⅷ	19.78
7	1.0D	Ⅲ	90	Ⅷ	23.12
8	1.0D	Ⅳ	0	Ⅸ	22.26
9	1.0D	Ⅴ	45	Ⅶ	15.81
均值 1	24.54	24.73	21.79	19.52	—
均值 2	22.31	22.21	22.84	22.62	—
均值 3	20.40	20.30	22.62	25.10	—
极差	4.10	4.40	1.00	5.60	—

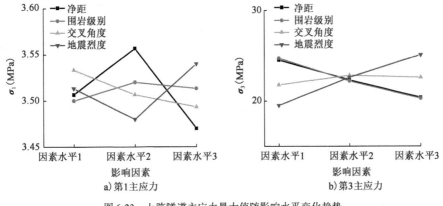

图 6-23 上跨隧道主应力最大值随影响水平变化趋势

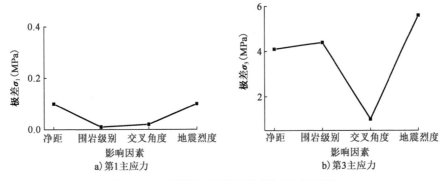

图 6-24 上跨隧道主应力随各影响因素的变化趋势

6.5.2 应变响应

以拱顶、拱肩、墙脚、仰拱底部 4 个部位为对象展开上跨隧道地震应变的研究,应变指的是地震作用下上跨隧道所产生的塑性应变,包括塑性拉、压应变。工况 1、3、5、9 共 4 个交叉隧道典型工况的应变分布如图 6-25、图 6-26 所示,相应的塑性拉、应变时程曲线如图 6-27、图 6-28 所示,上跨隧道各因素的影响显著水平如表 6-6、表 6-7 所示,进而得到上跨隧道地震应变最大值随各影响因素的变化趋势如图 6-29、图 6-30 所示。由此可得:

(1) 由云图可知,上跨隧道塑性拉应变最大位置为拱顶或墙脚,塑性压应变最大值位于上跨隧道拱肩或墙脚位置处。

(2) 由时程曲线可知,应变时程曲线特征与单体隧道相似,均随地震作用时间的增加而持续增长。

(3) 由变化趋势图可知,围岩越差,地震烈度越高则上跨隧道塑性拉应变、塑性压应变越大,两隧道净距越小,地震作用下的相互影响越显著,当净距为 0.25D (上跨隧道最大净空) 时,上跨隧道的塑性拉、压应变明显高于单体隧道;净距增大到 1.0D 时,上跨隧道的第 3 主应力与单体隧道几乎一致,说明净距增大,两立体交叉隧道之间的地震相互作用越小。

(4) 各因素按对上跨隧道塑性拉应变最大值的影响显著程度排序依次为:地震烈度 > 围岩条件 > 净距 > 交叉角度,按对塑性压应变的影响显著程度排序依次为:围岩条件 > 净距 > 地震烈度＞交叉角度。

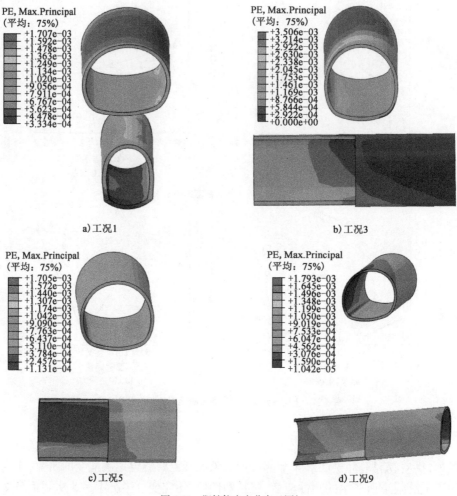

图 6-25 塑性拉应变分布云图

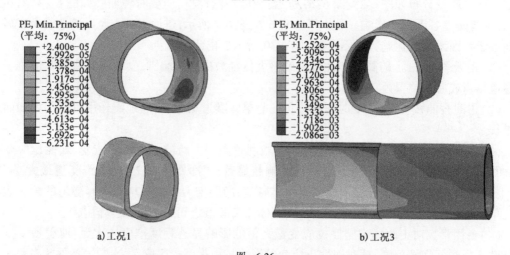

图 6-26

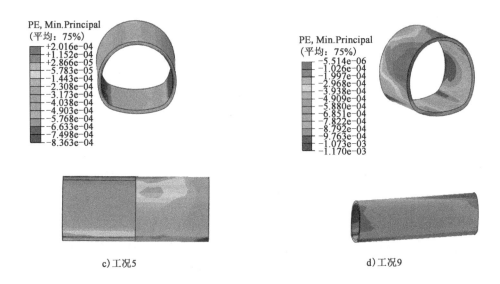

图 6-26 塑性压应变分布云图

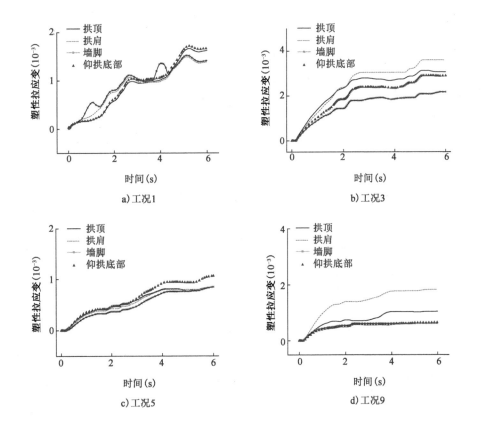

图 6-27 塑性拉应变时程曲线

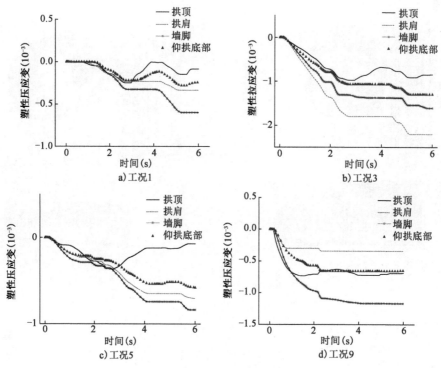

图 6-28 塑性压应变时程曲线

塑性拉应变极差分析　　　　表 6-6

因素	净距	围岩级别	交叉角度(°)	地震烈度	塑性拉应变(10^{-3})
1	0.25D	Ⅲ	0	Ⅶ	1.71
2	0.25D	Ⅳ	45	Ⅷ	2.25
3	0.25D	Ⅴ	90	Ⅸ	3.60
4	0.5D	Ⅲ	45	Ⅸ	2.04
5	0.5D	Ⅳ	90	Ⅶ	1.07
6	0.5D	Ⅴ	0	Ⅷ	2.16
7	1.0D	Ⅲ	90	Ⅷ	1.40
8	1.0D	Ⅳ	0	Ⅸ	1.94
9	1.0D	Ⅴ	45	Ⅶ	1.83
均值1	2.52	1.39	1.61	1.21	—
均值2	1.76	1.75	2.04	1.94	—
均值3	1.72	2.53	2.02	2.53	—
极差	0.80	1.14	0.43	1.32	—

第6章 立体交叉隧道地震动力响应影响因素分析

塑性压应变极差分析 表6-7

因素	净距	围岩级别	交叉角度(°)	地震烈度	塑性压应变(10^{-3})
1	0.25D	Ⅲ	0	Ⅶ	0.60
2	0.25D	Ⅳ	45	Ⅷ	1.04
3	0.25D	Ⅴ	90	Ⅸ	2.20
4	0.5D	Ⅲ	45	Ⅸ	0.65
5	0.5D	Ⅳ	90	Ⅶ	0.84
6	0.5D	Ⅴ	0	Ⅷ	1.42
7	1.0D	Ⅲ	90	Ⅷ	0.31
8	1.0D	Ⅳ	0	Ⅸ	0.73
9	1.0D	Ⅴ	45	Ⅶ	1.17
均值1	1.28	0.52	0.92	0.87	—
均值2	0.97	0.87	0.95	0.92	—
均值3	0.74	1.60	1.12	1.19	—
极差	0.54	1.08	0.20	0.32	—

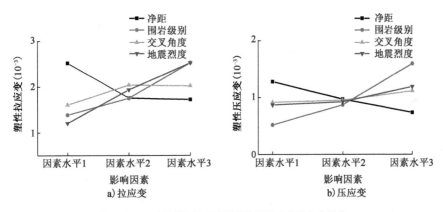

图6-29 上跨隧道塑性应变最大值随影响水平变化趋势

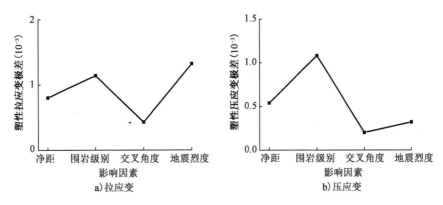

图6-30 因素的影响显著水平

6.5.3 加速度响应

以拱顶、拱肩、墙脚、仰拱底部等 4 个部位为对象展开上跨隧道地震加速度的研究，加速度均为地震波入射方向的加速度，即模型中的 X 方向。工况 1、3、5、9 等 4 个交叉隧道典型工况的加速度分布如图 6-31 所示，相应的加速度时程曲线如图 6-32 所示，上跨隧道各因素的影响显著水平如表 6-8 所示，进而得到上跨隧道地震加速度最大值随各影响因素的变化趋势如图 6-33、图 6-34 所示。

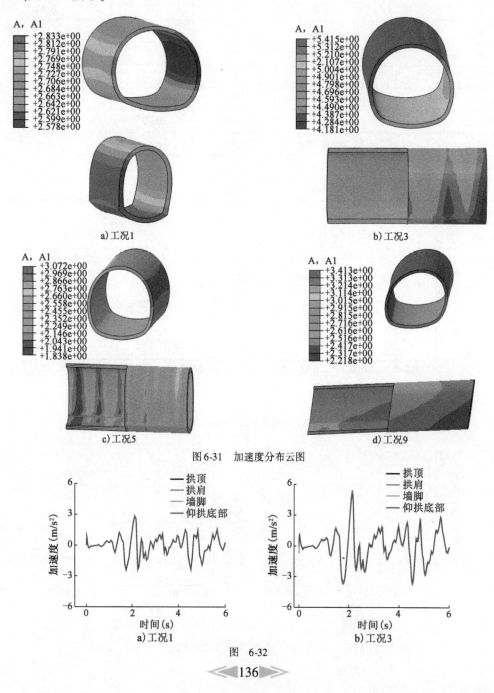

图 6-31 加速度分布云图

图 6-32

第6章 立体交叉隧道地震动力响应影响因素分析

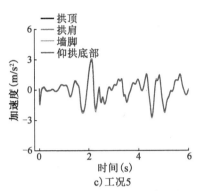
c) 工况5

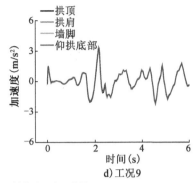
d) 工况9

图6-32 加速度(地震波入射方向)时程曲线

加速度极差分析　　　　　　　　　　　　表6-8

因　素	净　距	围岩级别	交叉角度(°)	地震烈度	加速度最大值(m/s²)
1	0.25D	Ⅲ	0	Ⅶ	2.84
2	0.25D	Ⅳ	45	Ⅷ	4.74
3	0.25D	Ⅴ	90	Ⅸ	5.38
4	0.5D	Ⅲ	45	Ⅸ	5.77
5	0.5D	Ⅳ	90	Ⅶ	3.11
6	0.5D	Ⅴ	0	Ⅷ	4.06
7	1.0D	Ⅲ	90	Ⅷ	4.21
8	1.0D	Ⅳ	0	Ⅸ	5.50
9	1.0D	Ⅴ	45	Ⅶ	3.41
均值1	4.3	4.3	4.1	3.1	—
均值2	4.3	4.5	4.6	4.3	—
均值3	4.4	4.3	4.2	5.6	—
极差	0.06	0.18	0.51	2.43	—

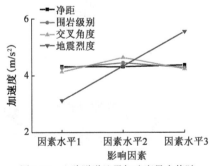

图6-33 上跨隧道地震加速度最大值随各影响因素的变化趋势

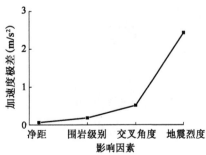

图6-34 上跨隧道地震加速度极差随各影响因素的变化趋势

由此可得：

(1)上跨隧道加速度最大值均位于拱顶或边墙处。

(2)上跨隧道4个特征部位的加速度时程曲线接近,且各工况均在2s左右达到加速度最大值,曲线特征与单体隧道相似。

(3)加速度受地震烈度的影响十分显著,随地震烈度的升高而显著增大,其余各因素的影响无明显规律,净距增大或减小,上跨隧道的加速度最大值与单体隧道均十分接近。

(4)各因素按对上跨隧道加速度最大值的影响显著程度排序依次为:地震烈度 > 交叉角度 > 围岩条件 > 净距。

6.5.4 位移响应

以拱顶、拱肩、墙脚、仰拱底部4个部位为对象展开上跨隧道地震位移的研究,位移均指地震波入射方向位移,即模型中的 X 方向位移。

工况1、3、5、9共4个交叉隧道典型工况的位移分布如图6-35所示,相应的位移时程曲线如图6-36所示,上跨隧道各因素的影响显著水平如表6-9所示,进而得到上跨隧道地震位移、相对位移最大值随各影响因素的变化趋势如图6-37、图6-38所示,相对位移受影响因素的变化趋势如图6-39、图6-40所示。

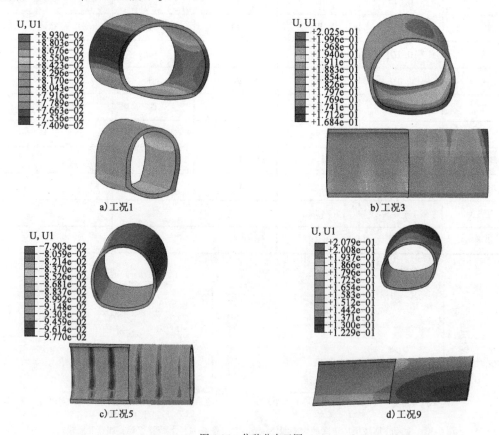

图 6-35 位移分布云图

第6章 立体交叉隧道地震动力响应影响因素分析

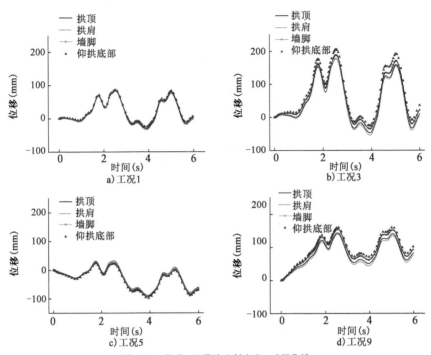

图 6-36 位移(地震波入射方向)时程曲线

位移极差分析 表 6-9

因 素	净 距	围岩级别	交叉角度(°)	地震烈度	位移(mm)
1	0.25D	Ⅲ	0	Ⅶ	86.50
2	0.25D	Ⅳ	45	Ⅷ	157.64
3	0.25D	Ⅴ	90	Ⅸ	205.20
4	0.5D	Ⅲ	45	Ⅸ	148.74
5	0.5D	Ⅳ	90	Ⅶ	97.79
6	0.5D	Ⅴ	0	Ⅷ	181.37
7	1.0D	Ⅲ	90	Ⅷ	101.05
8	1.0D	Ⅳ	0	Ⅸ	173.02
9	1.0D	Ⅴ	45	Ⅶ	160.33
均值1	149.78	112.10	146.96	114.87	—
均值2	142.63	142.82	155.57	146.69	—
均值3	144.80	182.30	134.68	175.65	—
极差	7.15	70.20	20.89	60.78	—

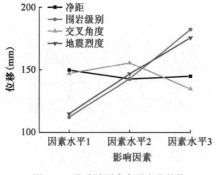
图6-37 位移随因素水平变化趋势

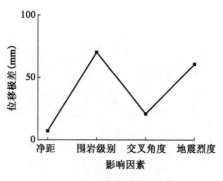
图6-38 因素对位移的影响显著水平

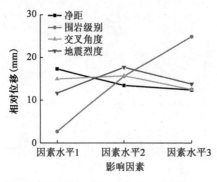
图6-39 相对位移随因素水平变化趋势

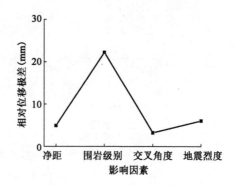
图6-40 相对位移的影响显著水平

由此可得：

(1) 由云图可知，各工况上跨隧道边墙位置位移明显高于其余部位。

(2) 由时程曲线可知，上跨隧道位移时程曲线呈"双驼峰"状，与单体隧道的位移响应规律相同，围岩级别越高，各特征部位位移时程曲线的差值越显著。

(3) 由变化趋势可知，上跨隧道地震位移受围岩条件、地震烈度的影响十分显著，位移随着地震烈度、围岩级别的升高而增大，相对位移则受围岩级别的影响显著高于其余三者，围岩级别越高，则地震相对位移越大。

(4) 各因素按对上跨隧道位移最大值的影响显著程度排序依次为：围岩条件 > 地震烈度 > 交叉角度 > 净距；按对相对位移的影响排序依次为：围岩条件 > 地震烈度 > 净距 > 交叉角度。

6.6 下穿隧道地震响应影响因素正交试验结果分析

下穿隧道与上跨隧道不同，下穿隧道的埋深不固定，地震波入射方向不固定，埋深改变不仅改变围岩压力的静载作用，同时隧道所受地震动载作用也会发生显著变化，另外地震波入射方向不同，则隧道地震响应也不同，下穿隧道的影响因素众多，由于时间关系，不再考虑与相应条件(同埋深、地震波入射方向、围岩级别、地震烈度)下的单体隧道一一对应展开对比分析，仅对下穿隧道的地震响应进行初步探讨。

6.6.1 应力响应

以隧道拱顶、拱肩、墙脚、仰拱底部 4 个部位为对象展开下穿隧道地震应力的研究,应力包括第 1 主应力及第 3 主应力。工况 1、3、5、9 共 4 个交叉隧道典型工况的应力分布如图 6-19、图 6-20 所示,下穿隧道的第 1 主应力、第 3 主应力时程曲线如图 6-41、图 6-42 所示,下穿隧道各因素的影响显著水平如表 6-10、表 6-11 所示,进而得到下穿隧道地震主应力最大值随各影响因素的变化趋势如图 6-43、图 6-44 所示。由此可得:

(1) 由云图可知,下穿隧道第 1 主应力在拱顶及墙脚位置处较大,第 3 主应力在拱肩及拱脚部位处最大。

(2) 由时程曲线可知,应力时程曲线特征与单体隧道存在较大差异,这是由于下穿隧道所受地震波入射方向变化所致。

(3) 由变化趋势图可知,第 1 主应力受各因素的影响较小,无明显趋势;交叉角度对下穿隧道第 3 主应力的影响远高于其他因素,第 3 主应力随交叉角度增加而增大,实际上影响第 3 主应力的最关键因素并非交叉角度,而是地震波的入射角度,交叉角度为 0°时,地震波入射方向垂直下穿隧道轴线,而交叉角度为 90°时,地震波的入射方向平行与隧道轴线,此时下穿隧道与加载边界相交,存在一定的边界放大效应。

(4) 各因素按对下穿隧道第 3 主应力的影响显著程度排序依次为:交叉角度 > 地震烈度 > 围岩级别 > 净距。

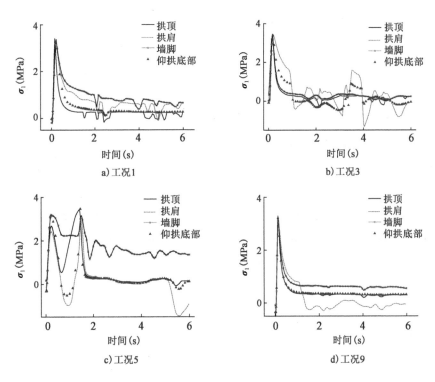

图 6-41 第 1 主应力时程曲线

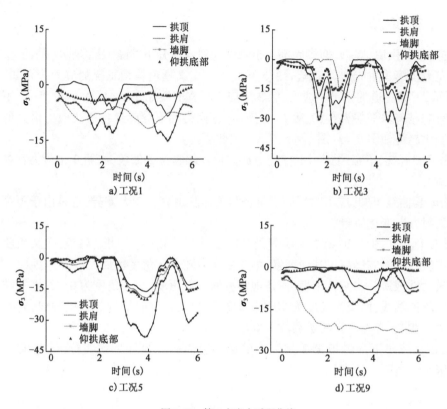

图 6-42 第 3 主应力时程曲线

第 1 主应力极差分析　　　　　　　　　　　表 6-10

因素	净距	围岩级别	交叉角度(°)	地震烈度	第1主应力最大值(MPa)
1	0.25D	Ⅲ	0	Ⅶ	3.48
2	0.25D	Ⅳ	45	Ⅷ	3.46
3	0.25D	Ⅴ	90	Ⅸ	3.43
4	0.5D	Ⅲ	45	Ⅸ	3.39
5	0.5D	Ⅳ	90	Ⅶ	3.46
6	0.5D	Ⅴ	0	Ⅷ	3.46
7	1.0D	Ⅲ	90	Ⅷ	3.53
8	1.0D	Ⅳ	0	Ⅸ	3.40
9	1.0D	Ⅴ	45	Ⅶ	3.30
均值1	3.46	3.47	3.45	3.41	—
均值2	3.44	3.45	3.39	3.49	—
均值3	3.41	3.40	3.47	3.41	—
极差	0.05	0.07	0.08	0.08	—

第3主应力极差分析 表6-11

因 素	净 距	围岩级别	交叉角度(°)	地震烈度	第3主应力最大值(MPa)
1	0.25D	Ⅲ	0	Ⅶ	15.08
2	0.25D	Ⅳ	45	Ⅷ	17.65
3	0.25D	Ⅴ	90	Ⅸ	40.81
4	0.5D	Ⅲ	45	Ⅸ	10.95
5	0.5D	Ⅳ	90	Ⅶ	38.10
6	0.5D	Ⅴ	0	Ⅷ	18.82
7	1.0D	Ⅲ	90	Ⅷ	30.67
8	1.0D	Ⅳ	0	Ⅸ	22.12
9	1.0D	Ⅴ	45	Ⅶ	22.90
均值1	19.73	17.83	12.80	21.24	—
均值2	20.87	20.95	15.83	17.38	—
均值3	20.23	22.05	32.20	22.21	—
极差	1.13	4.23	19.40	4.82	—

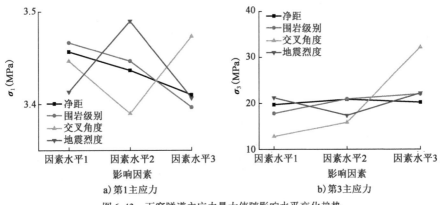

a) 第1主应力 b) 第3主应力

图6-43 下穿隧道主应力最大值随影响水平变化趋势

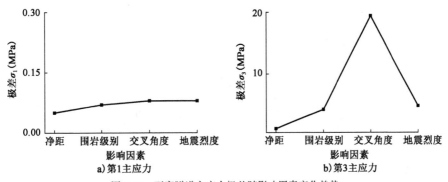

a) 第1主应力 b) 第3主应力

图6-44 下穿隧道主应力极差随影响因素变化趋势

6.6.2 应变响应

以拱顶、拱肩、墙脚、仰拱底部4个部位为对象展开下穿隧道地震应变的研究,应变指的是地震作用时下穿隧道所产生的塑性应变,包括塑性拉应变及塑性压应变。工况1、3、5、9共4个交叉隧道典型工况的应变分布如图6-27、图6-28所示,相应的塑性拉、压应变时程曲线如图6-45、图6-46所示,下穿隧道各因素的影响显著水平如表6-12、表6-13所示,进而得到下穿隧道地震应变最大值随各影响因素的变化趋势如图6-47、图6-48所示。

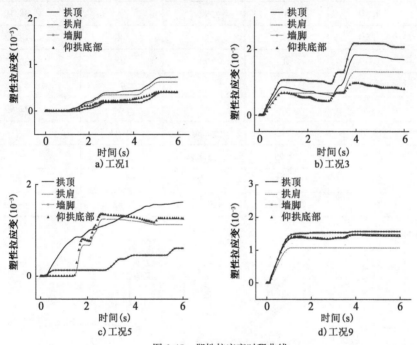

图6-45 塑性拉应变时程曲线

塑性拉应变极差分析 表6-12

因素	净距	围岩级别	交叉角度(°)	地震烈度	塑性拉应变(10^{-3})
1	0.25D	Ⅲ	0	Ⅶ	0.72
2	0.25D	Ⅳ	45	Ⅷ	1.92
3	0.25D	Ⅴ	90	Ⅸ	2.20
4	0.5D	Ⅲ	45	Ⅸ	1.92
5	0.5D	Ⅳ	90	Ⅶ	1.62
6	0.5D	Ⅴ	0	Ⅷ	2.17
7	1.0D	Ⅲ	90	Ⅷ	1.01
8	1.0D	Ⅳ	0	Ⅸ	1.47
9	1.0D	Ⅴ	45	Ⅶ	1.57
均值1	1.61	1.22	1.95	1.30	—
均值2	1.90	1.67	1.80	1.70	—
均值3	1.35	1.98	1.61	1.86	—
极差	0.55	0.76	0.34	0.56	—

第6章 立体交叉隧道地震动力响应影响因素分析

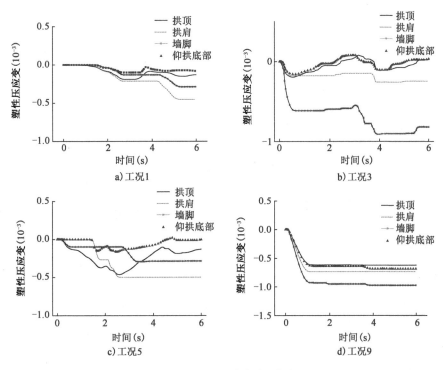

图 6-46 塑性压应变时程曲线

塑性压应变极差分析　　　　表 6-13

因素	净距	围岩级别	交叉角度(°)	地震烈度	塑性压应变(10^{-3})
1	0.25D	Ⅲ	0	Ⅶ	0.45
2	0.25D	Ⅳ	45	Ⅷ	0.95
3	0.25D	Ⅴ	90	Ⅸ	0.91
4	0.5D	Ⅲ	45	Ⅸ	0.67
5	0.5D	Ⅳ	90	Ⅶ	0.50
6	0.5D	Ⅴ	0	Ⅷ	1.54
7	1.0D	Ⅲ	90	Ⅷ	0.49
8	1.0D	Ⅳ	0	Ⅸ	0.76
9	1.0D	Ⅴ	45	Ⅶ	0.98
均值1	0.77	0.54	0.92	0.64	—
均值2	0.90	0.74	0.87	0.99	—
均值3	0.74	1.14	0.63	0.78	—
极差	0.16	0.61	0.28	0.35	

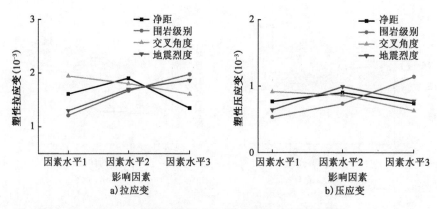

图 6-47　下穿隧道塑性应变最大值随影响水平变化趋势

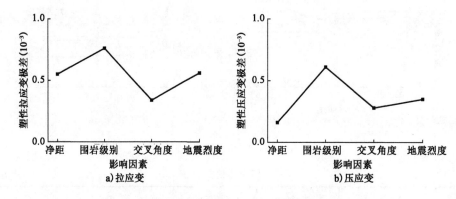

图 6-48　下穿隧道塑性应变极差受各因素影响的显著水平

由此可得：

(1) 下穿隧道塑性拉应变在拱顶及墙角处较大，塑性压应变在边墙及墙脚位置处较大。

(2) 应变时程曲线特征与单体隧道相似，均随地震作用时间的增加而持续增长。

(3) 由变化趋势图可知，围岩越差，地震烈度越高、交叉角度越小则下穿隧道塑性拉应变越大，塑性压应变随围岩条件变差、交叉角度减小而增大。

(4) 各因素按对下穿隧道塑性拉应变最大值的影响显著程度排序依次为：围岩条件 > 净距 > 交叉角度 > 地震烈度，按对塑性压应变的影响排序：围岩条件 > 地震烈度 > 交叉角度 > 净距，可见上下两隧道地震应变均受围岩影响显著。

6.6.3　加速度响应

以拱顶、拱肩、墙脚、仰拱底部 4 个部位为对象展开下穿隧道地震加速度的研究，加速度均为地震波入射方向的加速度，即模型中的 X 方向。工况 1、3、5、9 共 4 个交叉隧道典型工况的加速度分布如图 6-31 所示，相应的加速度时程曲线如图 6-49 所示，下穿隧道各因素的影响显著水平如表 6-14 所示，进而得到下穿隧道地震加速度最大值随各影响因素的变化趋势如图 6-50、图 6-51 所示。由此可得：

(1) 由云图可知，当与上跨隧道平行时，下穿隧道加速度响应规律与上跨隧道相同，各部位几乎在同时达到加速度最大值,当存在交叉角度时,下穿隧道的加速度最大值呈现波浪式推进(如云图中环形蓝色圈),且下穿隧道的加速度响应均小于上跨隧道。

(2)由时程曲线可知,与单体隧道及上跨隧道加速度响应规律相同,下穿隧道4个特征部位的加速度时程曲线接近,且下穿隧道加速度最大值均小于同工况上跨隧道,各工况均在2s左右达到加速度最大值。

(3)由变化趋势可知,加速度受地震烈度的影响十分显著,随地震烈度的升高而显著增大,其余各因素的影响无明显规律。

(4)各因素按对上跨隧道加速度最大值的影响显著程度排序依次为:地震烈度>净距>交叉角度>围岩条件。

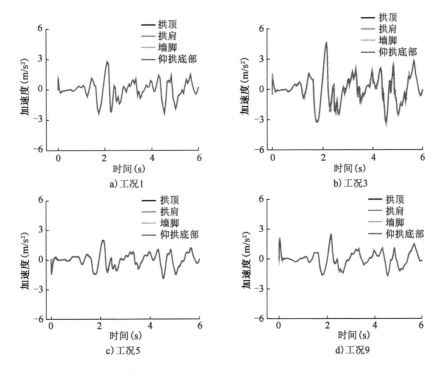

图6-49 加速度(地震波入射方向)时程曲线

加速度极差分析　　　　　　　　　　　　　　　　　表6-14

因素	净距	围岩级别	交叉角度(°)	地震烈度	加速度最大值(m/s²)
1	0.25D	Ⅲ	0	Ⅶ	2.80
2	0.25D	Ⅳ	45	Ⅷ	4.56
3	0.25D	Ⅴ	90	Ⅸ	4.61
4	0.5D	Ⅲ	45	Ⅸ	4.60
5	0.5D	Ⅳ	90	Ⅶ	2.02
6	0.5D	Ⅴ	0	Ⅷ	3.62

续上表

因 素	净 距	围岩级别	交叉角度(°)	地震烈度	加速度最大值(m/s²)
7	1.0D	Ⅲ	90	Ⅷ	3.85
8	1.0D	Ⅳ	0	Ⅸ	4.60
9	1.0D	Ⅴ	45	Ⅶ	2.46
均值1	3.99	3.75	3.67	2.43	—
均值2	3.41	3.73	3.87	4.01	—
均值3	3.64	3.56	3.49	4.60	—
极差	0.58	0.19	0.38	2.18	—

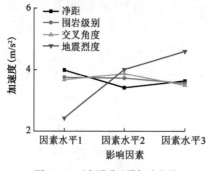

图6-50 下穿隧道地震加速度随影响因素的变化趋势

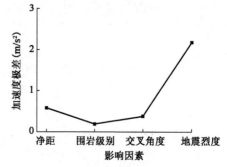

图6-51 下穿隧道地震加速度极差受各因素影响的显著水平

6.6.4 位移响应

以拱顶、拱肩、墙脚、仰拱底部等4个部位为对象展开下穿隧道地震位移的研究,位移均指地震波入射方向位移,即模型中的 X 方向位移。

工况1、3、5、9等4个交叉隧道典型工况的位移分布如图6-36所示,相应的位移时程曲线如图6-52所示,下穿隧道各因素的影响显著水平如表6-15所示,进而得到下穿隧道地震位移、相对位移最大值随各影响因素的变化趋势如图6-53、图6-54所示,相对位移受影响因素变化趋势如图6-55、图6-56所示。由此可得:

(1)由云图可知,下穿隧道地震响应位移在仰拱底部及拱肩处较大。

(2)下穿隧道位移时程曲线呈"双驼峰"状,与单体隧道的位移响应规律相同。

(3)由变化趋势可知,下穿隧道地震位移受围岩条件、地震烈度的影响十分显著,位移随着地震烈度、围岩级别的升高而增大,相对位移则受围岩级别的影响显著高于其余三者,围岩级别越高,则地震相对位移越大,这与上跨隧道的位移响应规律一致。

(4)各因素按对上跨隧道位移最大值的影响显著程度排序依次为:围岩条件>地震烈度>交叉角度>净距;按对相对位移的影响排序:围岩条件>净距>地震烈度>交叉角度。

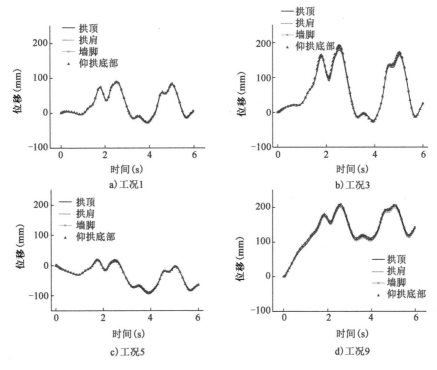

图 6-52 位移(地震波入射方向)时程曲线

位 移 极 差 分 析　　　　　　　　　　　　　　　表 6-15

因　　素	净　距	围岩级别	交叉角度(°)	地震烈度	位移(mm)
1	0.25D	Ⅲ	0	Ⅶ	89.16
2	0.25D	Ⅳ	45	Ⅷ	161.72
3	0.25D	Ⅴ	90	Ⅸ	190.91
4	0.5D	Ⅲ	45	Ⅸ	141.66
5	0.5D	Ⅳ	90	Ⅶ	94.73
6	0.5D	Ⅴ	0	Ⅷ	207.59
7	1.0D	Ⅲ	90	Ⅷ	100.84
8	1.0D	Ⅳ	0	Ⅸ	193.37
9	1.0D	Ⅴ	45	Ⅶ	208.89
均值1	147.26	110.55	163.37	130.93	—
均值2	147.99	149.94	170.76	156.72	—
均值3	167.70	202.46	128.83	175.31	—
极差	20.44	91.91	41.93	44.39	—

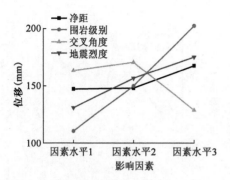

图 6-53 位移随影响因素水平变化趋势

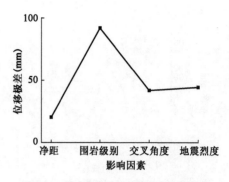

图 6-54 影响因素对位移的影响显著水平

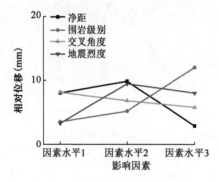

图 6-55 相对位移随影响因素水平
变化趋势

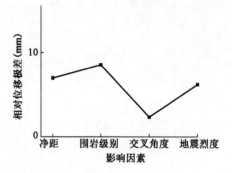

图 6-56 影响因素对相对位移极差的
影响显著水平

第7章 立体交叉隧道地震动力响应影响分区研究

在既有隧道下方新建立体交叉隧道时,下穿隧道的开挖会对周边围岩造成扰动,使得上部隧道结构的应力和位移产生变化。为反映这种施工影响,通常采用近接度或影响分区来描述交叉隧道所引起的这种变化。上一章采用数值模拟正交设计试验方法得到了各关键因素对交叉隧道地震动响应的影响显著程度。本章在此基础上,借鉴施工影响分区的概念,拟定地震动响应影响分区标准,以此量化隧道交叉现象的存在对上部隧道地震动响应的影响程度。

7.1 立体交叉隧道地震响应影响分区准则及标准

根据文献[69-70]及第6章地震影响因素的分析,可得影响立体交叉隧道地震动响应的关键因素有:围岩条件、地震烈度、两立体交叉隧道之间的净距以及交叉角度。

其中,地震烈度是某一地区各类建筑物所受地震影响强度的一种反映指标,与地震震级、震源深度、震中距等因素密切相关,在某地区的隧道抗震设计中,地震烈度通常以地震中最大地表峰值加速度表示。由此,可设定立体交叉隧道影响分区指标的表达式为

$$R_i = \left(1 + \sum_{i=1}^{4} a_{ij}\right) R_{0i} \tag{7-1}$$

式中:R_i——立体交叉隧道二次衬砌第 i 种安全性指标值,如拉应力等,$i=1,2,\cdots,n$;

a_{ij}——第 j 个影响因素对第 i 种安全性指标的影响系数,$j=1,2,\cdots,4$;

R_{0i}——在 j 影响因素下,单体隧道二次衬砌第 i 种安全性指标值。

由第6章所得单体隧道及立体交叉隧道地震响应规律可知,上跨隧道的埋深、地震波入射方向固定,上跨隧道地震响应较为规律,易与同条件的单体隧道进行对比,而立体交叉下穿隧道埋深、地震波入射角度不确定,而埋深及入射波方向不仅影响围压压力下隧道的静载水平,其所受地震响应也存在差异,不便于与对应埋深、地震波入射方向的单体隧道进行对比,因此仍以上跨隧道为对象展开立体交叉隧道动力响应影响分区研究。

在前述数值模拟正交试验的基础上,已获得立体交叉隧道各影响因素对上跨隧道、下穿隧

道的一般规律,为得到立体交叉隧道地震影响分区的具体表达式,探寻不同影响因素的影响程度,还需将立体交叉隧道的地震响应与相同围岩级别、相同地震烈度下的单体隧道进行对比,以此来反映地震作用下两隧道之间的相互作用的显著程度。

通过立体交叉隧道地震响应与相应单体隧道道地震响应之间的对比,进而拟合得出公式(7-1)的相关参数,给出立体交叉隧道特征参数(如净距、交叉角度)对地震响应的影响程度。

影响分区通常采用某项指标的增加值进行划分,也可以采用立体交叉隧道中某项指标的最大值与单体隧道原值的百分率(定义为影响率函数 φ)作为判断标准,超过某一百分比即认为立体交叉所带来的影响达到了某一影响程度。无论是立体交叉隧道的近接施工影响分区还是地震动力影响分区,其目的都在于反映地震作用下,两立体交叉隧道之间相互影响的显著程度。

既有研究成果中,关于岩土近接施工影响分区的方法,根据不同的表征指标主要有以下5种。

(1)基于围岩应力的划分方法:新建隧道对周边围岩造成扰动,使得围岩应力产生变化。主要受围岩级别的影响,围岩条件越好,则其影响越小;围岩条件越差,新建隧道开挖对围岩的影响越大。

(2)基于围岩塑性区的划分方法:近接施工中,立体交叉隧道之间的围岩遭受多次扰动,使塑性区范围扩大,塑性指标峰值提高。

(3)基于结构位移的划分方法:新建隧道的近接施工行为会造成周边岩体进一步劣化,进而对既有隧道结构的位移造成影响。

(4)基于既有结构物强度的划分方法:周边围岩在新建隧道的近接施工中会产生新的变形,进而使既有隧道结构的应力增大,失效概率也随之增加。

(5)基于既有结构物刚度的划分方法:新建隧道引起既有隧道的形状改变程度。

同时,采用不同的表征指标,其分区的结果也存在差别。因此,确定合理的分区表征指标是进行立体交叉隧道地震动响应影响分区的首要环节。

以往,学者通常采用强度标准划分近接施工影响分区,日本学者对交叉隧道的研究较为深入,并最早制定了关于铁路交叉隧道近接施工的施工指南[178],指南中根据新建隧道对既有隧道的影响显著水平以及所造成的安全威胁大小,将交叉隧道近接施工的影响分为三个等级:强影响区、弱影响区及无影响区。其所采用的影响分区指标值为最大主应力及最小主应力增量。Takeshi 等[179]提出了高速公路隧道近接施工影响分区,所采用的应力标准与日本铁路隧道近接施工指南[178]所采用的标准大同小异。

(1)若隧道存在损伤时:拉应力容许增加值为 0.5MPa;
　　　　　　　　　　压应力容许增加值为 2.0MPa。
(2)若既有隧道健全时:拉应力容许增加值为 1.0MPa;
　　　　　　　　　　压应力容许增加值为 5.0MPa。

学者们通常将立体交叉隧道近接施工影响分区分为3级,各影响分区的分级标准如表7-1所示。

近接施工影响分区分级标准　　　　　　　　表7-1

影 响 分 区	健 全 隧 道		损 伤 隧 道	
	σ_1(MPa)	σ_3(MPa)	σ_1(MPa)	σ_3(MPa)
强影响区	≥1.0	≥5.0	≥0.5	≥2.0
弱影响区	$0.6≤\sigma_1<1.0$	$3.0≤\sigma_1<5.0$	$0.3≤\sigma_1<0.5$	$1.2≤\sigma_1<2.0$
无影响区	<0.6	<3.0	<0.3	<1.2

在强震作用下,隧道的二次衬砌是保证结构安全的最后一道也是关键的一道防线,因此以隧道二次衬砌为对象展开立体交叉隧道影响分区的研究。强震中,隧道结构与围岩都将发生较大的整体位移,而且二次衬砌是隧道结构最后一道安全屏障,结构的整体安全与稳定取决于二次衬砌的应力、形变以及相对位移,现有的立体交叉隧道近接施工影响分区标准的依据为拉、压应力的绝对增加值,而工程实际应用中,安全标准多以应变、位移形式来表征,且由前述数值模拟正交试验得到立体交叉上跨隧道的地震响应规律可知,隧道的第3主应力、塑性应变、位移最大值受立体交叉隧道特征因素的影响显著,因此,可建立一无量纲参数标准来界定立体交叉隧道之间地震相互作用的显著程度。

为量化立体交叉结构对隧道地震动响应的影响,定义一个影响率函数φ,表示立体交叉上跨隧道地震响应最大值与相同条件单体隧道地震动响应最大值之比,用于反映交叉隧道因素对地震动响应的影响程度,表达式如下:

$$\varphi = \frac{abs(a_2)}{abs(a_1)} \times 100\% \tag{7-2}$$

式中:a_1——地震过程中与上跨隧道同条件单体隧道地震响应最大值;

a_2——地震过程中立体交叉上跨隧道地震响应最大值。

由此可建立无量纲化的地震响应影响程度分级标准,如表7-2所示。

立体交叉隧道地震影响分区分级标准　　　　　　　　表7-2

影 响 率	无	弱	强
φ	$\varphi<1.1$	$1.1≤\varphi<1.2$	$\varphi≥1.2$

7.2　立体交叉隧道地震应力响应影响分区

7.2.1　单体隧道最大地震应力拟合函数

由前述分析可知,因素水平增大或减小,引起交叉隧道二次衬砌结构的第1主应力变化极为有限,而第3主应力受因素影响显著,根据前述研究成果,可通过公式拟合建立单体隧道最大地震应力响应与围岩级别、地震烈度等影响因素之间的函数关系,同样建立立体交叉上跨隧道最大应力响应与各影响因素之间的函数关系,通过对比立体交叉上跨隧道与单体隧道的最大地震应力响应,结合地震影响分区标准可最终得到立体交叉隧道地震应力响应的影响分区,以此反映地震中立体交叉隧道之间相互作用的显著程度。

为建立单体隧道最大地震应力响应与围岩级别、地震烈度之间的双因素函数关系式,首先进行单因素的影响分析,观察所得拟合函数效果及特征,为后续多元函数拟合奠定基础。

以第 3 主应力最大值为因变量,影响因素为自变量,根据第 6 章所得单体隧道地震响应规律,可得单体隧道二次衬砌第 3 主应力地震响应最大值与围岩条件 k 之间的关系如式(7-3)所示,与地震烈度 λ 之间的关系如式(7-4)所示,相应的拟合曲线如图 7-1 所示。

$$\sigma_{3,s}(k) = 9.80 e^{-(k-3)/2.06} + 13.41 \tag{7-3}$$

$$\sigma_{3,s}(\lambda) = -4.68 e^{-(\lambda-7)/0.72} + 20.91 \tag{7-4}$$

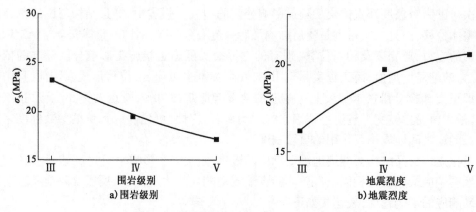

图 7-1 单体隧道第 3 主应力与单因素拟合关系

由此可知:单体隧道随围岩级别减小、地震烈度升高而呈指数增长,且围岩级别的影响更为显著。根据以上单体隧道第 3 主应力关于单因素的拟合结果,可知立体交叉上跨隧道二次衬砌结构第 3 主应力与各因素水平之间的变化规律均可用统一的指数函数形式来描述,如式(7-5)所示,因此第 3 主应力与各影响因素之间的关系可用式(7-6)、式(7-7)所示函数形式表示,具体的表达式如式(7-8)、式(7-9)所示,拟合数据及拟合效果如表 7-3 所示。

$$\sigma_3(t_i) = \exp\left(\frac{b_i t_i - c_i}{a_i}\right) \tag{7-5}$$

式中:$\sigma_3 t_i$——地震中隧道二次衬砌结构的最大第 3 主应力值;

t_i——表示第 t 种因素第 i 个因子水平;

a_i、b_i、c_i——拟合参数。

$$\sigma_3 = \exp\left(\frac{b_1 k - c_1}{a_1} + \frac{b_2 \lambda - c_2}{a_2}\right) \tag{7-6}$$

首先对两边取对数,将影响率函数 φ 由多元非线性函数转为多元线性函数进行拟合,得:

$$\ln \sigma_3 = m_1 k + m_2 \lambda + C \tag{7-7}$$

式中:m_1、m_2——拟合系数;

C——常数。

采用以上方法,得到单体隧道的双因素线性拟合公式如下:

$$\ln \sigma_3 = -0.14 k + 0.12 \lambda + 2.52 \tag{7-8}$$

或

$$\sigma_3 = 12.38\exp(-0.14k + 0.12\lambda) \quad (R = 0.95) \tag{7-9}$$

单体隧道应力的多元函数拟合数据及拟合结果　　　表 7-3

围岩级别	地震烈度	地震第 3 主应力最大值(MPa)	
		数值模拟结果	拟合结果
Ⅲ	Ⅶ	19.23	19.91
Ⅲ	Ⅷ	23.21	22.29
Ⅲ	Ⅸ	25.42	24.67
Ⅳ	Ⅶ	17.04	17.32
Ⅳ	Ⅷ	19.06	19.70
Ⅳ	Ⅸ	22.22	22.08
Ⅴ	Ⅶ	15.42	14.73
Ⅴ	Ⅷ	16.94	17.11
Ⅴ	Ⅸ	19.01	19.49

7.2.2 立体交叉上跨隧道最大地震应力拟合函数

与单体隧道最大地震应力拟合函数采用同样方法,可以建立地震中立体交叉上跨隧道二次衬砌第 3 主应力最大值与净距 H、围岩级别 k、交叉角度 θ、地震烈度 λ 的关系式如式(7-10)～式(7-13)所示,相应的单因素拟合曲线如图 7-2 所示,第 3 主应力的多元函数拟合数据及所得拟合结果如表 7-4 所示。

$$\sigma_3(H) = 5.08\exp[-(H - 0.25)/0.45] + 19.45 \tag{7-10}$$

$$\sigma_3(k) = -6.03\exp[(k - 3)/3.63] + 30.77 \tag{7-11}$$

$$\sigma_3(\theta) = -0.86\exp(\theta/28.91) + 22.65 \tag{7-12}$$

$$\sigma_3(\lambda) = -15.63\exp[-(\lambda - 7)/4.53] + 35.16 \tag{7-13}$$

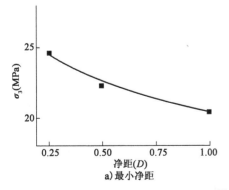

a) 最小净距

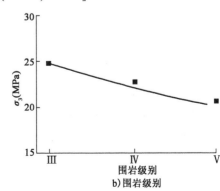

b) 围岩级别

图 7-2

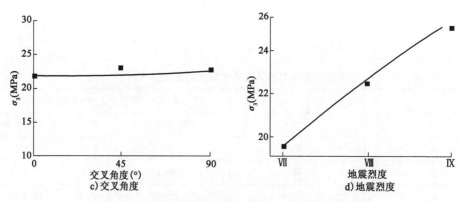

图 7-2 立体交叉上跨隧道第 3 主应力与单因素拟合关系

立体交叉上跨隧道多元函数拟合数据及拟合结果　　　　表 7-4

净　距	围岩级别	交叉角度(°)	地震烈度	最大地震第 3 主应力(MPa)	
				数值模拟结果	拟合结果
0.25D	Ⅲ	0	Ⅶ	23.34	22.94
0.25D	Ⅳ	45	Ⅷ	24.96	23.79
0.25D	Ⅴ	90	Ⅸ	25.31	24.68
0.5D	Ⅲ	45	Ⅸ	27.74	28.42
0.5D	Ⅳ	90	Ⅶ	19.42	19.96
0.5D	Ⅴ	0	Ⅷ	19.78	19.69
1.0D	Ⅲ	90	Ⅷ	23.12	22.39
1.0D	Ⅳ	0	Ⅸ	22.26	22.09
1.0D	Ⅴ	45	Ⅶ	15.81	15.52

由拟合公式及拟合曲线可知：

(1) 第 3 主应力随净距、围岩级别的增大而减小，随交叉角度及地震烈度增加而增大。

(2) 地震烈度是影响立体交叉上跨隧道第 3 主应力最大值最显著的因素，其次为围岩与净距，这与第 6 章所得应力极差分析结果一致。

得到立体交叉上跨隧道二次衬砌最大第 3 主应力响应的多元线性拟合公式如下：

$$\ln\sigma_3 = -0.25H - 0.11k + 0.000372\theta + 0.13\lambda + 2.61 \qquad (7-14)$$

或

$$\sigma_3 = 13.64\exp(-0.25H - 0.11k + 0.000372\theta + 0.13\lambda) \qquad (7-15)$$

由上表结果可知，在净距较小时，拟合结果比数值模拟结果偏小，在净距较大时，拟合结果比数值模拟结果偏大，拟合函数所得立体交叉上跨隧道最大地震应力结果与数值模拟结果基本一致。

7.2.3　立体交叉隧道地震应力响应影响分区

由以上单体隧道及立体交叉上跨隧道第 3 主应力的拟合关系式，可得立体交叉上跨隧道地震最大第 3 主应力的影响率与交叉净距 H、围岩级别 k、交叉角度 θ、地震烈度 λ 等因素之间的关系可用多元非线性函数式(7-16)、式(7-17)表示,在参考地震影响分区分级标准表 7-2 的基础上,得到两条影响分区分界线,其公式如式(7-18)、式(7-19),地震应力影响分区临界曲线如图 7-3 所示,具体的交叉角度、地震烈度作用下,交叉隧道地震应力影响分区的临界净距如表 7-5 所示。

并由分析结果可得:当地区地震烈度越高,围岩级别越低、两隧道之间净距越小,交叉角度越大时立体交叉两隧道之间的地震相互作用越强,隧道所产生的应力越大。

$$\varphi = f(k, H, \theta, \lambda, \alpha) \tag{7-16}$$

由式(7-9)及式(7-15),可得影响率函数如下式:

$$\varphi = 1.102\exp(-0.252H + 0.03k + 0.000\,372\theta + 0.008\lambda) \tag{7-17}$$

按照影响分区标准表,可得两条分界曲线,设 H_1、H_2 分别为弱无影响分区、强弱影响分区分界线。

强弱影响分区分界线表达式为

$$H_1: -0.252H + 0.03k + 0.000\,372\theta + 0.01\lambda - 0.085\,3 = 0 \tag{7-18}$$

弱无影响分区分界线表达式为

$$H_2: -0.252H + 0.03k + 0.000\,372\theta + 0.01\lambda + 0.001\,69 = 0 \tag{7-19}$$

由立体交叉上跨隧道地震应力响应规律可知,两隧道交叉角度为 45°时,上跨隧道第 3 主应力最大,因此,分别给出Ⅶ、Ⅸ度地震烈度区、交叉角度为 45°时的立体交叉隧道地震影响分区曲线如图 7-3 所示,图中主要变量为围岩级别与隧道的最小净距。

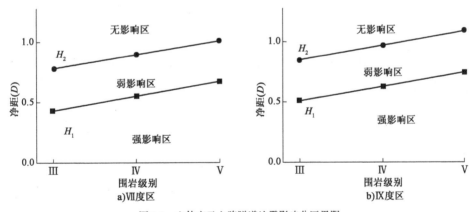

图 7-3 立体交叉上跨隧道地震影响分区界限

影响区临界净距　　　　　　　　　　表 7-5

围岩级别	强弱影响区临界净距(D)			弱无影响区临界净距(D)		
	Ⅶ	Ⅷ	Ⅸ	Ⅶ	Ⅷ	Ⅸ
Ⅲ	0.43	0.47	0.50	0.77	0.81	0.85
Ⅳ	0.55	0.59	0.63	0.89	0.93	0.97
Ⅴ	0.67	0.71	0.75	1.01	1.05	1.09

当将实际立体交叉隧道工程的最小净距 H、围岩级别 k、交叉角度 θ 以及地震烈度 λ 代入式(7-17)中,所得 φ 值位于 H_2 上方时,此时两立体交叉隧道相互之间处于无影响区范围;当 φ 值位于 H_1、H_2 之间,此时地震作用下两立体交叉隧道处于弱影响区范围;当 φ 值位于 H_1 下方时,此时地震作用下两立体交叉隧道处于强影响区范围。

当地区地震烈度越低,围岩条件越好、两隧道之间净距越大,成 45°角立体交叉时两隧道之间的地震相互作用越小,因此,可给出立体交叉隧道最大地震应力影响分区的临界净距如表 7-5 所示,表中交叉角均为 45°(最不利)。

当围岩为Ⅲ级时,交叉角为 45°、Ⅶ、Ⅷ、Ⅸ度区立体交叉隧道地震应力强弱影响区临界净距依次为 0.43D、0.47D、0.50D,弱无影响区的临界近距依次为 0.77D、0.81D、0.85D。

当围岩为Ⅳ级时,交叉角为 45°、Ⅶ、Ⅷ、Ⅸ度区立体交叉隧道地震应力强弱影响区临界净距依次为 0.55D、0.59D、0.63D,弱无影响区的临界近距依次为 0.89D、0.93D、0.97D。

当围岩为Ⅴ级时,交叉角为 45°、Ⅶ、Ⅷ、Ⅸ度区立体交叉隧道地震应力强弱影响区临界净距依次为 0.67D、0.71D、0.75D,弱无影响区的临界近距依次为 1.01D、1.05D、1.09D。

7.3 立体交叉隧道地震应变响应影响分区

7.3.1 单体隧道最大地震应变拟合函数

由上节分析可知,因素水平增大或减小,立体交叉隧道二次衬砌结构的塑性拉、压应变变化显著,根据前述研究成果,可通过公式拟合建立单体隧道最大地震塑性应变响应与围岩级别、地震烈度等影响因素之间的函数关系,同样建立立体交叉上跨隧道最大地震塑性拉、压应变响应与各影响因素之间的函数关系,将立体交叉隧道最大地震塑性应变与单体隧道进行对比,最终得到立体交叉隧道地震应变响应的影响分区。

为建立单体隧道最大地震应变响应与围岩级别、地震烈度之间的双因素函数关系式,首先进行单因素的影响分析,观察所得拟合函数效果及特征,为后续多元函数拟合奠定基础。

以塑性拉应变最大值 ε_s、塑性压应变最大值 ε_c 为因变量,影响因素为自变量,根据第 6 章所得单体隧道地震响应规律,可得单体隧道二次衬砌塑性拉、压应变地震响应最大值与围岩条件之间的关系式,与地震烈度之间的关系如式(7-20)~式(7-23)所示,相应的拟合曲线如图 7-4、图 7-5 所示,进一步得到单体隧道最大地震塑性拉、压应变的双参数拟合公式如式(7-24)~式(7-27)所示,拟合数据及拟合效果如表 7-6 所示。

塑性应变与围岩条件、地震烈度拟合关系式:

$$\varepsilon_s(k) = 0.072\exp[(k-3)/0.9522] + 1.291 \quad (7\text{-}20)$$

$$\varepsilon_s(\lambda) = 1.214\exp[(\lambda-7)/4.417] + 0.0064 \quad (7\text{-}21)$$

塑性应变与围岩条件、地震烈度拟合关系式:

$$\varepsilon_c(k) = 0.205\exp[(k-3)/1.207] + 0.133 \quad (7\text{-}22)$$

$$\varepsilon_c(\lambda) = 1.214\exp[(\lambda-7)/4.417] + 0.0064 \quad (7\text{-}23)$$

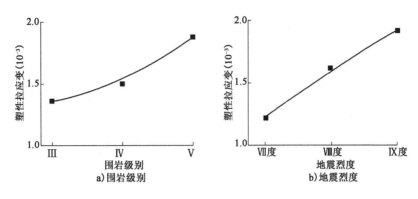

图 7-4　单体隧道最大塑性拉应变与单因素拟合关系

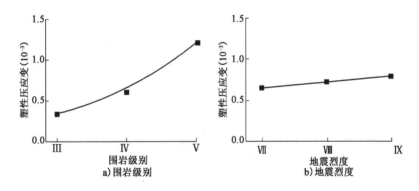

图 7-5　单体隧道最大塑性压应变与单因素拟合关系

由拟合公式及拟合曲线可知：
(1) 单体隧道最大塑性拉、压应变均随围岩级别、地震烈度升高而呈指数增长。
(2) 单体隧道最大地震塑性压应变受围岩级别的影响明显大于地震烈度。
(3) 拟合结果显示，单体隧道地震塑性压应变的拟合效果好于塑性拉应变。

根据单体隧道第 3 主应力关于单因素的拟合结果，可知立体交叉上跨隧道二次衬砌结构第 3 主应力与各因素水平之间的变化规律均可用统一的指数函数形式来描述。

因此，得到单体隧道最大地震塑性拉应变的双因素线性拟合公式如下：

$$\ln\varepsilon_s = 0.192k + 0.366\lambda - 3.304 \tag{7-24}$$

或

$$\varepsilon_s = 0.0367\exp(0.192k + 0.366\lambda) \quad (R = 0.86) \tag{7-25}$$

最大地震塑性压应变的双因素线性拟合公式如下：

$$\ln\varepsilon_c = 0.633k + 0.0392\lambda - 3.287 \tag{7-26}$$

或

$$\varepsilon_c = 0.0374\exp(0.633k + 0.0392\lambda) \quad (R = 0.96) \tag{7-27}$$

单体隧道应变的多元函数拟合数据及拟合结果   表7-6

围岩级别	地震烈度	地震塑性拉应变最大值(10^{-3})		地震塑性压应变最大值(10^{-3})	
		数值模拟结果	拟合结果	数值模拟结果	拟合结果
Ⅲ	Ⅶ	0.83	0.85	0.25	0.33
Ⅲ	Ⅷ	1.44	1.22	0.33	0.34
Ⅲ	Ⅸ	1.82	1.76	0.44	0.36
Ⅳ	Ⅶ	1.03	1.03	0.49	0.62
Ⅳ	Ⅷ	1.55	1.48	0.62	0.64
Ⅳ	Ⅸ	1.91	2.14	0.70	0.67
Ⅴ	Ⅶ	1.80	1.24	1.19	1.16
Ⅴ	Ⅷ	1.83	1.79	1.21	1.21
Ⅴ	Ⅸ	2.01	2.59	1.23	1.26

7.3.2 立体交叉上跨隧道最大地震应变拟合函数

与单体隧道最大地震应变拟合函数采用同样方法,可以建立地震中立体交叉上跨隧道二次衬砌最大地震塑性拉应变及塑性压应变与单因素的拟合关系如式(7-28)~式(7-35),相应的拟合曲线如图7-6、图7-7所示,立体交叉上跨隧道塑性应变的多元函数关系如式(7-36)~式(7-39)所示,拟合数据及拟合效果如表7-7、表7-8所示。

塑性应变与净距的关系式:

$$\varepsilon_s(H) = 0.805\exp[(H-0.25)/0.1632] + 1.715 \quad (7\text{-}28)$$

$$\varepsilon_c(H) = 0.633\exp[-(H-0.25)/0.384] + 0.647 \quad (7\text{-}29)$$

塑性应变最大值与围岩级别的关系式:

$$\varepsilon_s(k) = 1.037\exp[(k-3)/2.691] + 0.350 \quad (7\text{-}30)$$

$$\varepsilon_c(k) = 0.325\exp[(k-3)/1.369] + 0.195 \quad (7\text{-}31)$$

塑性应变最大值与交叉角的关系式:

$$\varepsilon_s(\theta) = -0.537\exp(-\theta/27.295) + 2.143 \quad (7\text{-}32)$$

$$\varepsilon_c(\theta) = 0.011\exp(\theta/30.12) + 0.906 \quad (7\text{-}33)$$

塑性应变最大值与地震烈度的关系式:

$$\varepsilon_s(\lambda) = -9.923\exp[-(\lambda-7)/15.245] + 11.229 \quad (7\text{-}34)$$

$$\varepsilon_c(\lambda) = 0.013\exp[(\lambda-7)/0.617] + 0.857 \quad (7\text{-}35)$$

由以上拟合公式及曲线可知:

(1)立体交叉上跨隧道最大地震塑性(拉、压)应变随净距增大而减小,随围岩级别、交叉角、地震烈度升高而增大。

第7章 立体交叉隧道地震动力响应影响分区研究

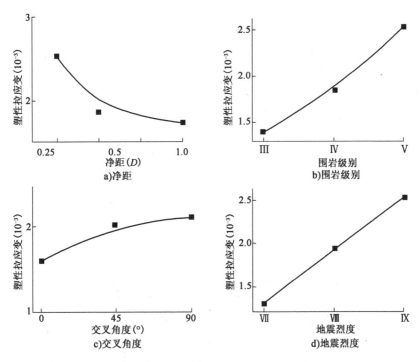

图 7-6 立体交叉上跨隧道最大塑性拉应变与单因素拟合关系

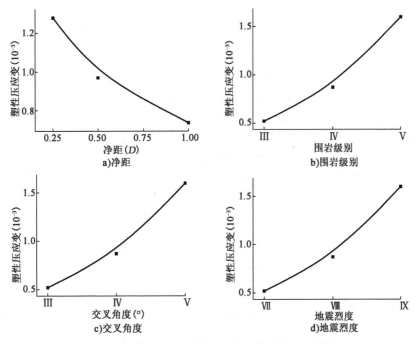

图 7-7 立体交叉上跨隧道最大塑性压应变与单因素拟合关系

（2）立体交叉上跨隧道最大地震塑性压应变受地震烈度影响最为显著，其次为围岩条件、净距，地震塑性压应变受围岩条件的影响最为显著，其次为净距，与前述立体交叉隧道地震响应规律一致。

(3)塑性压应变多元函数拟合效果较优。

得到立体交叉上跨隧道二次衬砌最大塑性拉应变响应的多元线性拟合公式如下：

$$\ln\varepsilon_s = -0.409H + 0.178k - 0.000137\theta + 0.20\lambda - 1.40 \quad (7\text{-}36)$$

或

$$\varepsilon_s = 0.247\exp(-0.409H + 0.178k - 0.000137\theta + 0.20\lambda) \quad (R=0.74) \quad (7\text{-}37)$$

塑性压应变多元线性拟合公式：

$$\ln\varepsilon_c = -0.729H + 0.568k - 0.000304\theta + 0.095\lambda - 2.74 \quad (7\text{-}38)$$

或

$$\varepsilon_c = 0.0646\exp(-0.729H + 0.568k - 0.000304\theta + 0.095\lambda) \quad (R=0.93) \quad (7\text{-}39)$$

数值模拟正交试验最大地震拉应变结果及拟合结果　　　　　　　　表7-7

净　距	围岩级别	交叉角度(°)	地震烈度	最大地震塑性拉应变(10^{-3})	
				数值模拟结果	拟合结果
0.25D	Ⅲ	0	Ⅶ	1.71	1.55
0.25D	Ⅳ	45	Ⅷ	2.25	2.28
0.25D	Ⅴ	90	Ⅸ	3.60	3.35
0.5D	Ⅲ	45	Ⅸ	2.04	2.10
0.5D	Ⅳ	90	Ⅶ	1.37	1.69
0.5D	Ⅴ	0	Ⅷ	2.16	2.45
1.0D	Ⅲ	90	Ⅷ	1.40	1.41
1.0D	Ⅳ	0	Ⅸ	1.94	2.03
1.0D	Ⅴ	45	Ⅶ	1.83	1.64

数值模拟正交试验最大地震压应变结果及拟合结果　　　　　　　　表7-8

净　距	围岩级别	交叉角度(°)	地震烈度	最大地震塑性压应变(10^{-3})	
				数值模拟结果	拟合结果
0.25D	Ⅲ	0	Ⅶ	0.60	0.60
0.25D	Ⅳ	45	Ⅷ	1.04	1.15
0.25D	Ⅴ	90	Ⅸ	2.20	2.23
0.5D	Ⅲ	45	Ⅸ	0.65	0.60
0.5D	Ⅳ	90	Ⅶ	0.84	0.86
0.5D	Ⅴ	0	Ⅷ	1.42	1.72
1.0D	Ⅲ	90	Ⅷ	0.31	0.37
1.0D	Ⅳ	0	Ⅸ	0.73	0.75
1.0D	Ⅴ	45	Ⅶ	1.17	1.07

7.3.3 立体交叉隧道地震应变响应影响分区

由立体交叉隧道的关键影响因素分析结果,可知立体交叉隧道塑性应变的影响率与交叉净距 H、围岩级别 k、交叉角度 θ、地震烈度 λ 等因素之间的关系可用多元非线性函数式(7-40)、式(7-41)来表示,参照地震影响分区分级标准表 7-2,可得立体交叉上跨隧道地震应变影响分区分界线的拟合公式如式(7-42)~式(7-45)所示,相应的影响分区临界曲线如图 7-8、图 7-9 所示,具体地震烈度、交叉角度条件下立体交叉上跨隧道地震塑性应变临界净距如表 7-9、表 7-10 所示。

$$\varphi_s = 6.73\exp(-0.409H - 0.014k - 0.000137\theta - 0.166\lambda) \tag{7-40}$$

$$\varphi_c = 1.727\exp(-0.729H - 0.065k - 0.000304\theta + 0.0558\lambda) \tag{7-41}$$

按照影响分区标准表,可得两条分界曲线,设 H_1、H_2 分别为弱无影响分区、强弱影响分区分界线,弱无影响分区分界线表达式为

$$H_{2,s}: -0.409H - 0.014k - 0.000137\theta - 0.166\lambda + 1.811 = 0 \tag{7-42}$$

$$H_{2,c}: -0.729H - 0.065k - 0.000304\theta + 0.0558\lambda + 0.4511 = 0 \tag{7-43}$$

强弱影响分区分界线表达式为

$$H_{1,s}: -0.409H - 0.014k - 0.000137\theta - 0.166\lambda + 1.724 = 0 \tag{7-44}$$

$$H_{2,c}: -0.729H - 0.065k - 0.000304\theta + 0.0558\lambda + 0.3641 = 0 \tag{7-45}$$

由立体交叉上跨隧道地震应力响应规律可知,两隧道交叉角为 90°时,上跨隧道地震塑性应变最大,因此,分别给出Ⅶ、Ⅸ度地震烈度区、交叉角为 90°的立体交叉隧道地震塑性应变影响分区曲线如图 7-8、图 7-9 所示,图中主要变量为围岩级别与隧道的最小净距。

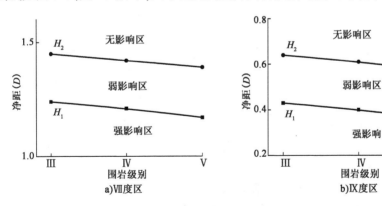

图 7-8 立体交叉上跨隧道地震塑性拉应变影响分区分界曲线

表 7-9 地震塑性拉应变影响区临界净距

围岩级别	强弱影响区临界净距(D)			弱无影响区临界净距(D)		
	Ⅶ	Ⅷ	Ⅸ	Ⅶ	Ⅷ	Ⅸ
Ⅲ	1.24	0.83	0.43	1.45	1.04	0.64
Ⅳ	1.20	0.80	0.39	1.42	1.01	0.61
Ⅴ	1.17	0.76	0.36	1.39	0.98	0.57

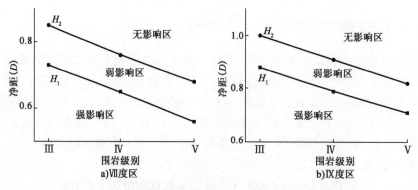

图7-9 立体交叉上跨隧道地震塑性压应变影响分区分界曲线

地震塑性压应变影响区临界净距　　　　表7-10

围岩级别	强弱影响区临界净距(D)			弱无影响区临界净距(D)		
	Ⅶ	Ⅷ	Ⅸ	Ⅶ	Ⅷ	Ⅸ
Ⅲ	0.73	0.80	0.88	0.85	0.92	1.00
Ⅳ	0.65	0.72	0.79	0.76	0.84	0.91
Ⅴ	0.56	0.63	0.70	0.68	0.75	0.82

由分析结果可得：

(1) 当地区地震烈度越高，围岩级别越低、两隧道之间净距越大，交叉角越大时立体交叉两隧道之间的地震相互作用越弱，说明立体交叉上跨隧道地震塑性拉应变随地震烈度的增长率小于单体隧道。

(2) 当地区地震烈度越高，围岩级别越低、两隧道之间净距越小，交叉角越大时立体交叉两隧道之间的地震相互作用越强，隧道所产生的地震塑性压应变越大。

当将实际立体交叉隧道工程的最小净距 H、围岩级别 k、交叉角 θ 以及地震烈度 λ 代入式中，当两交叉隧道最小净距 H 位于 H_2 上方时，此时地震作用下两立体交叉隧道相互之间处于无影响区范围；当最小净距 H 位于 H_1、H_2 之间，此时地震作用下两立体交叉隧道处于弱影响区范围；当最小净距 H 位于 H_1 下方时，此时地震作用下两立体交叉隧道处于强影响区范围。

由以上分析结果，可给出立体交叉隧道最大地震应力影响分区如下所述，拟合结果所采用交叉角均为90°(最不利)。

当围岩为Ⅲ级时，交叉角为90°，Ⅶ、Ⅷ、Ⅸ度区立体交叉隧道地震塑性拉应变强弱影响区临界净距依次为 1.24D、0.83D、0.43D，弱无影响区的临界近距依次为 1.45D、1.04D、0.64D。

当围岩为Ⅳ级时，交叉角度90°，Ⅶ、Ⅷ、Ⅸ度区立体交叉隧道地震塑性拉应变强弱影响区临界净距依次为 1.20D、0.80D、0.39D，弱无影响区的临界近距依次为 1.42D、1.01D、0.61D。

当围岩为Ⅴ级时，交叉角为90°，Ⅶ、Ⅷ、Ⅸ度区立体交叉隧道地震塑性拉应变强弱影响区临界净距依次为 1.17D、0.76D、0.36D，弱无影响区的临界近距依次为 1.39D、0.98D、0.57D。

当围岩为Ⅲ级时，交叉角为90°，Ⅶ、Ⅷ、Ⅸ度区立体交叉隧道地震塑性压应变强弱影响区临界净距依次为 0.73D、0.80D、0.88D，弱无影响区的临界近距依次为 0.85D、0.92D、1.0D。

当围岩为Ⅳ级时，交叉角为90°，Ⅶ、Ⅷ、Ⅸ度区立体交叉隧道地震塑性压应变强弱影响区临界净距依次为 0.65D、0.72D、0.79D,弱无影响区的临界近距依次为 0.76D、0.84D、0.91D。

当围岩为Ⅴ级时,交叉角为90°,Ⅶ、Ⅷ、Ⅸ度区立体交叉隧道地震塑性压应变强弱影响区临界净距依次为 0.56D、0.63D、0.70D,弱无影响区的临界近距依次为 0.68D、0.75D、0.82D。

7.4 立体交叉隧道地震位移响应影响分区

7.4.1 单体隧道最大地震位移拟合函数

由上节分析可知,因素水平增大或减小,立体交叉隧道二次衬砌结构的位移及相对位移变化显著,根据前述研究成果,可通过公式拟合建立单体隧道位移及相对位移与围岩级别、地震烈度等影响因素之间的函数关系,同样建立立体交叉上跨隧道位移、相对位移与各影响因素之间的函数关系,对比单体隧道与立体交叉上跨隧道两者的最大地震位移,最终得到立体交叉隧道地震位移与相对位移响应的影响分区。

为建立单体隧道最大地震位移响应与围岩级别、地震烈度之间的双因素函数关系式,首先进行单因素的影响分析,观察所得拟合函数效果及特征,为后续多元函数拟合奠定基础。

以立体交叉上跨隧道二次衬砌最大地震位移 u、相对位移 u_r 为因变量,影响因素为自变量,根据第6章所得单体隧道地震响应规律,可得单体隧道二次衬砌地震位移、相对位移最大值与围岩条件、地震烈度之间的关系如式(7-46)~式(7-49)所示,相应的拟合曲线如图7-10、图7-11所示,得到单体隧道地震位移、相对位移的双参数(围岩条件、地震烈度)拟合函数关系如式(7-50)~式(7-53)所示,位移及相对位移多元函数的拟合数据及拟合效果如表7-11所示。

位移与围岩条件、地震烈度拟合关系式:

$$u(k) = 50.87\exp[(k-3)/2.35] + 53.42 \quad (R = 1.0) \tag{7-46}$$

$$u(\lambda) = 132.64\exp[(\lambda-7)/5.2] - 26.69 \quad (R = 1.0) \tag{7-47}$$

相对位移与围岩条件、地震烈度拟合关系式:

$$u(k) = -158.45\exp[(k-3)/15.23] + 160.22 \quad (R = 1.0) \tag{7-48}$$

$$u_r(\lambda) = -8.73\exp[(\lambda-7)/8.4] + 19.41 \quad (R = 1.0) \tag{7-49}$$

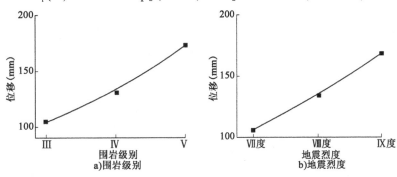

图 7-10 单体隧道最大地震位移与单因素拟合关系

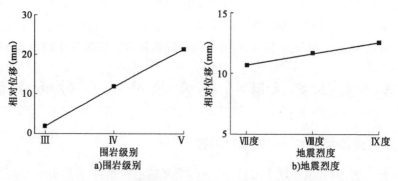

图 7-11 单体隧道最大地震相对位移与单因素拟合关系

由拟合公式及拟合曲线可知：

(1) 单体隧道最大地震位移、相对位移随围岩级别、地震烈度升高而呈指数增长。

(2) 位移受围岩及地震烈度的影响均较大，相对位移则主要受围压条件影响变化较大，受地震烈度影响较小。

(3) 当围岩级别较低时，相对位移拟合值偏小，当围岩级别较高时，相对位移拟合值偏大，相对位移拟合效果优于位移的拟合效果。

根据单体隧道最大地震位移与单因素的拟合结果，可知立体交叉上跨隧道二次衬砌结构位移及相对位移与各因素水平之间的变化规律均可用统一的指数函数形式来描述，因此，得到单体隧道最大地震位移的双因素线性拟合公式如下：

$$\ln u = 0.276k + 0.267\lambda + 1.624 \tag{7-50}$$

或

$$u = 5.07\exp(0.276k + 0.267\lambda) \quad (R=0.90) \tag{7-51}$$

单体隧道最大地震相对位移的双因素线性拟合公式如下：

$$\ln u_r = 1.417k + 0.098\lambda - 4.457 \tag{7-52}$$

或

$$u_r = 0.0116\exp(1.417k + 0.098\lambda) \quad (R=0.94) \tag{7-53}$$

单体隧道位移及相对位移的多元函数拟合数据及拟合结果　　　　表 7-11

围岩级别	地震烈度	地震位移最大值(mm)		地震相对位移最大值(mm)	
		数值模拟结果	拟合结果	数值模拟结果	拟合结果
Ⅲ	Ⅶ	69.31	77.48	1.59	1.62
Ⅲ	Ⅷ	102.87	101.49	1.81	1.78
Ⅲ	Ⅸ	140.70	132.95	1.91	1.97
Ⅳ	Ⅶ	92.37	102.51	9.85	6.67
Ⅳ	Ⅷ	131.48	134.29	11.92	7.35
Ⅳ	Ⅸ	170.06	175.91	13.74	8.11
Ⅴ	Ⅶ	156.18	135.64	20.61	27.49
Ⅴ	Ⅷ	167.93	177.68	21.26	30.33
Ⅴ	Ⅸ	193.85	232.76	21.93	33.45

7.4.2 立体交叉上跨隧道最大地震位移拟合函数

由于立体交叉上跨隧道最大地震位移与净距及交叉角之间的关系非一致变化关系,因此不计入其影响时多元线性拟合公式的效果更好,地震中立体交叉上跨隧道二次衬砌最大地震位移及相对位移的多元函数拟合关系如式(7-54)~式(7-57)所示,相应的拟合曲线如图 7-12、图 7-13 所示,立体交叉上跨隧道最大地震位移的拟合数据及拟合效果如表 7-12、表 7-13 所示。

相对位移与净距的关系:

$$u_r(H) = 5.02\exp[-(H-0.25)/0.19] + 12.3 \quad (7\text{-}54)$$

位移及相对位移最大值与围岩级别的关系式:

$$u(k) = 107.69\exp[(k-3)/3.98] + 4.41 \quad (7\text{-}55)$$

$$u_r(k) = 0.25\exp[-(k-3)/0.19] + 12.3 \quad (7\text{-}56)$$

位移与地震烈度的关系式:

$$u(\lambda) = -355.53\exp[-(\lambda-7)/10.67] + 470.41 \quad (7\text{-}57)$$

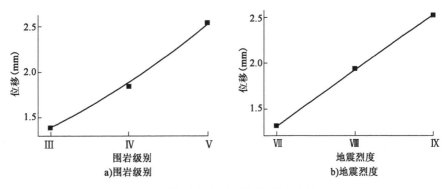

图 7-12 单体隧道最大位移与单因素拟合关系

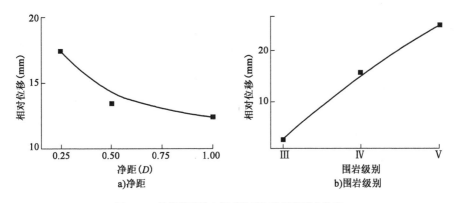

图 7-13 单体隧道最大相对位移与单因素拟合关系

由分析可知：

(1) 立体交叉上跨隧道最大地震位移随围压级别、地震烈度的升高而增大，地震相对位移最大值随净距增大而减小，随围岩级别升高而增大。

(2) 立体交叉上跨隧道相对位移受净距及围岩级别的影响最为显著，而地震位移响应主要受围岩条件及地震烈度的影响较大，受立体交叉特征参数(净距、交叉角)影响较小。

(3) 立体交叉上跨隧道地震相对位移的拟合效果优于地震位移的拟合效果。

数值模拟正交试验最大地震位移结果及拟合结果 表7-12

净 距	围岩级别	交叉角度(°)	地震烈度	最大地震位移(mm)	
				数值模拟结果	拟合结果
0.25D	Ⅲ	0	Ⅶ	86.50	92.07
0.25D	Ⅳ	45	Ⅷ	157.64	148.78
0.25D	Ⅴ	90	Ⅸ	205.2	240.45
0.5D	Ⅲ	45	Ⅸ	148.74	146.20
0.5D	Ⅳ	90	Ⅶ	97.79	118.51
0.5D	Ⅴ	0	Ⅷ	181.37	191.52
1.0D	Ⅲ	90	Ⅷ	101.05	116.75
1.0D	Ⅳ	0	Ⅸ	173.02	188.67
1.0D	Ⅴ	45	Ⅶ	160.33	152.93

数值模拟正交试验最大地震相对位移结果及拟合结果 表7-13

净 距	围岩级别	交叉角度(°)	地震烈度	最大地震相对位移(mm)	
				数值模拟结果	拟合结果
0.25D	Ⅲ	0	Ⅶ	3.44	3.61
0.25D	Ⅳ	45	Ⅷ	23.21	11.39
0.25D	Ⅴ	90	Ⅸ	25.32	35.96
0.5D	Ⅲ	45	Ⅸ	2.46	3.34
0.5D	Ⅳ	90	Ⅶ	10.00	9.92
0.5D	Ⅴ	0	Ⅷ	27.83	31.34
1.0D	Ⅲ	90	Ⅷ	2.09	2.59
1.0D	Ⅳ	0	Ⅸ	13.59	8.17
1.0D	Ⅴ	45	Ⅶ	21.50	24.29

得到立体交叉上跨隧道二次衬砌最大地震位移响应的多元线性拟合公式如下：

$$\ln u = 0.26k + 0.23\lambda + 2.05 \tag{7-58}$$

或

$$u = 7.77\exp(0.26k + 0.23\lambda) \quad (R = 0.89) \tag{7-59}$$

相对位移的多元线性拟合公式：

$$\ln u_r = -0.52H + 1.27k - 2.53 \tag{7-60}$$

或

$$u_r = 0.119\exp(-0.47H + 1.13k + 0.02\lambda) \quad (R = 0.92) \tag{7-61}$$

7.4.3 立体交叉隧道地震位移响应影响分区

由立体交叉隧道的关键影响因素分析结果,可知立体交叉隧道地震位移的影响率与交叉净距 H、围岩级别 k、交叉角 θ、地震烈度 λ 等因素之间的关系可用多元非线性函数式(7-62)、式(7-63)表示,由于地震位移受净距影响较小,仅以相对位移为指标进行地震影响分区划分,参照地震影响分区分级标准表7-2,可得立体交叉上跨隧道地震相对位移影响分区分界线的拟合公式如式(7-64)、式(7-65)所示,相应的影响分区临界曲线如图7-14所示,具体地震烈度、交叉角条件下立体交叉上跨隧道地震塑性应变临界净距如表7-14所示。

$$\varphi_u = 1.53\exp(-0.016k - 0.037\lambda) \tag{7-62}$$

$$\varphi_{ur} = 10.26\exp(-0.47H - 0.287k - 0.078\lambda) \quad (R = 0.81) \tag{7-63}$$

由以上拟合公式可以看出,最大地震位移与两立体交叉隧道之间的最小净距无关,因此不再对地震位移与立体交叉特征参数(交叉净距、交叉角)进行多元函数拟合。对于相对位移,仍按照影响分区标准表,可得两条分界曲线,设 H_1、H_2 分别为弱无影响分区、强弱影响分区分界线。

弱无影响分区分界线表达式为

$$H_{2,ur}: -0.47H - 0.287k - 0.078\lambda + 2.23 = 0 \tag{7-64}$$

强弱影响分区分界线表达式为

$$H_{1,ur}: -0.47H - 0.287k - 0.078\lambda + 2.14 = 0 \tag{7-65}$$

由以上公式可知,隧道地震相对位移受净距、围岩级别、地震烈度等因素影响十分显著,由此可得Ⅷ、Ⅸ度地震烈度区立体交叉隧道地震影响分区曲线如图7-14所示,图中变量为围岩级别与隧道的最小净距。

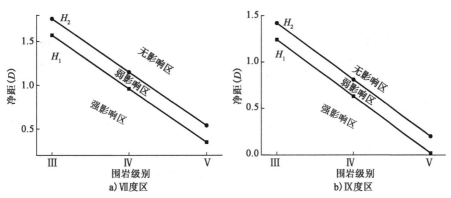

图7-14 立体交叉上跨隧道地震影响分区曲线

地震相对位移影响区临界净距 表7-14

围岩级别	强弱影响区临界净距(D)			弱无影响区临界净距(D)		
	Ⅶ	Ⅷ	Ⅸ	Ⅶ	Ⅷ	Ⅸ
Ⅲ	1.57	1.41	1.24	1.76	1.59	1.42
Ⅳ	0.96	0.80	0.63	1.14	0.97	0.81
Ⅴ	0.35	0.19	0.02	0.54	0.36	0.20

由分析结果可得：

（1）当地区围岩级别越低、两隧道之间净距越小、交叉角越大时立体交叉两隧道之间的地震相互作用越强，隧道所产生的地震塑性应变越大。

（2）当地震烈度越高，立体交叉隧道地震影响分区的临界净距在减小，这是由于单体隧道随地震烈度的增长比立体交叉上跨隧道更快所导致的。

当将实际立体交叉隧道工程的最小净距 H、围岩级别 k、交叉角 θ 以及地震烈度 λ 代入式中，当两交叉隧道最小净距 H 位于 H_2 上方时，此时地震作用下两立体交叉隧道相互之间处于无影响区范围；当最小净距 H 位于 H_1、H_2 之间时，此时地震作用下两立体交叉隧道处于弱影响区范围；当最小净距 H 位于 H_1 下方时，此时地震作用下两立体交叉隧道处于强影响区范围。

由以上分析结果，可给出立体交叉隧道最大地震应力影响分区如下，拟合结果所采用交叉角均为 90°（最不利）。

当围岩为Ⅲ级时，交叉角为 90°，Ⅶ、Ⅷ、Ⅸ度区立体交叉隧道地震塑性拉应变强弱影响区临界净距依次为 1.57D、1.41D、1.24D，弱无影响区的临界近距依次为 1.76D、1.59D、1.42D。

当围岩为Ⅳ级时，交叉角为 90°，Ⅶ、Ⅷ、Ⅸ度区立体交叉隧道地震塑性拉应变强弱影响区临界净距依次为 0.96D、0.80D、0.63D，弱无影响区的临界近距依次为 1.14D、0.97D、0.81D。

当围岩为Ⅴ级时，交叉角为 90°，Ⅶ、Ⅷ、Ⅸ度区立体交叉隧道地震塑性拉应变强弱影响区临界净距依次为 0.35D、0.19D、0.02D，弱无影响区的临界近距依次为 0.54D、0.36D、0.20D。

7.5　立体交叉隧道地震响应影响分区计算流程

已知立体交叉隧道工程的设计情况，将交叉地段隧道所处地层的围岩级别、隧道净距 H、围岩级别 k、交叉角 θ、地震烈度 λ 等具体参数代相应的分区拟合公式，可分别得到立体交叉隧道地震响应的影响率，进而对比相应的分区标准可得到其影响程度，最后根据地震影响分区标准推出强弱影响分区范围，具体包括以下步骤（流程图如图 7-15 所示）：

（1）相关参数收集：确定立体交叉隧道的关键参数，包括隧道净距、围岩级别、交叉角度、地震烈度。其中，交叉隧道之间的净距 H 计算如下式：

$$H \approx \sqrt{(L\sin\theta)^2 + \Delta H^2} - \frac{D_1 + D_2}{2} \tag{7-66}$$

式中：H——两交叉隧道净距；

　　　L——上跨隧道交叉断面至上跨隧道净距计算断面距离；

　　　θ——两立体交叉隧道轴线水平投影所成锐角；

　　　ΔH——两隧道在交叉断面上的最小净距；

　　　D_1——下穿隧道洞径；

　　　D_2——上跨隧道洞径。

两交叉隧道净距计算示意图如图 7-16 所示。图中，O_1 为上跨隧道在交叉点处的隧道中心点；O_2 为下穿隧道在交叉点处的隧道中心点；D_1 为下穿隧道洞径；D_2 为上跨隧道洞径；θ 为两立体交叉隧道轴线在水平投影上的交叉锐角；C 为下穿隧道地震分析断面圆心点；A 为 C 在水平面上的投影点；B 为上跨隧道与下穿隧道相距最近的圆心点。

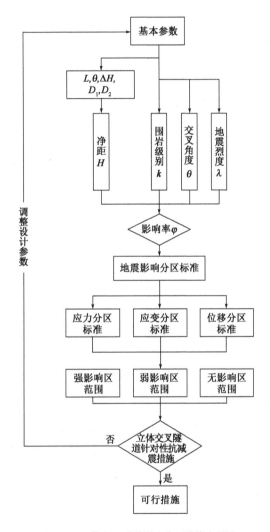

图 7-15 立体交叉隧道影响分区计算流程图

(2) 将关键参数代入相应的立体交叉隧道地震响应影响分区计算公式(6-13)，计算立体交叉隧道在地震作用下的相互响应程度 φ。

(3) 确定立体交叉隧道地震强弱影响分区范围 L_{cr}，采取控制措施或优化设计使结构抗震安全性能满足要求，L_{cr} 的计算如下式。

$$L_{cr} = \frac{\left[(D_1 + D_2 + H_{cr})^2 - H^2\right]^{\frac{1}{2}}}{\sin\theta} \tag{7-67}$$

式中：L_{cr}——上跨隧道交叉中心点与影响分区边界的距离；

H_{cr}——强、弱影响分区最大净距界限值。

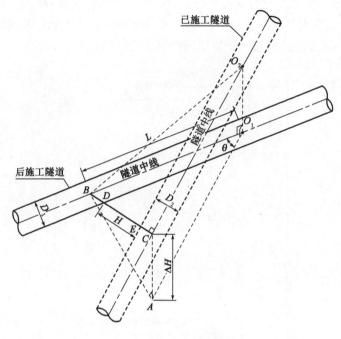

图 7-16 净距计算示意图

7.6 立体交叉隧道地震动响应影响分区实例分析

(1)实例一

以新建锦江山隧道上穿既有盘道岭隧道的立体交叉为例,分析和探讨其地震影响分区强弱。锦江山隧道于DK250+446.8 上跨金丹联络线盘道岭隧道,与下穿隧道平面夹角40°,如图1-2所示,与盘道岭隧道结构间净覆土约17.7m,上下两隧道的断面结构形式如图3-1所示。交叉段围岩主要为混合岩,围岩级别为Ⅲ级,隧道埋深为18m。

①根据实例工程项目的设计概况,首先获得隧道的基本参数如下:最小净距 H 为 $1.43D$;围岩级别为Ⅲ级;交叉角度 θ 为40°;丹东市地震烈度为Ⅷ度。

②按立体交叉隧道地震应力影响分区、塑性压应变影响分区、相对位移影响分区公式分别计算其影响率,影响率依次为1.01、1.04、1.08。

③根据地震影响分区标准,可知本实例立体交叉隧道在交叉断面处的相互地震影响微弱,处于无影响区,可按单体隧道进行抗震设计。

(2)实例二

设某交叉隧道夹角45°,净距为0.5D,位于Ⅴ级围岩中,隧道埋深为15m,地震烈度为Ⅸ度,模型参数同表3-2,地震波峰值加速度为 $6.2m/s^2$,建立模型如图7-17所示,得到本实例第3主应力、地震塑性应变、地震位移最大值时的云图如图7-18所示,二次衬砌主应力时程曲线如图7-19所示,进一步将本实例中立体交叉隧道中二次衬砌地震动力响应最大值与单体隧道地震响应最大值进行对比,如表7-15所示。

第7章 立体交叉隧道地震动力响应影响分区研究

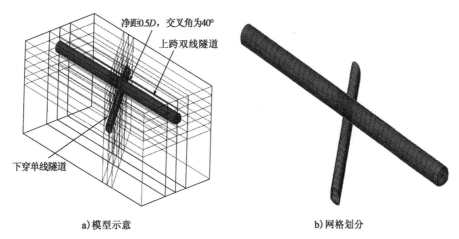

a) 模型示意　　　　　　　　　　b) 网格划分

图 7-17　实例二计算模型

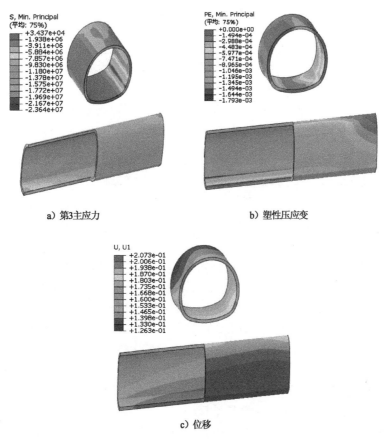

a) 第3主应力　　　　　　　　　　b) 塑性压应变

c) 位移

图 7-18　交叉处主应力云图

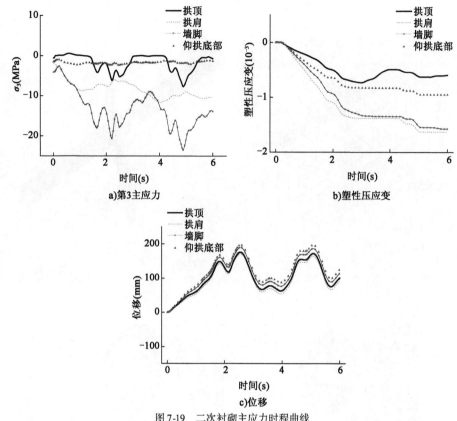

图7-19 二次衬砌主应力时程曲线

实例二影响率结果　　　　　　　　　　表7-15

立体交叉地震响应最大值	数值计算结果	拟合结果	单体隧道最大响应	影响率	
				数值模拟结果	拟合结果
第3主应力（MPa）	23.52	23.4	19.01	1.24	1.23
塑性压应变（10^{-3}）	1.63	1.78	1.23	1.33	1.45
相对位移（mm）	28.67	32.02	21.93	1.31	1.46

同样可按照7.5节的影响分区方法对该实例进行分区。根据实例工程项目的设计概况，隧道的基本参数：两隧道之间最小净距为$0.5D$，围岩级别为Ⅴ级，交叉角θ为45°，地震烈度为Ⅸ度。进而由各地震响应指标的影响率计算公式，计算出立体交叉上跨隧道地震第3主应力、地震压应变、地震相对位移的影响率依次为1.23、1.45、1.46，应力影响率略拟合结果小于数值计算结果，而塑性应变、相对位移的影响率拟合结果略大于数值模拟结果。

根据地震响应影响分区标准及分区界限，可知本实例立体交叉隧道在交叉断面处的相互影响为强影响。同时，由立体交叉上跨隧道地震影响分区图7-3、图7-8、图7-9以及图7-14也可初步判断本实例的地震影响分区为强影响区。

根据立体交叉隧道地震应力强、弱影响分区界限，根据式（7-18）、式（7-19）可确定强影响区范围为净距$H_{cr,1} \leq 0.68D_2$，弱影响分区净距$H_{cr,1} \leq 1.03D_2$，根据式（7-67）及图7-15计算得到立体交叉隧道强弱影响分区范围L_{cr}：

$$\begin{cases} L_{\text{cr},1} = [(D_1 + D_2 + 0.68D_2)^2 - (0.5D_2)^2]^{\frac{1}{2}}/\sin45° \\ L_{\text{cr},2} = [(D_1 + D_2 + 1.03D_2)^2 - (0.5D_2)^2]^{\frac{1}{2}}/\sin45° \end{cases}$$

由上式可知，上跨隧道交叉中心点两侧 $L \leq L_{\text{cr},1}$ 时，为强影响区；上跨隧道交叉中心点两侧 $L_{\text{cr},1} < L \leq L_{\text{cr},2}$ 时，为弱影响区；上跨隧道交叉中心点两侧 $L > L_{\text{cr},2}$ 时，为无影响区。

第8章 基于影响分区的立体交叉隧道抗减震措施研究

在1995年日本阪神地震、1999年我国台湾集集地震以及2008年汶川地震等几次大地震中,震区周围大量公路隧道、铁路隧道遭到了不同程度的破坏,如汶川地震中龙溪隧道出现了衬砌开裂、拱顶塌方、路面底鼓(最大隆起达1.2m)等多种严重破坏,使得抗震救灾的生命通道中断,造成了极大的生命财产损失。

与此同时,《建筑结构抗震设计规范》(GB 50011—2010)中对地下建筑的抗震设计缺乏足够重视,仍然停留在抗震理念设计层面,缺乏针对性抗震措施。相比于单体隧道,立体交叉隧道的结构更为复杂,两隧道之间产生相互影响导致地震动力响应更强,隧道在强震作用下也更易产生破坏。因此,针对不同抗震措施展开研究,提出合理的抗震减震措施,对提高隧道结构的抗震性能具有重要工程现实意义。

8.1 常用抗减震措施及其力学原理

8.1.1 隧道抗减震一般措施

隧道的抗减震措施从理念上可分为3种(表8-1),其一是通过提高周边围岩的性能来减小隧道的地震响应;其次是通过改善结构自身性能,以减小强震造成的破坏;最后一种是通过设置减震系统,改变围岩与结构之间的相互作用,从而减小地层变形对衬砌结构的影响。减震系统既可设置于隧道衬砌结构中,也可设置于围岩中。改变周边围岩性能包括加固围岩及设置减震系统,其中加固手段通常采用注浆加固,提高围岩的整体性,避免软弱围岩在强震中产生过大的变形导致衬砌破坏;减震系统是改变围岩与结构之间的相互作用,使衬砌结构所受周边岩层的地震反应位移减小,达到保护衬砌结构的目的。改变隧道结构自身性能主要依靠改善结构断面形式或增大断面尺寸、减轻结构质量以及设置减震系统来减轻地震震害。

(1)改变围岩性能[117,180]

通过对围岩设置锚杆、注浆加固,提高破碎围岩或软弱围岩的整体性,以提高隧道周边围岩承载能力,减小地震中的动力响应。《建筑结构抗震设计规范》(GB 50011—2010)规定,位于岩石中的地下建筑,若通过断层破碎带,二次衬砌应采用钢筋混凝土而不得采用素混凝土,同时应保证初期支护与围岩密贴,若存在空洞,应予以回填密实,必要时进行注浆加强。

隧道主要的抗减震技术　　　　　　　　　　表8-1

途径	抗减震方法	具体措施
通过改变一定范围内围岩性能抗减震	加固围岩[180]	对围岩进行注浆加固
通过改变地下结构性能进行抗减震	减小质量[102]	采用轻骨料混凝土
	增加强度	采用钢纤维混凝土[181]
	增加阻尼	采用聚合物混凝土
		粘贴大阻尼材料,使其成为复合结构
		利用柔性接头[182]
	调整刚度	增加厚度或采用钢筋混凝土等
		喷锚网支护或钢纤维喷混凝土或加钢拱架
	改善结构形状	尽量使结构形状圆滑,避免尖角或采用抗震缝、仰拱等构造措施
设置减震系统	设置减震装置[183-184]	在围岩与衬砌之间设置减震器
		在围岩与衬砌之间设置板式减震层
		在围岩与衬砌之间压注减震材料
		在衬砌纵向接头部位设置减震层
	设置新型减震层	在初期支护与二次衬砌之间设置减震层[185]

(2)改变结构自身性能

通过改变结构尺寸、强度、密度及阻尼特性来减轻隧道在地震下的动力响应,主要有以下几种措施。

①增加衬砌厚度、提高结构的抗震承载能力。

②通过加强结构刚度以及设置配筋,使用钢纤维混凝土材料等增强结构抵抗力,提高强震隧道的整体性和存活概率,《建筑结构抗震设计规范》(GB 50011—2010)中关于地下结构的抗震措施规定属于这一理念。

③减轻衬砌的密度,使用轻骨料混凝土。

④隧道结构采用合理的几何尺寸,避免尖角,使结构尽可能圆顺。

⑤设置抗震缝,减轻软硬不均地层以及断层破碎带区域的差异变形所导致的隧道震害。

(3)设置减震系统

减震系统在高层建筑抗震体系中已得到成功应用,在地下结构中,通常采用改变围岩与衬砌结构之间的接触属性,减小衬砌结构随围岩产生的形变,如,在盾构隧道衬砌与围岩之间设置加气砂浆减震层以减小衬砌结构的震害程度。

早期隧道工程的减震措施主要应用于军事领域,多用以减轻和抵抗炸弹爆破冲击荷载,近年来民用领域的应用也开始逐渐增多,如盾构隧道的减震,通过在衬砌背后压注减震材料形成减震层,减轻或隔断地层对隧道结构的地震作用力,通常采用的减震材料有橡胶、加气砂浆等柔性材料。

8.1.2 立体交叉隧道的针对性抗减震措施

上述抗震措施是面向所有隧道结构乃至地下结构的一般性抗震措施，无论是对于单体隧道还是立体交叉隧道，均具有一定的抗震效果。由前述研究成果可知，地震荷载作用下，立体交叉隧道的动力响应比单体隧道大，地震烈度越高、围岩条件越差、净距越小、交叉角越小，则立体交叉隧道的地震动力响应越大。因此在立体交叉隧道设计阶段，应该尽量避免以斜交方式穿越既有隧道，并使两者保持一定的净距，以减小两者在地震作用下的相互影响。

为获得立体交叉隧道不同地震影响分区范围内的合理抗减震措施，结合表7-1中隧道的一般抗震措施以及立体交叉隧道地震动力响应关键因素的研究成果，设计工况采用3种具有代表性且应用较为普遍的抗减震措施，包括围岩加固、增加衬砌刚度（厚度）以及设置新型减震层，分别探讨该3种抗减震措施的效果。为使计算结果方便工程师的理解和应用，针对一种典型的立体交叉隧道（净距0.25D、围岩级别为V级、交叉角为90°、地震烈度为IX度）进行分析，其抗震措施的效果具有代表性意义，便于与单体隧道地震响应进行对比。

8.2 注浆加固围岩的抗减震效果分析

通过加固围岩来抗减震，即注浆加固立体交叉隧道衬砌一定范围内的围岩，从而改变围岩材料力学性能指标。围岩加固后，其物理力学性质基本上接近于注浆体的强度，因此，在数值计算时，注浆后的围岩可采用注浆体的物理力学参数。

高峰等[186]研究了注浆加固对隧道抗震性能的影响，其数值模型中所采用的围岩注浆加固参数如表8-2中的加固层①。陈武谨等[187]以引大济湟调水干渠引水隧洞中断层破碎带注浆加固为背景，运用数值模拟方法，分析了灌浆加固后管片受力情形。数值计算模型中加固后的围岩采用的物理力学参数见表8-2中的加固层②。凌燕婷等[188]以雅泸高速公路某隧道为背景，运用数值模拟方法分析注浆加固的抗震效果时，所采用的围岩加固参数见表8-2中的加固层③。

围岩加固后材料力学参数　　　　　　　　　　表8-2

材料	密度（kg/m³）	弹性模量（GPa）	泊松比	黏聚力（kPa）	摩擦角（°）
加固参数①	2 300	1.2	0.30	150	38
加固参数②	2 400	2.0	0.28	300	42
加固参数③	2 500	3.0	0.23	600	45

为分析不同注浆加固参数的抗减震效果，采用如表8-2所示的3种工况的计算力学参数。通常软弱围岩加固后的强度增长较大，而硬质围岩注浆加固后其强度增长相对较小，表8-2所示材料①为V级围岩注浆加固后的参数，材料②为IV级围岩注浆加固后的参数，材料③为III级围岩注浆加固后的参数。与此同时，还考虑了加固范围（即加固圈厚度）的变化，分别取1m、2m和3m。

8.2.1 加固厚度

以正交试验工况3为典型工况，其典型工况参数为：净距为0.25D，V级围岩，交叉角为

90°,地震烈度为Ⅸ度。不采取任何抗震措施,即为 0 工况。抗震措施工况采用加固材料①所对应的物理力学参数,设置的加固厚度分别为 1m、2m 和 3m。图 8-1 为注浆加固围岩的模型示意图,由前述研究成果可知,地震作用下立体交叉隧道的第 1 主应力变化很小,为分析立体交叉隧道的抗减震效果,以第 3 主应力、塑性压应变、相对位移作为主要考察指标展开研究,加固后立体交叉隧道地震第 3 主应力、塑性压应变、位移分布如图 8-2 ~ 图 8-4 所示,相应 4 个特征部位的时程曲线如图 8-5 ~ 图 8-8 所示,不同注浆加固厚度下立体交叉上跨隧道二次衬砌抗震性能指标的最大值如表 8-3 所示,得到各抗震指标随注浆加固厚度的变化趋势曲线如图 8-9 所示。分析如下:

(1)由云图及时程曲线可知,注浆加固后立体交叉上跨隧道的地震响应最不利位置、响应规律并未发生变化。

(2)由变化趋势曲线可知,注浆加固后,立体交叉上跨隧道的第 3 主应力、轴力、弯矩等指标随加固厚度的增加而增大,塑性压应变、相对位移等指标随加固厚度增加而减小,这与前述研究结论一致,当注浆加固厚度为 3m 时,相比于未加固时上跨隧道地震第 3 主应力增大 13.35%,每延米二次衬砌截面轴力增大 94.05%,每延米二次衬砌截面弯矩增大 134.96%,塑性压应变减小 39.55%、相对位移减小 31.99%。

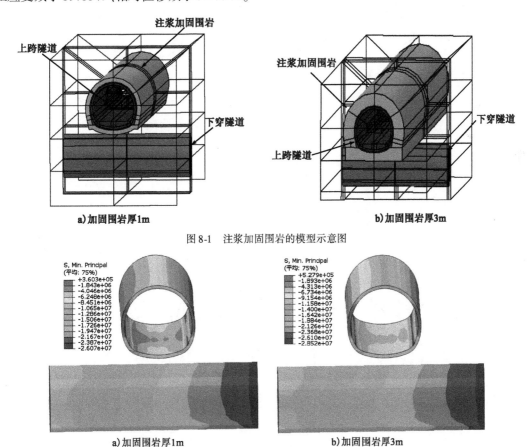

图 8-1 注浆加固围岩的模型示意图

图 8-2 立体交叉隧道地震第 3 主应力云图

S, Min. Principal-第 3 主应力

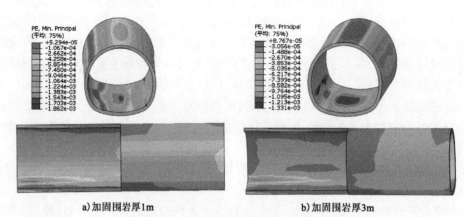

a) 加固围岩厚1m　　　　　b) 加固围岩厚3m

图 8-3　立体交叉隧道地震塑性压应变云图

PE, Min. Principal-塑性压应变

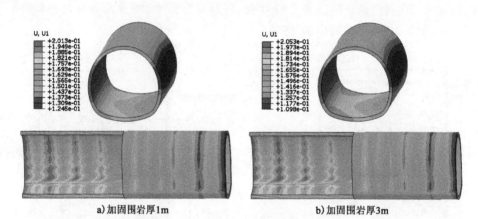

a) 加固围岩厚1m　　　　　b) 加固围岩厚3m

图 8-4　立体交叉隧道地震位移云图

U, U1-位移

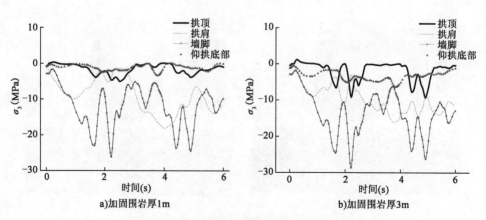

a) 加固围岩厚1m　　　　　b) 加固围岩厚3m

图 8-5　上跨隧道特征点地震第 3 主应力时程曲线

第8章 基于影响分区的立体交叉隧道抗减震措施研究

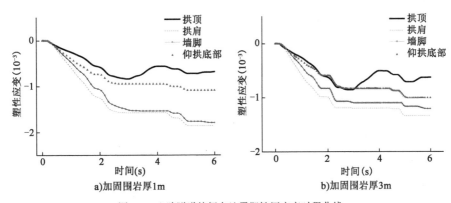

图 8-6 上跨隧道特征点地震塑性压应变时程曲线

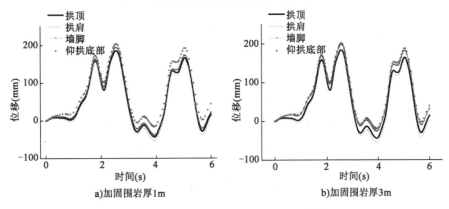

图 8-7 上跨隧道特征点地震位移时程曲线

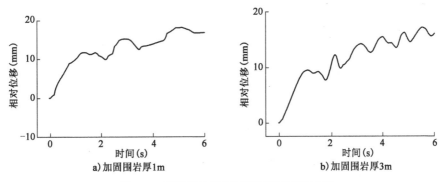

图 8-8 上跨隧道特征点地震相对位移时程曲线

加固围岩厚度的抗震效果　　　　　　　表 8-3

工况	围岩级别	加固圈厚度 (m)	σ_3 (MPa)	塑性应变 (10^{-3})	相对位移 (mm)	每延米截面最大内力	
						轴力(kN)	弯矩(kN·m)
0	V	0	25.31	2.20	25.32	4 165	488.6
1-1	V	1	26.17	1.86	22.64	6 258	782.1
1-2	V	2	27.42	1.55	19.35	7 375	1 050.3
1-3	V	3	28.69	1.33	17.22	8 082	1 148.0

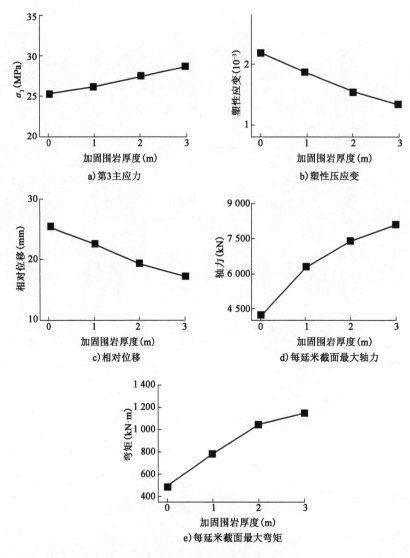

图 8-9　各抗震指标随注浆加固厚度变化趋势

8.2.2　不同围岩下注浆的抗震效果

为研究不同围岩条件下注浆加固围岩所产生的抗震效果,同样采用如 8.2.1 节所述典型立体交叉隧道加固模型:净距为 $0.25D$,交叉角为 $90°$,地震烈度为Ⅸ度;采用表 8-4 中 3 种加固材料的力学参数,注浆加固围岩厚度均为 3m,由前述研究成果可知,立体交叉隧道的地震第 1 主应力、加速度响应受围岩参数影响较小,因此仅针对立体交叉隧道最大地震第 3 主应力、塑性压应变、位移等指标展开分析,得到立体交叉隧道第 3 主应力、塑性压应变、位移分布情况如图 8-10 ~ 图 8-12 所示,相应的地震响应时程曲线如图 8-13 ~ 图 8-16 所示,注浆加固后各工况围岩抗震指标最大值见表 8-4,得到各抗震指标随注浆后围岩参数的变化趋势曲线如图 8-17 所示。

不同围岩下注浆加固的抗震效果　　　　　　　　表 8-4

工况	围岩级别	加固圈厚度（m）	σ_3（MPa）	塑性应变（10^{-3}）	相对位移（mm）	每延米截面最大内力	
						轴力（kN）	弯矩（kN·m）
2-3	Ⅲ	0	30.70	0.77	4.43	7 196	1 087.0
2-4	Ⅲ	3	34.73	0.64	3.52	13 319	1 726.7
2-1	Ⅳ	0	27.88	1.49	23.21	5 938	851.2
2-2	Ⅳ	3	31.57	1.12	15.89	11 528	1 482.0
0	Ⅴ	0	25.31	2.20	25.32	4 165	488.6
1-3	Ⅴ	3	28.69	1.33	17.22	8 082	1 148.0

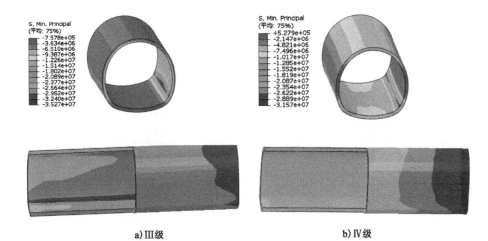

a) Ⅲ级　　　　　　　　b) Ⅳ级

图 8-10　加固 3m 后立体交叉隧道地震第 3 主应力云图

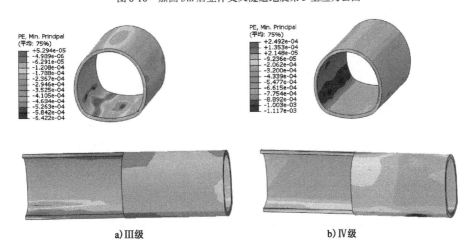

a) Ⅲ级　　　　　　　　b) Ⅳ级

图 8-11　加固 3m 后立体交叉隧道地震塑性压应变云图

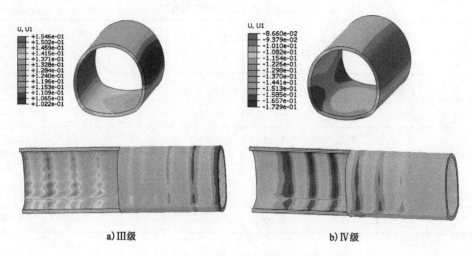

图 8-12 加固 3m 后立体交叉隧道地震位移云图

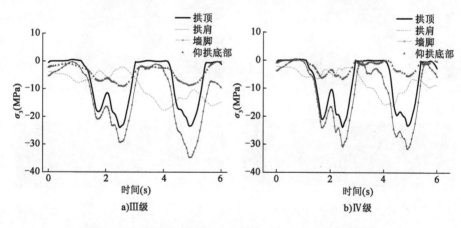

图 8-13 加固 3m 后立体交叉上跨隧道地震第 3 主应力时程曲线

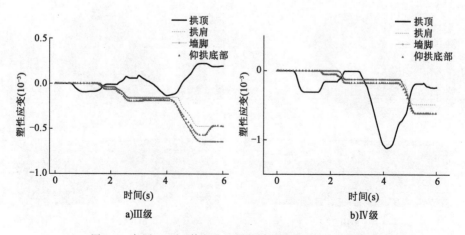

图 8-14 加固 3m 后立体交叉上跨隧道地震塑性压应变时程曲线

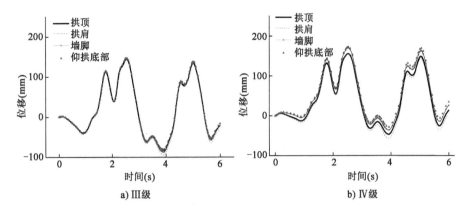

图 8-15 加固 3m 后立体交叉上跨隧道地震位移时程曲线

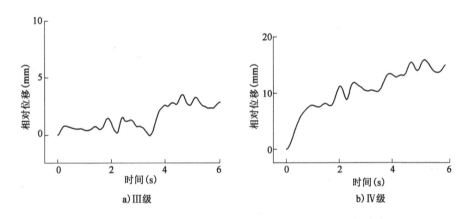

图 8-16 加固 3m 后立体交叉上跨隧道地震相对位移时程曲线

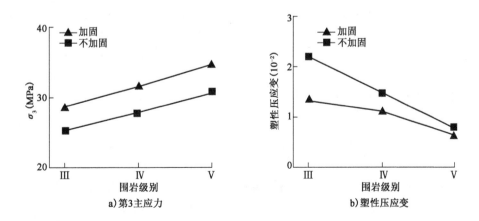

图 8-17

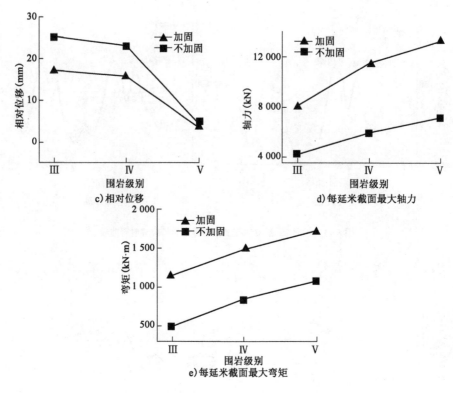

图 8-17 各抗震指标随注浆加固厚度变化趋势

经分析可知：

(1) 由云图及时程曲线可知，采用注浆加固围岩后，立体交叉上跨隧道地震动力响应最大位置及相应规律并未发生变化。

(2) 不同围岩级别下，采用注浆加固围岩均使得立体交叉上跨隧道的地震第 3 主应力、轴力、弯矩最大值增大，使得塑性压应变、相对位移减小。Ⅴ级围岩注浆加固 3m 后，立体交叉上跨隧道二次衬砌地震第 3 主应力、每延米轴力、弯矩最大值分别增大 13.35%、94.05%、134.96%，塑性压应变、相对位移分别减小 39.55%、31.99%；Ⅲ级围岩注浆加固 3m 后上跨隧道二次衬砌地震第 3 主应力、每延米轴力、弯矩等指标的最大值分别减小 13.13%、85.09%、58.85%，塑性压应变、相对位移分别减小 16.88%、20.54%，这表明，围岩参数越差，注浆加固引起地震响应的变化幅度越大。

8.3 增大二次衬砌厚度抗减震效果分析

在加固围岩不能满足立体交叉隧道抗震要求时，可以采取被动减震措施，增大隧道二次衬砌的厚度，以增强结构的承载力。为分析增大上跨隧道二次衬砌厚度对立体交叉隧道的抗震效果的影响，以净距为 0.25D、Ⅴ级围岩、交叉角为 90°、地震烈度为Ⅸ度的立体交叉隧道为例，采用 3 种工况模拟二次衬砌厚度为 50cm、70cm、90cm 时，立体交叉上跨隧道的抗震性能进行分析，增厚二次衬砌模型示意图如图 8-18 所示。

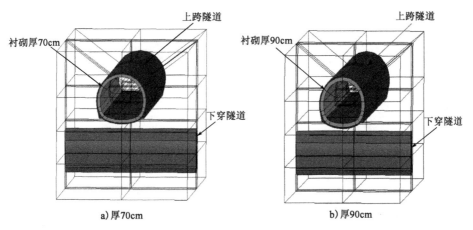

图 8-18 增厚二次衬砌模型示意图

为评价衬砌厚度增大的抗震效果,采用震后隧道二次衬砌主应力、等效塑性应变以及轴力弯矩峰值等指标进行对比,二次衬砌厚度为 70cm、90cm 时,立体交叉隧道地震第 3 主应力、塑性压应变、位移分布云图如图 8-19 ~ 图 8-21 所示,相应的地震响应时程曲线如图 8-22 ~ 图 8-25 所示,不同二次衬砌厚度下,上跨隧道地震响应最大值如表 8-5 所示,得到各抗震性能指标随二次衬砌厚度的变化趋势曲线如图 8-26 所示。由以上计算结果分析如下:

(1)由云图及时程曲线可知,增大立体交叉上跨隧道二次衬砌厚度,隧道的地震响应最大部位并未发生改变,第 3 主应力、塑性压应变最大值均位于墙脚位置处。

(2)由变化趋势曲线可知,二次衬砌厚度增加后,立体交叉上跨隧道地震第 3 主应力略有增大,轴力、弯矩最大值增长较多,塑性压应变、相对位移最大值减小,当二次衬砌厚度增大为 90cm,其第 3 主应力最大值增加 1.3%,每延米二次衬砌截面轴力增大 31.02%,弯矩增大 225.01%,最大地震塑性压应变减小 35.0%,相对位移减小 35.70%。

(3)由结构力学和材料力学基本原理可知,增大二次衬砌厚度,其截面抗弯刚度呈二次曲线增长,正截面承载力呈线性增长,当二次衬砌厚度增大为 90cm 时,截面的抗弯刚度增大为原来的 3.24 倍,正截面承载力增大 1.8 倍,一定程度上能起到抵抗弯矩增大的影响,在地震中,可以有效提高结构的抗震性能。

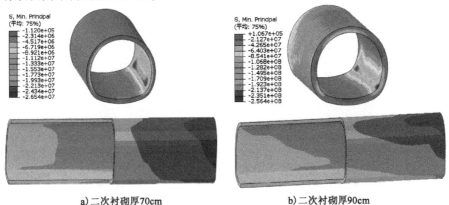

图 8-19 上跨隧道二次衬砌增厚后地震第 3 主应力云图

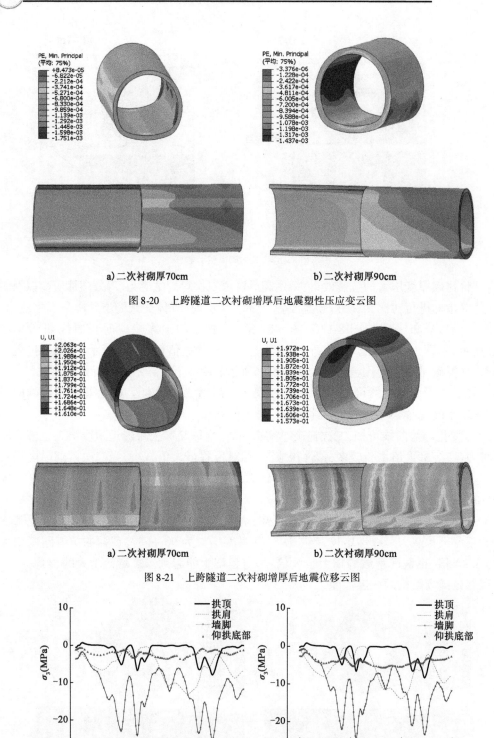

a) 二次衬砌厚70cm   b) 二次衬砌厚90cm

图 8-20 上跨隧道二次衬砌增厚后地震塑性压应变云图

a) 二次衬砌厚70cm   b) 二次衬砌厚90cm

图 8-21 上跨隧道二次衬砌增厚后地震位移云图

a) 二次衬砌厚70cm   b) 二次衬砌厚90cm

图 8-22 上跨隧道二次衬砌增厚后地震第 3 主应力时程曲线

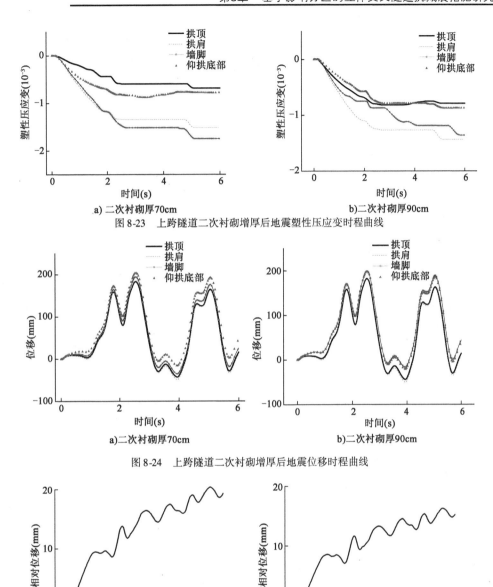

a) 二次衬砌厚70cm 　　　　　　b) 二次衬砌厚90cm

图 8-23　上跨隧道二次衬砌增厚后地震塑性压应变时程曲线

a) 二次衬砌厚70cm 　　　　　　b) 二次衬砌厚90cm

图 8-24　上跨隧道二次衬砌增厚后地震位移时程曲线

a) 二次衬砌厚70cm 　　　　　　b) 二次衬砌厚90cm

图 8-25　上跨隧道二次衬砌增厚后地震相对位移时程曲线

增大衬砌厚度的抗震效果　　　　　　　　　　　　　表 8-5

工　况	围岩级别	衬砌厚度 (cm)	σ_3 (MPa)	塑性应变 (10^{-3})	相对位移 (mm)	每延米截面最大内力	
						轴力 (kN)	弯矩 (kN·m)
0	V	50	25.31	2.20	25.32	4 165	488.6
3-1	V	70	25.38	1.75	20.42	4 936	1 109.0
3-2	V	90	25.64	1.4	16.28	5 457	1 588.0

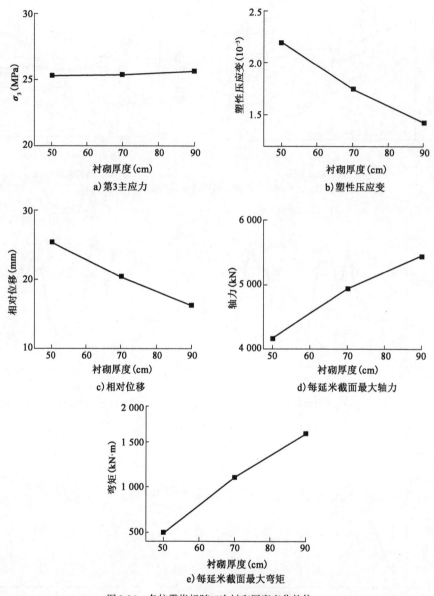

图 8-26 各抗震指标随二次衬砌厚度变化趋势

8.4 设置新型减震层抗减震效果分析

橡胶属于超弹性材料,兼有弹性和黏性两种独特性能,依赖橡胶聚合材料内部高分子之间的能量转换和耗散吸能,其减震效应显著,在现代机械减震领域占据着及其重要的地位。在地震时,因橡胶材料的黏性,部分机械能则转化为热能耗散掉,在地震后,橡胶材料又可恢复其弹性,设置减震层属于主动减震方法,本节采用橡胶作为隧道减震层材料,设置于初期支护与二次衬砌之间,上跨隧道减震层设置示意图如图 8-27 所示。

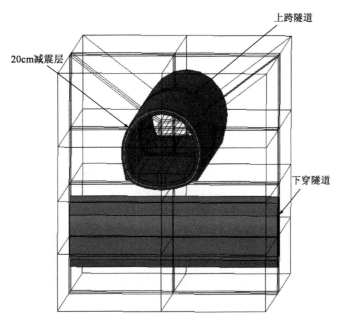

图 8-27 减震层设置示意

人们对超弹性材料的认识经历了一轮大发展,提出的本构模型[189-190]达数十种,超弹性材料的本构模型大致可分为两大类:一类是基于分子网络热力学统计理论,如 Arruda-Boyce 模型[191];另一类是唯象模型,如 Yeoh 模型[192],Moonney-Rivlin 模型[193]。由于 Yeoh 模型具有简单实用,参数易得等优点,因此本文选择此种模型对橡胶材料进行模拟,具体参数如下:橡胶为超弹性材料,其力学特性一般采用应变能密度方程进行表征,应力 K 与应变能密度 W 的关系可表示为

$$K = 2\frac{\partial W}{\partial C} \qquad C = F^{\mathrm{T}} \cdot F \tag{8-1}$$

式中:C——Cauchy-Green 变形张量;

F——变形梯度张量。

其中,应变能密度 W 可用变形张量 C 的 3 个不变量来表示:

$$W = W(I_c, II_c, III_c) \tag{8-2}$$

式中,

$$\begin{cases} I_c = \lambda_1^2 + \lambda_2^2 + \lambda_3^2 \\ II_c = \lambda_1^2\lambda_2^2 + \lambda_2^2\lambda_3^2 + \lambda_3^2\lambda_1^2 \\ III_c = \lambda_1^2\lambda_2^2\lambda_3^2 \end{cases} \tag{8-3}$$

式中:λ_1、λ_2、λ_3——三个方向的伸长比。

结合上述三式,可得,

$$K = 2\left[\left(\frac{\partial W}{\partial I_c} + I_c\frac{\partial W}{\partial II_c}\right)I - \frac{\partial W}{\partial II_c}C + III_c\frac{\partial W}{\partial c}III C^{-1}\right] \quad (8-4)$$

$$K = JF^{-1} \cdot \sigma \cdot (F^{-1})^{\mathrm{T}} \quad (8-5)$$

根据 Cayley-Hamilton 定理,可得

$$\sigma = -pI + 2\frac{\partial W}{\partial I_B}B - 2\frac{\partial W}{\partial II_B}B^{-1} \quad (8-6)$$

$$B = F \cdot F^{-1} \quad (8-7)$$

式中:p——静水压力。

然后将应变能密度函数 W 用 I_c、II_c 的级数进行展开,得到

$$W = \sum_{i,j=0}^{\infty} C_{ij}(I_c - 3)^i(II_c - 3)^j \quad C_{00} = 0 \quad (8-8)$$

Yeoh 将式(7-7)中的 II_c 项剔除,只保留前三阶项,有:

$$W = C_{10}(I_c - 3) + C_{20}(I_c - 3)^2 + C_{30}(I_c - 3)^3 \quad (8-9)$$

式中:C_{10}、C_{20}、C_{30}——参数,由单轴拉伸试验获得。

本文橡胶材料参数如表 8-6 所示。

橡胶材料参数　　　　　　　表 8-6

密度(kg/m³)	C_{10}	C_{20}	C_{30}
1 050	881 226	-2 481	1 675

建模过程中,橡胶材料与初期支护之间的接触采用面面接触,切向采用罚函数,摩擦系数为 0.33,法向为硬接触,橡胶材料为从面。橡胶材料的阻尼参数 α 取为 0.28,β 取 0.001。实际计算时,考虑如下工况:将不加减震层的方案设置为 0 方案。

为评价不同减震层厚度所产生的抗震效果,同样采用立体交叉上跨隧道二次衬砌第 3 主应力、塑性压应变、位移以及轴力弯矩峰值等指标进行对比分析,减震层分别为 5cm、20cm 时立体交叉隧道的第 3 主应力、塑性压应变、位移分布云图如图 8-28 ~ 图 8-30 所示,相应的地震响应时程曲线如图 8-31 ~ 图 8-34 所示,立体交叉上跨隧道地震响应最大值如表 8-7 所示,得到各抗震性能指标随减震层厚度的变化趋势曲线如图 8-35 所示。由分析可知:

(1)设置橡胶减震层,立体交叉上跨隧道的地震应力云图及响应规律产生了一些变化,上跨隧道的应力逐渐减小,墙脚仍是第 3 主应力的最大值部位,但是其时程曲线不再呈现"双 W"形,塑性应变、位移、相对位移的地震响应规律仍与不设减震层时相同。

(2)设置橡胶减震层,可有效降低立体交叉上跨隧道的地震第 3 主应力、轴力、弯矩的最大值,但同时增大了隧道的塑性压应变、相对位移等指标。

(3)设置减震层,隧道的抗震承载力未降低,而结构的抗震指标显著下降,当设置 20cm 减震层时,立体交叉上跨隧道二次衬砌地震第 3 主应力、每延米截面轴力、弯矩的最大值比不设减震层时分别减小 39.04%、34.14%、45.60%。

第8章 基于影响分区的立体交叉隧道抗减震措施研究

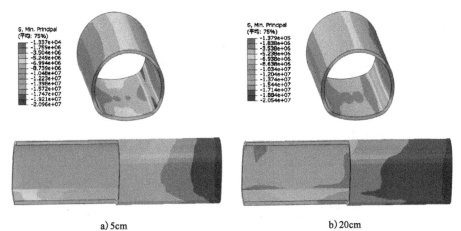

a) 5cm　　　　　　　　　　　b) 20cm

图 8-28　设减震层后隧道地震第 3 主应力云图

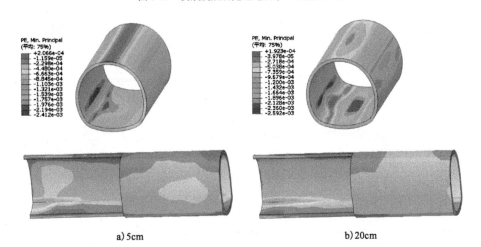

a) 5cm　　　　　　　　　　　b) 20cm

图 8-29　设减震层后隧道地震塑性压应变云图

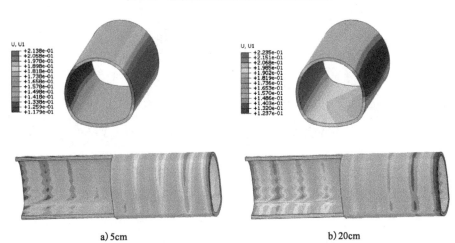

a) 5cm　　　　　　　　　　　b) 20cm

图 8-30　设减震层后隧道地震位移云图

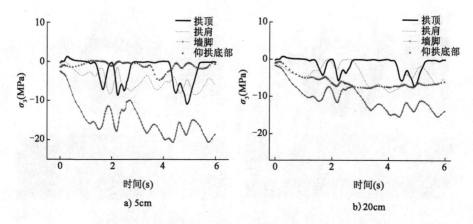

图 8-31　上跨隧道设减震层后地震第 3 主应力时程曲线

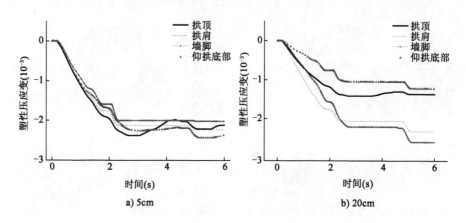

图 8-32　上跨隧道设减震层后地震塑性压应变时程曲线

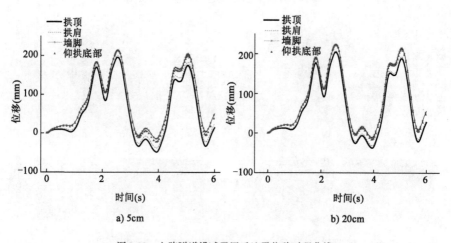

图 8-33　上跨隧道设减震层后地震位移时程曲线

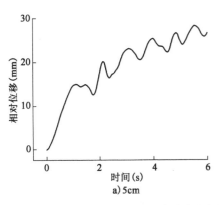
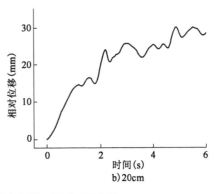

图 8-34　上跨隧道设减震层后地震相对位移时程曲线

设置减震层的抗震效果　　　　　　　　　　　　表 8-7

工　况	围岩级别	减震层厚度（cm）	σ_3（MPa）	塑性应变（10^{-3}）	相对位移（mm）	每延米截面最大内力	
						轴力（kN）	弯矩（kN·m）
0	V	0	25.31	2.20	25.32	4 165	488.6
4-1	V	5	20.65	2.41	28.44	3 476	362.7
4-2	V	10	18.09	2.54	29.61	3 095	316.2
4-3	V	20	15.43	2.59	30.18	2 743	265.8

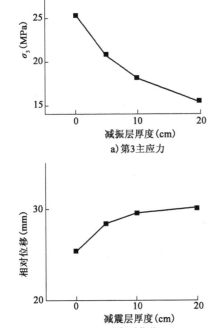
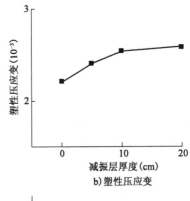
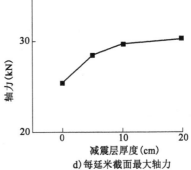

图 8-35

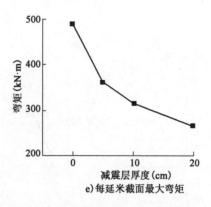

e) 每延米截面最大弯矩

图 8-35 各抗震指标随减震层厚度变化趋势

对比分析 3 种不同抗震措施的效果,可知:

(1)注浆加固围岩及增大二次衬砌截面均属于刚性抗震措施,其抗震效果相似,均使得抗震措施保护目标(上跨隧道)的第 3 主应力、轴力、弯矩最大值增大,塑性压应变、位移及相对位移减小,增加的截面尺寸或加固围岩的厚度越大,则地震响应的变化幅度越大,二次衬砌截面由 50cm 增大为 90cm,立体交叉上跨隧道地震第 3 主应力、每延米截面轴力、弯矩最大值分别增大 1.3%、31.02%、225.01%,塑性压应变、相对位移分别减小 35.0%、35.70%。

(2)设置橡胶减震层,改善了初支与二次衬砌之间的接触关系,显著减小了保护目标的第 3 主应力、轴力、弯矩最大值,V 级围岩下设置减震层,立体交叉上跨隧道二次衬砌的第 3 主应力、每延米轴力、弯矩分别减小 39.04%、34.14%、45.60%,但同时也增大了塑性压应变及相对位移最大值。

(3)增大隧道二次衬砌截面厚度,隧道的地震第 3 主应力、轴力、弯矩也会增大,但与此同时,二次衬砌的承载能力(抗弯刚度及正截面承载力)增长幅度更大,使受保护的隧道能有效抵抗地震作用;设置减震层时,在隧道承载能力不降低的情况下,能大幅降低隧道的应力及内力;而采用注浆加固围岩,起到的抗震作用相对有限。

为研究不同抗震措施的效果,以下按照相关抗震规范所采用的方法,分别计算不同抗震措施下立体交叉上跨隧道二次衬砌的安全系数,以此反映 3 种抗震措施的优劣。

8.5 基于影响分区的立体交叉隧道抗减震措施

8.5.1 不同影响分区条件下的立体交叉隧道安全性检算

根据《铁路工程抗震设计规范》(GB 50111—2006),确定混凝土结构强度安全系数,如表 8-8 所示。

结构强度安全系数 表 8-8

强度条件	材料种类	
	钢筋混凝土	混凝土
达到抗压极限强度	1.5	1.8
达到抗拉极限强度	1.8	2.5

(1)素混凝土二次衬砌安全系数

按照《铁路隧道设计规范》(TB 10003—2016)[194],强震作用下,对于Ⅲ级围岩,二次衬砌为素混凝土结构,素混凝土偏心受压构件的抗压强度安全系数计算如下式:

$$K = \frac{\varphi \alpha R_a b h}{N} \tag{8-10}$$

式中:R_a——混凝土的抗压极限强度(MPa);
　　　K——抗压安全系数;
　　　b——每延米二次衬砌截面宽度(m);
　　　h——每延米二次衬砌截面厚度(m);
　　　N——每延米二次衬砌截面轴力(kN);
　　　φ——构件的纵向弯曲系数,对于隧道衬砌、明洞拱圈及墙背紧密回填的边墙,可取1.0;
　　　α——轴力偏心影响系数,可用下式进行计算:

$$\alpha = 1.0 + 0.648\left(\frac{e_0}{h}\right) - 12.569\left(\frac{e_0}{h}\right)^2 + 15.444\left(\frac{e_0}{h}\right)^3 \tag{8-11}$$

素混凝土矩形截面偏心受压构件的抗拉强度安全系数:

$$K = \frac{1.75\varphi R_l b h}{N\left(\frac{6e_0}{h} - 1\right)} \tag{8-12}$$

式中:R_l——素混凝土的抗拉极限强度(MPa);
　　　e_0——截面偏心距(m),当 $e_0 \leq 0.2h$ 时,由抗压强度控制承载能力。

(2)钢筋混凝土二次衬砌安全系数

隧道二次衬砌属于偏心受压构件,且为对称配筋,构件受压区高度 x 根据下式确定:

$$R_g(A_g e \mp A'_g e') = R_w b x (e - h_0 + x/2) \tag{8-13}$$

式中:R_g——钢筋设计强度(MPa);
　　　A_g、A'_g——受拉、受压钢筋的截面面积(m²);
　　　e、e'——钢筋 A_g 和 A'_g 的重心至轴向力作用点的距离(m);
　　　R_w——混凝土弯曲抗拉极限强度(MPa);
　　　h_0——截面有效高度(m)。

式(8-13)为一元二次方程,求解得

$$x = (h_0 - e) \pm \sqrt{(h_0 - e)^2 + \frac{2R_g A_g (h_0 - 2a_s)}{R_w b}} \tag{8-14}$$

$$\begin{cases} x \leq 0.55 h_0 & 大偏心受压 \\ x > 0.55 h_0 & 小偏心受压 \end{cases} \tag{8-15}$$

①大偏心受压构件:

$$K = \frac{R_w bx + R_g(A'_g - A_g)}{N} \quad (8\text{-}16)$$

式中:N——每延米二次衬砌截面所受轴力值(kN)。

$$K = \frac{R_w bx(h_0 - x/2) + R_g A'_g(h_0 - a')}{Ne} \quad (8\text{-}17)$$

②小偏心受压构件：

$$K = \frac{0.5R_a bh_0^2 + R_g A'_g(h_0 - a')}{Ne} \quad (8\text{-}18)$$

采用动力时程分析法首先得到隧道二次衬砌每延米截面的轴力及弯矩最大值,然后按照以上公式计算二次衬砌的最小安全系数,对于同一围岩级别,铁路隧道通常采用相同或相近的支护参数。参考《时速160公里客货共线铁路双线隧道复合式衬砌(普通货物运输)》〔通隧(2008)1002〕,选取相应围岩级别深埋隧道标准图参数作为本次计算的二次衬砌参数,如表8-9所示。

深埋隧道二次衬砌参数　　　　　　　　　　　　　　　　　表8-9

围岩级别	混 凝 土	二次衬砌厚度(cm)	配　筋	每延米配筋率(%)
Ⅲ	C35 素混凝土	40	—	—
Ⅳ	C35 钢筋混凝土	45	φ18@200	0.42
Ⅴ	C35 钢筋混凝土	50	φ20@200	0.52

取隧道每延米截面的内力及弯矩进行安全系数验算,验算截面示意图如图8-36所示,二次衬砌为矩形截面,以Ⅴ级围岩衬砌截面为例,每延米二次衬砌截面为长1m,厚0.5m,采用如表8-10所示的二次衬砌参数,根据式(8-9)~式(8-17)进行截面强度验算,获取隧道在Ⅸ度El-centro地震波作用下的安全系数,如表8-10所示。

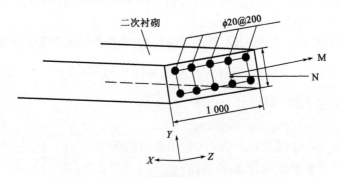

图8-36　每延米二次衬砌验算示意图(尺寸单位:mm)

Ⅸ度区立体交叉隧道采取抗震措施前后隧道安全系数　　　　　　表8-10

围岩级别	措施编号	抗 震 措 施	安 全 系 数	
			抗震前	抗震后
Ⅲ	1	增设2φ16@200钢筋	0.18	0.73
	2	增大二次衬砌厚度25cm		0.30
	1+2	2φ16@200钢筋+二次衬砌增厚25cm		1.51

续上表

围岩级别	措施编号	抗 震 措 施	安 全 系 数	
			抗震前	抗震后
Ⅳ	1	配筋由 2ϕ18 增大为 2ϕ22	1.19	1.32
	2	增大二次衬砌厚度 15cm		1.67
	1+2	配筋增大为 2ϕ22 + 二次衬砌增厚 15cm		1.71
Ⅴ	1	配筋由 2ϕ20 增大为 2ϕ25	2.01	2.08
	2	增大二次衬砌厚度 20cm		3.17
	3	设置 20cm 减震层		3.25
	1+2+3	配筋增大为 2ϕ25 + 二次衬砌增厚 20cm + 20cm 减震层		5.19

注：表中Ⅴ级围岩内力数据为采取抗震措施后的数值计算结果，Ⅲ、Ⅳ围岩内力数据为采取抗震措施前的计算结果。

抗震措施1：在素混凝土二次衬砌中增设钢筋或增大配筋率，提高二次衬砌延性及承载力。

抗震措施2：增大二次衬砌厚度，提高隧道的承载力。

抗震措施3：设置减震层，改善初期支护与二次衬砌之间的接触关系，减小地震荷载作用。

由分析可知：

(1)围岩参数越好，围岩的刚性越大，隧道的地震内力越大，隧道的抗震性能也越差。

(2)对于素混凝土二次衬砌，增配钢筋比增加衬砌厚度能更有效地提高抗震安全系数；对于钢筋混凝土衬砌，设置减震层、增大二次衬砌厚度、增加配筋率都能增大隧道的抗震安全性能，设置减震层、增大二次衬砌厚度减震效果明显且操作性较强，易于实现。

(3)Ⅸ度地震烈度地区，Ⅲ级围岩下立体交叉隧道的抗震性能由受拉安全系数控制，隧道二次衬砌安全系数为 0.18 < 1.8；不满足要求。当设置 2ϕ16@200 钢筋，其安全系数提高为 0.73；仅增大二次衬砌厚度 25cm，安全系数提高为 0.30；增大二次衬砌厚度 25cm 的同时增配 2ϕ16@200 钢筋，Ⅲ级围岩立体交叉上跨隧道的安全系数提高为 1.51 > 1.5。

(4)Ⅸ度地震烈度地区，Ⅳ级围岩下立体交叉隧道的抗震安全系数为 1.19，不满足规范要求，将二次衬砌配筋由 ϕ18 增大为 ϕ22，安全系数提高为 1.32；二次衬砌厚度增加 15cm，隧道的抗震安全系数提高为 1.67；增大二次衬砌厚度 15cm 的同时将配筋增大为 ϕ22，此时隧道的抗震安全系数提高为 1.71。

(5)Ⅸ度地震烈度地区，Ⅴ级围岩下立体交叉隧道的抗震安全系数为 2.01，可满足规范要求，将二次衬砌配筋由 ϕ20 增大为 ϕ25，安全系数提高为 2.08；二次衬砌厚度增加 20cm，隧道的抗震安全系数提高为 3.17；设置 20cm 减震层，隧道的抗震安全系数提高为 3.25；增大二次衬砌厚度 20cm、增设 20cm 减震层同时将配筋增大为 ϕ25，此时隧道的抗震安全系数提高为 5.19。

8.5.2 基于影响分区的立体交叉隧道抗减震措施建议

(1)在设计阶段选择合理的立体交叉隧道特性参数，如交叉角度和隧道净距，减小立体交叉隧道相互之间的不利影响。根据研究成果，避免新建隧道以斜交方式穿越既有隧道、推荐净距宜在 1.0D(上跨隧道最大净空)以上。

(2)不采取抗震措施时，立体交叉上跨隧道的抗震安全性能：地震烈度越高、围岩刚性越大,两交叉隧道净距越小,隧道所受地震荷载作用越强,不采取抗震措施情况下,Ⅸ度地震烈度区,交叉净距为0.25D时,Ⅲ、Ⅳ、Ⅴ级围岩下立体交叉上跨隧道的抗震安全系数分别为0.18、1.19、2.01,可见高烈度硬岩区立体交叉隧道抗震性能较差,不能满足要求,应综合采用多种抗震措施以增强隧道的抗震性能,如设减震层、增加衬砌厚度并增设配筋,对于围岩刚性较小、地震烈度较小的地区不采取措施,即可满足规范的抗震要求。

(3)各抗震措施效果:①注浆加固围岩增大了隧道的地震作用,使结构在地震中的受力更为不利,尤其在围岩较好地情况下不推荐使用;②素混凝土结构增设配筋,提高了隧道结构的延性及承载力,比增厚衬砌的抗震效果更为明显;③钢筋混凝土结构增厚衬砌,显著增大了结构的刚性及承载力,同时隧道所受的地震作用也更强,地震内力增高,比增加配筋率效果更好;④设置减震层,在不减小承载力的前提下,可大幅度减小隧道所受的地震作用。

第9章 立体交叉隧道抗减震措施关键施工技术

减轻隧道震害主要有两条途径,即抗震与减震,过去常采用抗震技术,即增加隧道结构刚性和强度来抵御地震的冲击,但是隧道刚度越大,所受到地震作用力也会相应增大,在这种情况下,在隧道中设置特殊构造以降低地震时地层对隧道结构的冲击作用。

减震的方式也有两种:1)改变结构自身的性能(刚度、质量、强度、阻尼等)来减小隧道的刚性,使之易于追随地层的变形,从而减小隧道的反应;2)在隧道与围岩之间设置减震层,使地震的冲击作用难以传递到隧道上来,从而减小隧道结构的地震反应。

9.1 抗 震 措 施

目前,主要通过两种途径来进行隧道抗震设计,即结构加强和围岩加固。

9.1.1 结构加强

结构加强主要是通过增加隧道衬砌刚度和强度来抵御地震作用,如采用钢筋混凝土、钢纤维混凝土、聚合物混凝土等措施提高隧道衬砌结构刚度。但隧道具有追随地层变形的地震动力特性,地震时,随着隧道刚度增大,隧道衬砌所受的内力也会增大,使得隧道结构抗震性能的提升大打折扣。

国内外专家研究结果表明,加大衬砌刚度,隧道边墙和拱顶等部位的加速度响应随之增大,所承受的地震荷载也将增加。柔性结构可有效减少隧道的加速度响应,但刚度不足将导致结构位移增大,影响隧道的正常使用。合理的隧道抗震结构应该具备一定的柔度,使其在地震作用下能有效地耗散能量,减小动力响应,同时在围岩压力、地震荷载作用下的变形满足要求。

《建筑结构抗震设计规范》(GB 50011—2010)中针对地下工程的部分抗震构造做出了如下规定:

(1)地下建筑周围土体和地基存在液化土层时,应采取注浆加固和换土等消除或减轻液化影响的措施。

(2)地下建筑位于岩石地段时:

①其口部通道和未经注浆加固处理的断层破碎带区段采用复合式支护结构时,内衬结构

应采用钢筋混凝土衬砌,不得采用素混凝土衬砌。

②当采用离壁式衬砌时,内衬结构应在拱墙相交处设置水平支撑抵紧混凝土衬砌。

③采用钻爆法施工时,初期支护和围岩地层间应密实回填,干砌块石回填时应采用注浆加强。

《铁路工程抗震设计规范》(GB 50111—2006)规定:

(1)隧道洞口、浅埋和偏压地段以及断层破碎带地段应根据计算结果进行抗震设计,其衬砌结构应予以加强。活动断层破碎带地段,必要时可根据实际情况预留断面净空。

(2)抗震设防段的隧道宜采用复合式衬砌结构,并采用带仰拱的曲墙式衬砌断面,设防段衬砌应设置变形缝。

(3)抗震设防段的隧道衬砌应采用钢筋混凝土结构,其强度不低于表9-1的规定。

隧道衬砌的材料种类和强度等级 表9-1

隧 道	围岩级别	材料种类及强度等级
二次衬砌	Ⅲ、Ⅳ	混凝土C25或钢筋混凝土C30
	Ⅴ、Ⅵ	钢筋混凝土C30

(4)对于浅埋、偏压、断层破碎带等不良地质地段的隧道,其衬砌背后应做压浆处理。

日本学者在隧道震害调查的基础上,总结了隧道易产生震害的部位,并在隧道抗震施工指南中规定了需进行抗震设防的区段如下:①隧道洞口段;②隧道上方有建筑物基础;③地质突变地段;④隧道地基下方地质变化明显;⑤处于易液化的砂层或易产生变位的地形或软弱地层;⑥隧道断面急剧变化部位。同时指出断面形式为曲墙仰拱的隧道比直墙铺底型的隧道抗震性能好。

9.1.2 围岩加固

围岩加固是指通过对围岩进行注浆等方法,提高围岩的整体性和强度,使围岩刚度与衬砌刚度相匹配,从而使隧道衬砌在地震中的响应减小。在围岩条件较差的地方,围岩加固也是规范设计中常用的工程措施。

目前,如图9-1所示,围岩加固抗震主要有三种形式:全环间隔注浆、全环接触注浆和局部注浆。相关学者的研究结果表明:注浆形式对隧道位移和内力响应的影响较为明显,且全环间隔注浆的抗震效果最好。注浆范围对隧道位移响应和内力响应较为明显,注浆范围越大,最大位移和内力减小越多,但随着注浆厚度超过一定数值后,注浆厚度的增加对位移、内力的影响减弱。

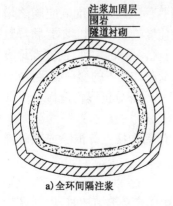
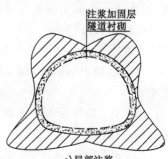

a) 全环间隔注浆　　b) 全环接触注浆　　c) 局部注浆

图9-1　围岩加固注浆形式

9.2 减震措施

9.2.1 改变隧道性能

改变隧道性能的减震措施主要是通过改变隧道刚度、质量、强度、阻尼等动力特性来减轻隧道的地震反应。实现这种方法主要有以下几种途径：

(1) 减轻质量

采用轻骨料混凝土减轻了混凝土的质量，从而减小隧道的地震反应。但轻骨料混凝土的强度较低，为此，在轻骨料混凝土中添加钢纤维等以提高其强度。陶粒混凝土、陶粒钢纤维混凝土属于这种材料。

(2) 增加强度和阻尼

①采用钢纤维混凝土，提高混凝土延性、抗折性、抗拉性、韧性等，使隧道在地震中大量吸能耗能，减轻地震反应。钢纤维喷混凝土、钢纤维模筑混凝土衬砌等属于这种措施。

②采用聚合物混凝土，增加混凝土的柔韧性、弹性和阻尼，使隧道吸收地震能量，减轻地震反应。聚合物混凝土、聚合物钢纤维混凝土等属于这种材料。

③在隧道中添加大阻尼材料，使其成为大阻尼复合结构，也可以得到很好地减震效果。增加阻尼有两种方法：一种方法是在隧道衬砌表面或内部增加阻尼，通过隧道的拉伸或剪切变形来耗能减震；另一种方法是在隧道的接头部位施设减震装置，在地震中，这些减震装置耗能减震，从而避免隧道进入非弹性状态或发生损坏。

(3) 调整隧道刚度

①采用刚性结构，大大增加隧道的刚度。这种隧道的地震反应接近于地面结构地震反应，由于隧道的变形受围岩变形控制，而围岩主要受剪切变形作用，其变形规律是上部大、下部小，因此，采用刚性结构必然使隧道承受更大的荷载。为了增加隧道的刚性，必然要增加材料的用量，这将使隧道的质量增大，地震荷载也将增大。

②采用柔性结构，大大减小隧道的刚度。这样做虽然能有效地减少隧道的加速度反应，减少地震荷载，但位移过大，可能会影响隧道的使用，也可能使隧道内部的装饰和辅助设施等遭受严重破坏。并且，在不可预见的荷载或轻微地震作用下刚度不足，将影响正常使用。这种做法在软弱围岩情况下可能还不能满足静力要求，因此很难推广应用。目前隧道设计中采用的喷混凝土衬砌、锚杆、钢纤维喷混凝土支护等应属于该类结构。这种支护结构和围岩的联系更加紧密，因此，其变形将完全受控于围岩，在软弱围岩情况下，地震时，围岩变形较大，则该类支护结构与围岩间的动土压力将增大，支护结构本身的位移、加速度等也将增大，此时，这类结构的耐震性将受到威胁，因此该类结构还有待于进一步研究。

③采用延性结构，适当控制隧道的刚度，使结构的某些构件在地震时进入非弹性状态，并且具有较大的延性，以消耗地震能量，减轻地震反应，使隧道"裂而不倒"。这种方法在很多情况下是有效的。例如，当隧道中采用管片式衬砌时，在管片的接头部位安装特殊螺栓，此时的隧道就属于延性结构。该类隧道也存在很多局限性：首先，由于接头进入非弹性状态，将使隧道的变形增大，可能使隧道内部的装饰、附属设备遭受严重破坏，损失巨大。其次，当遭遇超过

设计烈度地震时,将使重要部位的接头非弹性变形严重化,在地震后难以修复,或在地震中严重破坏,甚至倒塌,其震害程度难以控制。所以,延性结构的应用受到了很大限制。

三种结构比较。对于隧道减震,一直有"刚柔之争",即刚性衬砌和柔性衬砌哪一个耐震性能好,试验结果表明,在横向地震荷载作用下,刚性、柔性和延性三种结构中:①位移为延性结构最大,柔性结构较大,刚性结构最小;②加速度为延性结构最小,柔性结构次之,刚性结构最大;③周围土压力为延性结构最小,柔性结构次之,刚性结构最大;④结构内力为延性结构最小,柔性结构次之,刚性结构最大。由此可见,对于隧道减震来说,柔性结构优于刚性结构,延性结构优于柔性结构,但延性结构和柔性结构的位移都较大。因此,在隧道中限制了延性结构和柔性结构的使用。

9.2.2 减震装置

(1)减震材料基本要求

通过改变隧道动力特性来减震,可以在一定程度上达到减震的目的,但难以满足实际需要,为此,在隧道中设置减震层的减震方法被提出。一般隔震层设置于围岩与二次衬砌之间,当隔震层材料刚度大于围岩刚度,则相当于在围岩与二次衬砌之间设置了一层刚度大于围岩的材料,可以起到抵抗地震的作用,可以称之为抗震层;当隔震层材料刚度低于围岩,可以在地震来临时吸收地震能量,削弱围岩施加在隧道结构的地震作用,可以称之为减震层。

在隧道周围安装减震器或回填减震材料构成的减震系统称为整体减震,这种结构具有较高的减震效果。20世纪60年代初修建的北美防空司令部是整体减震的实例,该工程内设置的钢筋混凝土结构为三层建筑物,建筑物的两侧与底部用960根弹簧支撑,顶部有1m的空气间隙,减震弹簧采用7.5cm的钢丝,弹簧直径按设计要求为0.6~1.05m,该系统可把百万吨级的核武器直接命中产生的振动减到1g。60年代初期,美国的一些研究部门相继对利用回填材料构成整体减震体系进行了研究,经过多年的试验得出了理想回填材料为颗粒材料(如火山渣)、泡沫材料(如聚苯乙烯、酚基塑料等)、泡沫橡胶、轻质混凝土。

实际工程应用中,减震材料必须要有一定的刚度,而且从静力的角度进行考虑,过小的刚度会使隧道的静位移增加,无法承受围岩应力释放,导致开挖阶段容易产生失稳,同时增加衬砌刚度可以起到减小刚度比的效果,可以在实际中使用高强混凝土以增大衬砌的刚度,减小隔震层与衬砌的刚度比,但是衬砌刚度的增大也会受到材料的限制,因此经过学者们的研究,认为刚度比(隔震层刚度/二次衬砌刚度)在0.05~0.2,即隔震层材料刚度为隧道二次衬砌刚度的1/20~1/5时,隔震层的减震效果较好。

德克萨斯大学J.N. Thompson等研究了用泡沫混凝土和蛭石混凝土作为回填材料的整体减震效果。该体系的试验结果表明:回填材料在爆炸震动传到时发生永久压碎,只要回填材料变形超过弹性极限,就可以起到减震效果,如果回填材料处于弹性变形,结构的加速度可能瞬时放大;整体减震回填材料的厚度与结构半径之比等于0.33较为合适,超过了这个厚度,减震效果的提高极不明显。

(2)减震装置类型

减震装置包括减震器、板式减震层、压注式减震层等。减震器一般是由提供刚度的弹簧和提供阻尼的橡胶材料组成,主要有承压式减震器、承剪式减震器之分,减震装置类型如表9-2

所示。板式减震层,是将减震材料制成板材,以便于现场施工。压注式减震层是新近开发出来的减震材料,它有沥青系、氨基甲酸乙酯系、液状橡胶系、硅树脂系等,它们平时是液状,与硬化添加剂一起从隧道内压注到围岩与衬砌之间的间隙内,硬化后形成减震层,这种减震材料具有以下性能:①具有较小剪切弹性系数,因而具有较高的剪切变形性能;②耐久性好,性能长期稳定,同时体积变化小;③施工性好,如具有高充填性,液状时运送材料不分离;④高的止水性;⑤遇地下水不稀释;⑥不产生有害物质。

减 震 装 置　　　　　　　　　　　　　表 9-2

序号	减震装置	基本特征
1	减震器	由提供刚度的弹簧和提供阻尼的橡胶材料组成,主要有承压式和承剪式
2	板式减震层	由橡胶等材料制成的具有一定厚度的板材,或由软质橡胶和废轮胎用黏合剂固结形成橡胶碎片板
3	沥青系	在沥青乳剂中混入硬化材料作为主材,添加作为胶凝材料的高吸水性、高分子物质
4	氨基甲酸乙酯系	由主材和硬化材料构成的2液混合型氨基甲酸乙酯系材料,加入调整塑性的多元醇化合物形成
5	硅树脂系	由主材和硬化材料构成的2液混合型硅树脂系材料,加入调整塑性的多元醇化合物形成
6	液状橡胶系	由液状橡胶系和沥青构成主材,加入硬化材料形成

泡沫混凝土也是一类重要的减震材料,其制备方法是用机械的方法将泡沫剂水溶液制成泡沫,再将泡沫混入到硅质材料(砂、粉煤灰)、钙质材料(水泥、石灰)、水及各种外加剂组成的浆体中,经混合搅拌、浇注成型、养护而成的一种多孔材料,如图9-2所示。泡沫混凝土因具有低密度、低弹模、一定延性等特点对冲击荷载具有良好的吸收和分散作用,是一种良好的减震材料。

根据减震要求可知,减震层的刚度不能过大,因此需要根据所处围岩地质条件进行设计,表9-3提供一种泡沫混凝土的配合比以供参考,由此制成的混凝土石块及其孔隙特征如图9-3所示。

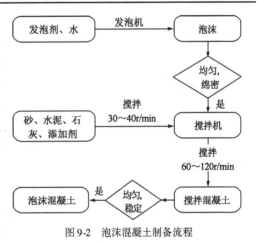

图 9-2　泡沫混凝土制备流程

每立方泡沫混凝土配合比　　　　　　　　　　　　　表 9-3

水泥(kg)	珍珠岩(kg)	水(kg)	防水剂(kg)	防冻剂(kg)	减水剂(kg)	促凝剂(kg)	纤维(kg)	泡沫(m³)
600	108	250	5	13	6.5	30	1	0.8

据上述配合比制成的泡沫混凝土其力学性能如表9-4所示。

泡沫混凝土的力学性能　　　　　　　　　　　表 9-4

弹模(GPa)	泊松比	密度(kg/m³)	单轴抗压强度(MPa)
0.76	0.32	730	2.85

a) 外观特征　　　　　　　　　　　　b) 细观孔隙特征

图 9-3　泡沫混凝土

9.2.3　特殊减震构造

根据国外抗震经验，隧道在强震区穿越不良地质区段时，减震设计经验可以归纳为横向"扩挖"及纵向"铰接"两大类，设置减震层也属于一类扩挖设计方案。横向扩挖及纵向铰接两类减震构造实际上是属于一种类似于抗震变形缝的减震措施，尤其适用于强震区活动断层，可减小断层错动引起两侧隧道剪断作用，有效降低结构的纵向撕裂概率，使隧道震害局部化、可控制、易修复。

（1）柔性接头

2002 年土耳其博卢公路隧道活动断层附近采用了衬砌节间刚度相对较小的柔性连接的抗断防护设计。设置柔性接头的方法是尽量减小隧道节段长度，使断层破碎带及其两侧一定范围内的阶段保持相对独立，如图 9-4 所示。在断层错动时，破坏集中在连接部位或隧道结构的局部，而不会导致整体性破坏。一方面可以使隧道结构适应断层产生的地震变形，另一方面可以使地震破坏局部化。

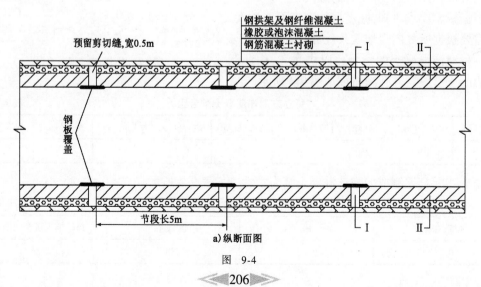

a) 纵断面图

图 9-4

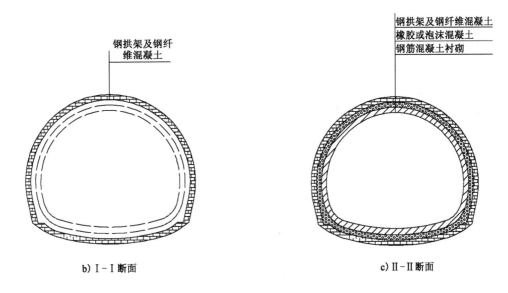

b) Ⅰ-Ⅰ断面　　　　　　　　　c) Ⅱ-Ⅱ断面

图 9-4　柔性接头减震构造

(2) 断面超挖设计

隧道结构扩挖断面设计是根据地震引起断层的可能最大错位量,决定扩大隧道断面尺寸。地震后,扩大的隧道断面可以保证断面的净空面积,满足隧道结构的各种不均匀变形,为后续修复提供冗余空间。超挖量主要依据地震烈度、围岩条件和隧道断面等多种因素综合确定。超挖设计属于被动设计理念,假定隧道断面在强震作用下沿断层错动面发生永久变形为前提。1994 美国的克莱蒙特输水压力隧道中,采取了扩大隧道断面尺寸及设置剪切缝等抗断措施,此外我国乌鞘岭隧道穿越活动断层时,采取了扩大断面尺寸的抗震措施,断面扩挖设计如图 9-5 所示。

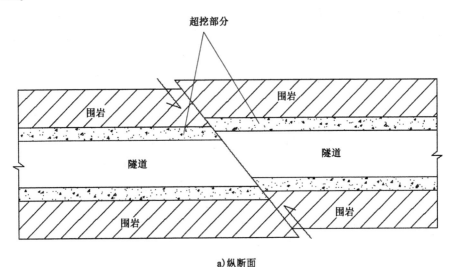

a) 纵断面

图 9-5

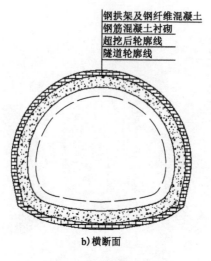

b) 横断面

图 9-5　断面扩挖减震设计

9.3　立体交叉隧道地震响应监测技术

9.3.1　监测意义

日本处于地震活动带上,因此在抗震工作中非常重视现场观测工作,为了研究隧道在地震中的动力行为,在一些重点地震区,新建隧道时,都在隧道衬砌中预埋了应变计及加速度计等动态量测仪器,采用先进的地震动触发装置记录隧道的动力反应,如青函隧道、东京港沉管隧道、伊东线宇佐美山岭隧道等均设置了地震响应监测元件。

宇佐美隧道离海岸50m,长3 000m 的单线隧道,喷射混凝土(初期支护)厚10cm,二次衬砌厚40cm,地震观测点离洞口1 425~1 525m,覆盖层厚度220~260m,观测段围岩为玄武岩,测点布置情况:洞口加速度计1 台,观测区间加速度计7 台,衬砌应变计10 台,围岩应变计6 台,测定隧道 X、Y、Z 三个方向的加速度及应变。

通过在硬岩隧道设置地震监测元件,日本建立起了一套领先于世界的紧急地震监测与警报系统:UrEDAS(Urgent Earthquake Detection and Alarm System)系统通过拾取地震初期轻微颤动的 P 波或小地震波(纵波首先到达地面的)来监测地震,并立即推断或评估震中位置与震级,地震推断方式如图9-6 所示,预测地震的影响范围,及时将警报传送至地震影响区域。

(1)通过地震响应监测准确获取地震作用下隧道的受力特性、隧道与围岩之间的相互作用力以及隧道在地震中所遭受的损伤情况,验证隧道地震理论分析、试验研究成果的准确性及可靠性。

(2)准确掌握地震波作用下立体交叉隧道之间相互影响规律,为强震区立体交叉隧道的抗减震设计选型提供科学参考,指导现场施工、确保地震发生后交叉隧道抢险通道的安全畅通。

(3)参照日本地震监测经验,可通过监测数据联网实时传输至数据分析中心,为本地区提供及时的地震预警信息。

(4)在未产生地震时,可监测列车振动引起立体交叉隧道动力响应及其相互影响规律,提高立体交叉隧道的设计和施工水平,为今后的同类设计提供类比依据。

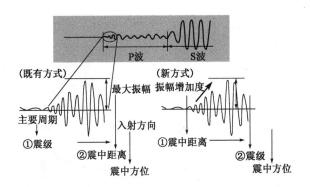

图9-6 日本新干线采用的地震参数推断方式

9.3.2 监测内容

(1)新建隧道

①地震加速度

监测不同影响分区范围内围岩以及隧道结构的加速度响应,SIT-Ⅰ型烈度速报终端是用于地震烈度监测和速报的专用设备,内置MEMS高精度加速度传感器,地震发生时自动进行触发判断,并将触发信息发送到地震监控数据处理设备,同时接收地震监测管理软件的命令,对地震监测点进行状态监测、配置管理、设备自检等。仪器设备:加速度传感器、自动记录仪,如图9-7所示。

a)加速度传感器　　　　　　b)终端

图9-7 加速度采集设备

②应(力)变

监测隧道二次衬砌表面应变及钢筋、钢架应变,了解不同影响分区范围内结构应变(力学特性)响应及差异。仪器设备:应(力)变计、应变检测记录仪,如图9-8所示,全自动应力、应变监测记录仪,可测量 6 路静态应变和 2 点应力或残余应力,测量时不需手动切换通道,最大限度地保证各个方向应变的同时性,保证应力的准确性,可同时测量 2 点的应力,自动计算、显示并打印出 2 点的主应力大小、主应力方向以及等效应力。

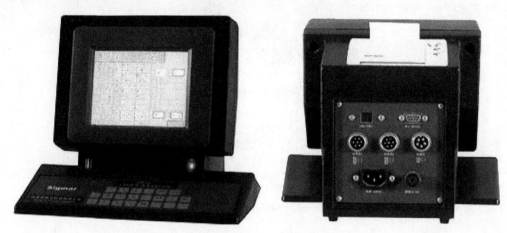

图 9-8　应变检测记录仪

③围岩压力

监测地震过程中不同影响分区范围、隧道不同部位的围岩压力,了解围岩施加给隧道的地震作用力。仪器设备:土压力盒、自动采集仪,如图 9-9 所示,数据可通过手动操作与自动采集、实时采集与定时采集方式。

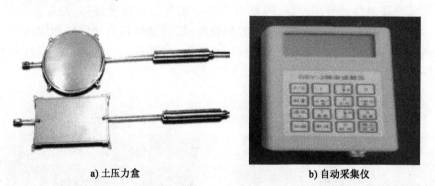

a) 土压力盒　　　　　　　　　　　b) 自动采集仪

图 9-9　土压力盒

④围岩内部位移

了解地震中不同影响分区范围内围岩的位移反应及地震后周边围岩的松动情况。仪器设备:多点位移计,自动记录仪,如图 9-10 所示。

a) 位移传感器　　　　　　　　　　　b) 自动采集仪

图 9-10　位移监测设备

（2）既有隧道

①隧道结构加速度

监测不同影响分区范围以及隧道不同部位的地震加速度响应。仪器设备：加速度传感器、自动记录仪。

②隧道结构应变

监测不同影响分区范围以及隧道不同部位的地震响应应变，为科学制定立体交叉隧道抗减震措施提供参考依据。

9.3.3 监测部位和测点布置

根据立体交叉隧道空间分布特征，以两隧道交叉中心断面为起点，沿轴向等间距设置监测断面，交叉中心断面为起始（0号）断面，上跨隧道监测断面依次为 A1 号、A2 号、A3 号、⋯，下穿隧道监测断面依次为 B0 号、B1 号、B2 号、B3 号、⋯，如图 9-11 所示。

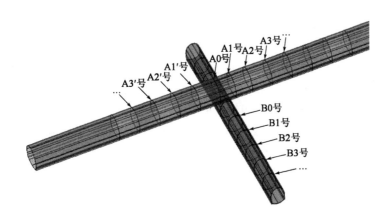

图 9-11 立体交叉隧道监测断面设置

新建隧道断面监测点位布置如图 9-12 所示，每个断面共设置 8 条测线，依次为拱顶、两侧拱肩、两侧拱腰、两侧拱脚以及仰拱中心处，每条测线上设置的测点依次为：

（1）围岩：土压力盒、围岩内部位移计、加速度传感器。

（2）初期支护：加速度传感器、应变传感器。

（3）二次衬砌：加速度传感器、应变传感器。

既有隧道参照新建隧道设置 8 条测线，位置与新建隧道一致，仅在每条测线上二次衬砌内表面设置加速度及位移传感器。

9.3.4 数据处理与分析

（1）在未发生地震的条件下，可以对列车振动引起立体交叉隧道的动力响应进行动态监测和分析，分析各影响区段、影响部位的振动响应差异。

（2）地震初期阶段，可以通过加速度传感器识别到 P 波信号，判断地震的位置和级别，并及时通过联网系统为本地区提供地震预警服务。

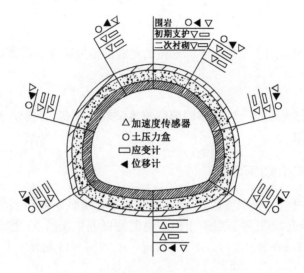

图 9-12 交叉隧道断面监测点布置

（3）地震发生后，通过加速度传感器可以获取围岩以及隧道结构的地震加速度时程曲线，为隧道地震研究提供原始地震波数据。同时通过土压力盒记录的数据，可以得到地震中围岩施加给隧道结构的地震反应力，为隧道抗震计算分析提供参考。

（4）地震发生后，通过现场应变片可以获取立体交叉隧道不同影响区段、不同部位的地震应变时程曲线，可验证地震中立体交叉隧道相互影响规律，揭示立体交叉隧道的震害产生机理。

（5）获取围岩内部位移响应时程曲线，了解地震中立体交叉隧道不同影响区段围岩的位移响应情况。

9.3.5 信息反馈及预警

将监测元件记录的监测数据实时上传到处理中心进行分析识别，判断地震的震级和影响范围，并第一时间发布地震预警信息，启动地震应急响应预案，如图 9-13 所示。

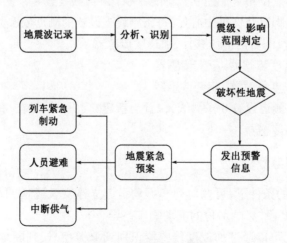

图 9-13 地震波识别和预警

在地震发生后,根据监测的立体交叉隧道地震响应数据以及现场震害情况,可以对比交叉隧道与单体隧道之间的地震响应差异及其在地震作用下的相互影响规律,为科学制定立体交叉隧道抗减震措施提供参考,地震监测信息反馈流程如图9-14所示。

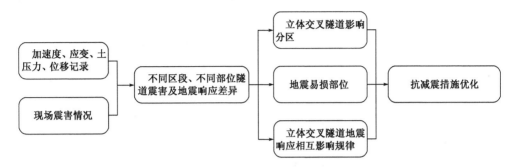

图9-14 立体交叉隧道地震监测信息反馈

参 考 文 献

[1] 马璐,蒋树屏,林志,等.大型地下互通式立交型式选择和路线标准研究[J].现代隧道技术,2011,48(1):1-5.
[2] 李玉峰,彭立敏,雷明锋.交叉隧道工程设计施工技术研究进展[J].铁道科学与工程学报,2014,11(1):67-73.
[3] 李玉峰,彭立敏,雷明锋.高速铁路交叉隧道动力学问题研究综述[J].现代隧道技术,2015,52(2):8-15.
[4] 谭立新,彭立敏,李玉峰,等.铁路立体交叉隧道影响分区与施工技术[M].北京:人民交通出版社,2014.
[5] KANG L P,SHI C H,LEI M F,et al. Study on influence factors of crossing railway tunnel excavation[C]// Proceeding of the 3rd international conference on intelligence systems design and Engineering Application. Hongkong:IEEE-cps,2013:1340-1344.
[6] 康立鹏,施成华,彭立敏,等.基于正交试验的立体交叉隧道施工影响因素研究[J].铁道科学与工程学报,2012,9(4):70-74.
[7] 中华人民共和国国家发展和改革委员会.关于印发《中长期铁路网规划》的通知:发改基础[2016]1536号[Z].北京:中华人民共和国国家发展和改革委员会,2016.
[8] 雷明锋.侵蚀环境下盾构隧道结构性能全寿命计算方法研究[D].长沙:中南大学,2013.
[9] 许东.公路隧道复杂交叉结构设计及施工方案优化研究[D].西安:长安大学,2009.
[10] 靳晓光,李晓红.深埋交叉隧道动态施工力学行为研究[J].重庆建筑大学学报,2008,30(2):32-36.
[11] 游步上,陈尧中.隧道交叉段变形机制之探讨[J].隧道建设,2007,27(增2):109-113.
[12] 张志强,苏江川,姜元俊.马王槽主隧道与横通道交叉部施工受力特征数值模拟分析[J].公路交通科技,2007,24(1):109-113.
[13] 张宪鑫.深埋交叉隧道开挖变形行为及衬砌应力研究[D].重庆:重庆大学,2007.
[14] 张志强,许江,万晓燕.公路长隧道与横通道空间斜交结构施工力学研究[J].岩土力学,2007,28(2):247-252.
[15] 阳生权,周健,李雪健.小净距公路隧道爆破震动观测与分析[J].工程爆破,2005,11(3):66-69.
[16] 张学民,阳军生,刘宝琛.近间距隧道爆破地震效应的试验研究[J].辽宁工程技术大学学报,2005,24(增2):70-72.
[17] 毕继红,钟建辉.邻近隧道爆破震动对既有隧道影响的研究[J].工程爆破,2004,10(4):69-73.
[18] 姚勇,何川,晏启祥,等.董家山隧道小净距段爆破控制研究[J].公路,2005(11):217-222.
[19] 彭道富,李忠献,杨年华.近距离爆破对既有隧道的振动影响[J].中国铁道科学,2005,26(4):73-76.
[20] 尚晓江,丁桦.爆破近区地质结构特性对震动信号传播的影响研究[J].工程爆破,2005,

11(3):52,61-65.

[21] 夏昌敬,鞠杨,谢和平.爆炸波在岩体巷道中传播和能量耗散的数值分析[J].弹道学报,2005,17(4):1-5.

[22] 张玉军,刘谊平.上下行隧道立交处围岩稳定性的有限元计算[J].岩土力学,2002,23(4):511-515.

[23] 巫环.主、支线交叉重叠段隧道施工技术总结[J].西部探矿工程,2005(S1):210-212.

[24] 麦家儿.广州地铁3号线支线与主线交叉重叠段的设计与施工[J].城市轨道交通研究,2005(5):76-80.

[25] 白廷辉,尤旭东,李文勇.盾构超近距离穿越地铁运营隧道的保护技术[J].地下空间,1999(4):311-316,339-340.

[26] 杨亮,苏强,吴波.南京玄武湖隧道关键施工技术[J].施工技术,2003(9):1-3.

[27] VROUWENVELDER T. Stochastic modeling of extreme action events in structural engineering [J]. Probabilistic Engineering Mechanics,2000,15(1):109-117.

[28] VROUWENVELDER T. The fundamentals of structural building codes[C]// Proceedings of the International Conference on Structural Engineering, Mechanics and Computation. Cape Town,South Africa, 2001:183-193.

[29] DAWN T M. Ground vibrations from heavy freight trains[J]. Journal of Sound and Vibration,1983,87(2):351-356.

[30] DAWN T M,STANWORTH C G. Ground vibrations from passing trains[J]. Journal of Sound and Vibration,1979,66(3):355-362.

[31] DEGRANDER G,SCHEVENELSA M,CHATTERJEEA P,et al. Vibrations due to a test train at variable speeds in a deep bored tunnel embedded in London clay[J]. Journal of Sound and Vibration,2006,293(3/4/5):626-644.

[32] 潘昌实,谢正光.地铁区间隧道列车振动测试与分析[J].土木工程学报,1990,23(2):21-28.

[33] 张玉娥,潘昌实.地铁区间隧道列车振动响应测试与数值分析[J].石家庄铁道学院学报,1993,6(2):7-14.

[34] 李德武.列车振动对隧道衬砌影响的分析[J].兰州铁道学院学报,1997,16(4):24-27.

[35] 高峰.铁路隧道列车振动响应分析[J].兰州铁道学院学报,1998,17(2):6-12.

[36] 高峰,关宝树,仇文革,等.列车荷载作用下地铁重叠隧道的响应分析[J].西南交通大学学报,2003,38(1):38-42.

[37] 张玉娥,白宝鸿.地铁列车振动对隧道结构激振荷载的模拟[J].振动与冲击,2000,19(3):68-70.

[38] SHENG X,JONES C J C,THOMPSON D J. A theoretical model for ground vibration from trains generated by vertical track irregularities[J]. Journal of Sound and Vibration,2004,272(3/4/5):937-965.

[39] TAKEMIYA H,BIAN X C Shinkansen high-speed train induced ground vibrations in view of viaduct-ground interaction[J]. Soil Dynamics and Earthquake Engineering,2007,27(6):

506-520.

[40] 王祥秋,杨林德,高文华,等.基于小波分析的隧道衬砌结构动力响应规律研究[J].岩石力学与工程学报,2005,24(10):1746-1750.

[41] HUANG L C,PENG L M,SHI C H. Numerical simulation of dynamic response due to railway tunnel bed structure[C]//6th International Conference on Shock & Impact Loads on Structures. Perth,Australia,2005:428-434.

[42] 黄娟,彭立敏,李晓英,等.铁路隧道振动响应研究进展[J].中国铁道科学,2009,30(2):60-65.

[43] 黄娟,彭立敏,施成华.基底富水条件下隧道铺底结构疲劳寿命的试验研究[J].铁道学报,2009,31(1):68-73.

[44] 黄娟,彭立敏,陈松洁.高速移动荷载作用下铁路隧道的动力响应分析[J].郑州大学学报(工学版),2008,29(3):117-121.

[45] 陈卫军,张璞.列车动载作用下交叠隧道动力响应数值模拟[J].岩土力学,2002,23(6):770-774.

[46] 汪伟松.列车荷载作用下立体交叉隧道结构动力响应分析[D].成都:西南交通大学,2009.

[47] 姜忻良,谭丁,姜南.交叉隧道地震反应三维有限元和无限元分析[J].天津大学学报,2004,37(4):307-311.

[48] 蔡海兵,彭立敏,李兴龙.工作竖井与隧道连接处支护结构横向地震响应分析[J].自然灾害学报,2011,20(2):188-195.

[49] 陈磊,陈国兴,龙慧.地铁交叉隧道近场强地震反应特征的三维精细化非线性有限元分析[J].岩土力学,2010,31(12):3971-3976+3983.

[50] 晏启祥,何川,耿萍.盾构隧道联络通道的地震响应分析[J].现代隧道技术,2008,45(增1):159-164.

[51] 耿萍.铁路隧道抗震计算方法研究[D].成都:西南交通大学,2011.

[52] 蒋华.高烈度地震区公路隧道振动台模型试验方案设计及减震方法研究[D].重庆:重庆交通大学,2009.

[53] Kheradi Hamayoon,Yukihiro Morikawa,Ryosuke Oka,et al. 3D dynamic finite element analyses and 1g shaking table tests on seismic performance of existing group-pile foundation in partially improved grounds under dry condition[J]. Soil Dynamics and Earthquake Engineering,2016,90:196-210.

[54] Morteza Mirshekari,Majid Ghayoomi. Centrifuge tests to assess seismic site response of partially saturated sand layers[J]. Soil Dynamics and Earthquake Engineering,2017,94:254-265.

[55] Majid Yazdandoust. Investigation on the seismic performance of steel-strip reinforced-soil retaining walls using shaking table test[J]. Soil Dynamics and Earthquake Engineering,2017,97:216-232.

[56] X YAN,YUAN J Y,YU H T,et al. Multi-point shaking table test design for long tunnels under non-uniform seismic loading[J]. Tunnelling and Underground Space Technology,2016,59:

114-126.

[57] Masoud Rabeti Moghadam, Mohammad Hassan Baziar. Seismic ground motion amplification pattern induced by a subway tunnel: Shaking table testing and numerical simulation[J]. Soil Dynamics and Earthquake Engineering, 2016, 83: 81-97.

[58] XU H, LI T B, XIA L, et al. Shaking table tests on seismic measures of a model mountain tunnel[J]. Tunnelling and Underground Space Technology, 2016, 60: 197-209.

[59] NISHIMURA J, HIRAI T, IWASAKI K, et al. Earthquake resistance of geogrid-reinforced soil walls based on a study conducted following the southern Hyogo earthquake[C]// Proceedings of the International Symposium on Earth Reinforcement. Kyushu, Japan, 1996: 439-444.

[60] TATSUOKA F, KOSEKI J, TATEYAMA M. Performance of reinforced soil structures during the 1995 Hyogo-ken Nanbu earthquake[C]// Proceedings of the International Symposium on Earth Reinforcement. Kyushu, Japan, 1997: 973-1008.

[61] KOSEKI J, BATHURST R J, GULER E, et al. Seismic stability of reinforced soil walls[C]// Proceedings of the Eighth International Conference on Geosynthetics. Yokohama, Japan, 2006: 51-77.

[62] ELIAHU U, WATT S. Geogrid-reinforced wall withstands earthquake[J]. Geotechnical Fabrics Report, 1991: 8-13.

[63] COLLIN J G, Chouery-Curtis V E, BERG R R. Field observations of reinforced soil structures under seismic loading[C]// Ochiai et al, editors. Proceedings of the International Symposium on Earth Reinforcement. Rotterdam, the Netherlands: Balkema, 1992: 223-228.

[64] KRAMER S L, PAULSEN S B. Seismic performance of MSE structures in Washington State [C]// Proceedings of the International Geosynthetics Engineering Forum-Seismic Design and Performance of Mechanically Stabilized. Taipei. Taiwan, 2001: 145-174.

[65] CHEN R H, LIU C N, CHEN K S, et al. Seismic performance and failure analysis of mechanically stabilized earth retaining structures during Chi-Chi earthquake[C]// Proceedings of the International Geosynthetics Engineering Forum-Seismic Design and Performance of Mechanically Stabilized. Taipei, Taiwan, 2001: 3-20.

[66] LING H I, LESHCHINSKY D, CHOU N N S. Post-earthquake investigation on several geosynthetic-reinforced soil retaining walls and lopes during the Ji-Ji earthquake of Taiwan[J]. Soil Dynamics and Earthquake Engineering, 2001, 21(4): 297-313.

[67] HUANG C C, CHOU L H, TATSUOKA F. Seismic displacement of geosynthetic reinforced soil modular block walls[J]. Geosynthetics International, 2003, 10(1): 2-23.

[68] GOMES R C. Effect of stress disturbance induced by construction on the seismic response of shallow bored tunnels[J]. Computers and Geotechnics, 2013, 49: 338-351.

[69] 崔光耀, 刘维东, 倪嵩陟, 等. 汶川地震各地震烈度区公路隧道震害特征研究[J]. 现代隧道技术, 2014, 51(6): 1-6.

[70] 王秀英, 刘维宁, 张弥. 地下结构震害类型及机理研究[J]. 中国安全科学学报, 2003, 13(11): 59-62.

[71] SHARMA S,JUDD W R. Underground opening damage from earthquakes[J]. Engineering Geology,1991,30(3/4):263-276.

[72] DOWDING C H,ROZEN A. Damage to rock tunnels from earthquake shaking[J]. Journal of Geotechnical and Geoenvironmental Engineering,1978,104(2):175-191.

[73] SHEN Y,GAO B,YANG X,et al. Seismic damage mechanism and dynamic deformation characteristic analysis of mountain tunnel after Wenchuan earthquake[J]. Engineering Geology, 2014,180:85-98.

[74] 张斌伟,严松宏,杨永东,等.山岭隧道横截面抗震分析的近似方法[J].公路交通科技, 2012,29(3):118-123.

[75] SHUKAL D K. Eathquake load analysis of tunnels and shafts[C]// Proceedings of the Symposium on Rock Mechanics 21st. Rolla:University of Missouri,1980:201-208.

[76] HASHASH Y M A,HOOK J J,SCHMIDT B,et al. Seismic design and analysis of underground structures[J]. Tunnelling and Underground Space Technology,2001,16(4):247-293.

[77] ASAKURA T,AKOJIMA Y,LUO W,et al. Study on earthquake damage to tunnels and reinforcement of portals[J]. Quarterly Report of Railway Technical Research Institute,1998:39(1):17-22.

[78] 严松宏.地下结构随机地震响应分析及其动力可靠度研究[J].岩石力学与工程学报, 2004,23(2):355-355.

[79] 刘如山,胡少卿,石宏彬,等.地下结构抗震计算中拟静力法的地震荷载施加方法研究[J].岩土工程学报,2007,29(2):237-242.

[80] 刘晶波,李彬,刘祥庆,等.地下结构抗震设计中的静力弹塑性分析方法[J].土木工程学报,2007,40(7):68-76.

[81] 刘晶波,王文晖,赵冬冬,等.循环往复加载的地下结构Pushover分析方法及其在地震损伤分析中的应用[J].地震工程学报,2013,35(1):21-28.

[82] 赵宝友,马震岳,梁冰,等.基于损伤塑性模型的地下洞室结构地震作用分析[J].岩土力学,2009,30(5):1515-1521.

[83] 陈国兴,左熹,杜修力,等.土—地下结构体系地震反应的简化分析方法[J].岩土力学, 2010,31(增1):1-7,90.

[84] GOTO Y,MATSUDA Y,EJIRI J. Influence of distance between juxtaposed shield tunnels on their seismic responses[C]// Proceedings 9th World Conference on Earthquake Engineering. Tokyo-Kyoto,Japan, 1988:569-574.

[85] YOUSSEF M A,HASHASH,JEFLFRAY J H,et al. Seismic design and analysis of underground structures [J]. Tunnelling and Underground Space Technology, 2001, 16(4): 247-293.

[86] CILINGIR U,MADABHUSHI SPG. A model study on the effects of input motion on the seismic behaviour of tunnels[J]. Soil Dynamics & Earthquake Engineering, 2011, 31(3): 452-462.

[87] HE C,KOIZUMI A. Seismic behaviour in longitudinal direction of shield tunnel located at ir-

regular ground[C]//First International Conference on Advances in Structural Engineering and Mechanics. Seoul,Korea,1999:1493-1498.

[88] HE C,KOIZUMI A. A study on seismic behaviour of shield tunnels in longitudinal direction[C]// Proceedings of the Fourth World Congress on Railway Research. Tokyo,Japan,1999:1255-1266.

[89] CHEN J,SHI X,LI J. Shaking table test of utility tunnel under non-uniform earthquake wave excitation[J]. Soil Dynamics & Earthquake Engineering,2010,30(11):1400-1416.

[90] SUN T,YUE Z,GAO B,et al. Model test study on the dynamic response of the portal section of two parallel tunnels in a seismically active area[J]. Tunnelling and Underground Space Technology,2011,26(2):391-397.

[91] 张景,何川,耿萍,等.穿越软硬突变地层盾构隧道纵向地震响应振动台试验研究[J].岩石力学与工程学报,2017,36(1):1-10.

[92] 季倩倩.地铁车站结构振动台模型试验研究[D].上海:同济大学,2002.

[93] 耿萍,唐金良,权乾龙,等.穿越断层破碎带隧道设置减震层的振动台模型试验[J].中南大学学报(自然科学版),2013,44(6):2520-2526.

[94] 申玉生,高波,王峥峥,等.高烈度地震区山岭隧道模型试验研究[J].现代隧道技术,2008,45(5):38-43.

[95] 吴冬,高波,申玉生,等.隧道仰坡地震动力响应特性振动台模型试验研究[J].岩土力学,2014,35(7):1921-1928.

[96] 李育枢,李天斌,王栋,等.黄草坪2号隧道洞口段减震措施的大型振动台模型试验研究[J].岩石力学与工程学报,2009,28(6):1128-1136.

[97] 徐华,李天斌,王栋,等.山岭隧道地震动力响应规律的三维振动台模型试验研究[J].岩石力学与工程学报,2013,32(9):1762-1771.

[98] 孙铁成,高波,王峥峥,等.双洞隧道洞口段抗减震模型试验研究[J].岩土力学,2009,30(7):2021-2026.

[99] 信春雷,高波,周佳媚,等.跨断层隧道设置常规抗减震措施振动台试验研究[J].岩石力学与工程学报,2014,33(10):2047-2055.

[100] 邹炎,景立平,李永强.隧道穿过土层分界面振动台模型试验研究[J].岩石力学与工程学报,2014,33(增1):3340-3348.

[101] GUAN F,MOORE I D. Three-dimensional dynamic response of twin cavities due to traveling loads[J]. Journal of Engineering Mechanics,1994,120(3):637-657.

[102] 李育枢.山岭隧道地震动力响应及减震措施的研究[D].上海:同济大学,2006.

[103] 李积栋,陶连金,吴秉林,等.密贴交叉隧道在强震作用下的三维动力响应分析[J].现代隧道技术,2014,51(1):26-31,104.

[104] 夏进平,陶连金,王文沛,等.交叉隧道在不同夹层土体厚度下的地震响应分析[J].防灾科技学院学报,2012,14(4):8-12.

[105] 王国波,陈梁,徐海清,等.紧邻多孔交叠隧道抗震性能研究[J].岩土力学,2012,33(8):2483-2490.

[106] 胡建平,刘亚莲.复杂环境条件下交叉隧道地震动力响应分析[J].工程抗震与加固改造,2013,35(3):37-41,47.

[107] 胡建平,刘亚莲.浅埋交叉隧道地震动力响应及减震措施研究[J].地下空间与工程学报,2015,11(3):759-765.

[108] 张波,陶连金,姜峰,等.地铁超近距交叉结构在水平地震荷载下的响应影响分析[J].铁道建筑,2011,51(11):47-50.

[109] 晏成明,胡建平,杨勇,等.衬砌厚度对地下交叉隧道地震响应的影响[J].水利与建筑工程学报,2012,10(3):174-177.

[110] 姜忻良,谭丁,姜南.交叉隧道地震反应三维有限元和无限元分析[J].天津大学学报,2004,37(4):307-311.

[111] 蔡海兵,彭立敏,李兴龙.工作竖井与隧道连接处支护结构横向地震响应分析[J].自然灾害学报,2011,20(2):188-195.

[112] 孔戈,周健,王绍博,等.盾构隧道联络通道地震响应规律研究[J].地震工程与工程振动,2009,29(3):101-107.

[113] 晏启祥,何川,耿萍.盾构隧道联络通道的地震响应分析[J].现代隧道技术,2008,45(增1):159-164.

[114] 黄胜,陈卫忠,杨建平,等.地下工程地震动力响应及抗震研究[J].岩石力学与工程学报,2009,28(3):483-490.

[115] 陈磊,陈国兴,陈苏.大震远场地震动作用下地铁交叉隧道的三维非线性反应分析[J].北京工业大学学报,2011,37(1):1-8.

[116] 李德武,高峰.隧道洞口段三维地震反应分析[J].兰州铁道学院学报,1998,17(2):1-5.

[117] 孙铁成,高波,叶朝良.地下结构抗震减震措施与研究方法探讨[J].现代隧道技术,2007,43(3):1-5.

[118] 龚伦.上下交叉隧道近接施工力学原理及对策研究[D].成都:西南交通大学,2007.

[119] 仇文革.地下工程近接施工力学原理与对策研究[D].成都:西南交通大学,2003.

[120] 日本土木学会.隧道标准规范(盾构篇)及解说[M].朱伟,译.北京:中国建筑工业出版社,2001.

[121] Takeshi Asano, Mototsugu Ishihara, Yasuaki Kiyota. An observational excavation control method for adjacent mountain tunnels[J]. Tunnelling and Underground Space Technology, 2003, 18: 291-301.

[122] 重庆交通科研设计院.公路隧道设计规范:JTG D70—2004[S].北京:人民交通出版社,2004.

[123] 张凤祥,朱合华,傅德明.盾构隧道[M].北京:人民交通出版社,2004.

[124] 李少刚.地下互通立交隧道设计参数优化及施工技术研究[D].北京:北京交通大学,2011.

[125] 雷明锋,黄国富,彭立敏,等.基于列车震动的立体交叉隧道施工的分区检测方法及装置:201410004817.6[P]:2014-01-06.

[126] 李玉峰,雷明锋,彭立敏,等.用于立体交叉隧道施工的分区检测方法及装置:201410004775.6[P]:2014-01-06.

[127] 张永红,雷明锋,彭立敏,等.基于爆破震动的立体交叉隧道施工的分区检测方法及装置:201410004729.6[P]:2014-05-07.

[128] YANG W C,YIN R S,LEI M F,et al. Vibratory influential zoning for grade-separated tunnels under the load of trains[J]. Geotechnical and Geological Engineering, DOI 10.1007/s10706-017-0349-y.

[129] 任剑.钢—混凝土组合结构疲劳性能试验研究[D].成都:西南交通大学,2006.

[130] 李广文.钢筋混凝土柱疲劳损伤性能研究[D].秦皇岛:燕山大学,2010.

[131] NISHIYAME M,MUGURUMA H,WATANABE F. On the low cycle fatigue behaviors of concrete and members under submerged condition-High Strength Conference Stavanger[C]//Proceedings of Symposium on Utilization of High Strength Concrete. Trondheim, Norway:Tapir Publishers,1987:319-330.

[132] PETKOVIC G,LENSCHOW R,STEMLAND H,et al. Fatigue of high strength concrete[M]. Norway, 1989.

[133] SIMES A J M,Miner. Rule with respect to plain concrete[J]. ACI special publication,1982,75:343-372.

[134] TEPFERS R,KUTTI T. Fatigue strength of plain ordinary and lightweight concrete[J]. ACI Journal,1979,76(5):635-652.

[135] 吴佩刚,赵光仪,白利明.高强混凝土抗压疲劳性能研究[J].土木工程学报,1994,27(3):33-40.

[136] 钟美秦,汪加蔚.混凝土疲劳强度的研究[J].铁道建筑,1996,36(9):25-29.

[137] 杨健辉,宋玉普,赵东拂.混凝土疲劳强度折减系数的模糊比较[J].辽宁工程技术大学学报,2002,21(12):734-736.

[138] 陈玉骥.疲劳荷载作用下长龄期混凝土弹性模量的试验研究[J].佛山科学技术学院学报(自然科学版),2005,23(3):21-24.

[139] GYLLTOFT K. A fracture mechanics model for fatigue in concrete[J]. Materials and Structures,1984,17(1):55-58.

[140] CHRISTOS G,PAPAKONS T,MICHAEL F,et al. Fatigue behavior of RC beams strengthened with GFRP sheets[J]. Journal of Composites for Construction,2001,5(4):246-253.

[141] NAAMAN A E,HAMMOUD H. Fatigue characteristics of high performance fiber-reinforced concrete[J]. Cement and Concrete Composites,1998,20(5):353-363.

[142] CORNELISSEN H A W. Fatigue failure of concrete intension[J]. Heron,1984,29(4):1-68.

[143] TEPFERS R. Tension fatigue strength of plain concrete[J]. ACI Journal,1979,76(8):919-933.

[144] SAITO M,IMAI S. Direct tension fatigue of concrete by the use of friction grips[J]. ACI journal,1983,80(5):431-438.

[145] 赵光义,吴佩刚,詹巍巍.高强混凝土的抗拉疲劳性能[J].土木工程学报,1993,26(6): 13-19.

[146] 吕培印.混凝土单轴、双轴动态强度和变形试验研究[D].大连:大连理工大学,2001.

[147] TAN T H. Effects of passive confinement on fatigue properties of concrete[J]. Magazine of Concrete Research,2000,52(1):7-15.

[148] 福季耶娃 H H.地震区地下结构物支护的计算[M].徐显毅,译.北京:煤炭工业出版社,1986.

[149] SONG C M,WOLF J P. Dynamic stiffness of unbounded medium based on damping-solvent extraction[J]. EESD,1994,23(2):169-181.

[150] SONG C M,WOLF J P. The scaled boundary finite element method-primer solution procedures[J]. Computers and Structures,2000,78(3):211-225.

[151] 中华人民共和国铁道部.铁路工程抗震设计规范:GB 50111—2006[S].北京:中国铁道出版社,2006.

[152] 中交路桥技术有限公司.公路工程抗震设计规范:JTG B02—2013[S].北京:人民交通出版社,2014.

[153] OKAMOTO S. Introduction to earthquake engineering[M]. 2nd ed. Tokyo:University of Tokyo Press,1984.

[154] STEVENS P R. A review of the effects of earthquakes on underground mines[R]. Reston,VA:US Energy Research and Development Administration,1977:77-313.

[155] KANESHIRO J Y,POWER M. Empirical correlations of tunnel performance during earthquakes and a seismic aspects of tunnel design[C]// Proceedings of the conference on lessons learned from recent earthquakes. Turkey,1999.

[156] 邵根大,骆文海.强地震作用下铁路隧道衬砌耐震性的研究[J].中国铁道科学,1992,12(2):92-108.

[157] 刘海林.高速列车荷载作用下立体交叉隧道结构抗减振措施研究[D].长沙:中南大学,2014.

[158] RAPHAEL J M. Tensile strength of concrete[J]. ACI Journal,1984,81(17):158-165.

[159] 中国水利水电科学研究院.水工建筑物抗震设计规范:DL 5073—2000[S].北京:中国电力出版社,2001.

[160] 顾晓鲁.地基与基础[M].北京:中国建筑工业出版社,1992.

[161] 《工程地质手册》编委会.工程地质手册[M].3版.北京:中国建筑工业出版社,1992.

[162] 中华人民共和国住房和城乡建设部.建筑抗震设计规范:GB 50011—2010[S].北京:中国建筑工业出版社,2010.

[163] SRILATHA N,MADHAVI LATHA G,PUTTAPPA C G. Effect of frequency on seismic response of reinforced soil slopes in shaking table tests[J]. Geotextiles and Geomembranes,2013,36:27-32.

[164] YE B,YE G L,YE W M,et al. A pneumatic shaking table and its application to a liquefaction test on saturated sand[J]. Natural Hazards,2013,66(2):375-388.

[165] LIU H X, XU Q, LI Y R. Effect of lithology and structure on seismic response of steep slope in a shaking table test[J]. Journal of Mountain Science, 2014, 11(2): 371-383.

[166] LI Y D, CUI J, GUAN T D, et al. Investigation into dynamic response of regional sites to seismic waves using shaking table testing[J]. Earthquake Engineering and Engineering Vibration, 2015, 14(3): 411-421.

[167] Panos Kloukinas, Anna Scotto di Santolo, Augusto Penna, et al. Investigation of seismic response of cantilever retaining walls: Limit analysis vs shaking table testing[J]. Soil Dynamics and Earthquake Engineering, 2015, 77: 432-445.

[168] 铁道第三勘察设计院集团有限公司, 中铁第四勘察设计院集团有限公司. 高速铁路设计规范: TB 10621—2014[S]. 北京: 中国铁道出版社, 2015.

[169] YANG C W, ZHANG J J, QU H L, et al. Seismic earth pressures of retaining wall from large shaking table tests[J]. Advances in Materials Science and Engineering, 2015, 2015(3): 1-8.

[170] LOMBARDI D, BHATTACHARYA S, SCARPA F, et al. Dynamic response of a geotechnical rigid model container with absorbing boundaries[J]. Soil Dynamics and Earthquake Engineering, 2015, 69: 46-56.

[171] YANG G, YU T, YANG X, et al. Seismic resistant effects of composite reinforcement on rockfill dams based on shaking table tests[J]. Journal of Earthquake Engineering, 2017, 21(6): 1010-1022.

[172] WANG J X, YANG G, LIU H L, et al. Seismic response of concrete-rockfill combination dam using large-scale shaking table tests[J]. Soil Dynamics and Earthquake Engineering, 2017, 99: 9-19.

[173] LIN Y L, YANG G L. Dynamic behavior of railway embankment slope subjected to seismic excitation[J]. Natural Hazards, 2013, 69(1): 219-235.

[174] LIN Y L, LENG W M, YANG G L, et al. Seismic response of embankment slopes with different reinforcing measures in shaking table tests[J]. Natural Hazards, 2015, 76(2): 791-810.

[175] 陈之毅, 李月阳. 模型箱设计中的边界变形研究[J]. 工程抗震与加固改造, 2015, 37(5): 106-112, 118.

[176] 蔡隆文, 谷音, 卓卫东, 等. 基于有限元分析的振动台试验土箱边界效应研究[C]//第23届全国结构工程学术会议论文集. 兰州: 兰州理工大学, 2014: 328-335.

[177] 崔光耀, 伍修刚, 王明年, 等. 汶川 8.0 级大地震公路隧道震害调查与震害特征[J]. 现代隧道技术, 2017, 54(2): 9-16.

[178] 铁道综合技术研究所. 既设トンネル近接施工対策マニフル[M]. 东京: 铁道综合技术研究所, 2008.

[179] TAKESHI A, MOTOTSUGU I. Excavation control method for adjacent Yasuaki Kiyota: An observational mountain tunnels[J]. Tunnelling and Underground Space Technology, 2003, 18: 291-301.

[180] 郑永来, 杨林德. 地下结构震害与抗震对策[J]. 工程抗震, 1999, 21(4): 23-28.

[181] 李海清,孙震.酒家垭公路隧道震害处治对策[J].公路隧道,2009(1):24-27.

[182] 胡幸贤.地震工程学[M].北京:地震出版社,2006:48-49.

[183] 孙钧,张庆贺.设置垫层的地下结构的抗爆动态响应[R].上海:同济大学,1984.

[184] 王志杰,高波,关宝树.围岩—隧道衬砌结构体系的减震研究[J].西南交通大学学报,1996,31(6):591-594.

[185] 徐华,李天斌.隧道不同减震层的地震动力响应与减震效果分析[J].土木工程学报,2011,44(增):201-208.

[186] 高峰,石玉成,严松宏,等.隧道的两种减震措施研究[J].岩石力学与工程学报,2005,24(2):222-229.

[187] 陈武谨,孙晓勇,蔡勇.隧道围岩中断层破碎带注浆加固后的管片受力特征研究[J].水电与新能源,2012(3):32-36.

[188] 凌燕婷,高波.高烈度地震区双线公路隧道减震措施研究[J].隧道建设,2008,28(4):412-415.

[189] 危银涛,方庆红,金状兵,等.填充橡胶本构模型研究进展[J].高分子通报,2014(5):15-21.

[190] LEONARDO H,ROGéRIO J,MARCZAK. A new constitutive model for rubber-like materials [J]. Mecánica Computacional,2010,XXIX:2759-2773.

[191] JUNG W Y,HAN S C,PARK W T. A nonlinear modified couple stress theory for buckling analysis of S-FGM nanoplates embedded in Pasternak elastic medium[J]. Composites:Part B,2014,60(2):746-756.

[192] CHEN W J,LI L,MA X. A modified couple stress model for bending analysis of composite laminated beams with first order shear deformation[J]. Composite Structures,2011,93(11):2723-2732.

[193] RIVLIN R S,SAUNDERS D W. Large elastic deformations of isotropic materials VII. Experiments on the deformation of rubber[J]. Philosophical Transactions of the Royal Society of London,1951,A243:251-288.

[194] 中铁二院工程集团有限责任公司.铁路隧道设计规范:TB 10003—2016[S].北京:中国铁道出版社,2017.